CRISE E OFENSIVA BURGUESA NO BRASIL
A EMERGÊNCIA DA DIREITA "LIBERTÁRIA"

Editora Appris Ltda.
1.ª Edição - Copyright© 2025 dos autores
Direitos de Edição Reservados à Editora Appris Ltda.

Nenhuma parte desta obra poderá ser utilizada indevidamente, sem estar de acordo com a Lei nº
9.610/98. Se incorreções forem encontradas, serão de exclusiva responsabilidade de seus organizadores. Foi realizado o Depósito Legal na Fundação Biblioteca Nacional, de acordo com as Leis nos
10.994, de 14/12/2004, e 12.192, de 14/01/2010.

Catalogação na Fonte
Elaborado por: Dayanne Leal Souza
Bibliotecária CRB 9/2162

D136c
2025
	Dal Pai, Raphael Almeida
	    Crise e ofensiva burguesa no Brasil: a emergência da direita
	"libertária" / Raphael Almeida Dal Pai. – 1. ed. – Curitiba: Appris, 2025.
	    255 p. ; 23 cm. – (Ciências sociais).
	
	    Inclui bibliografias.
	    ISBN 978-65-250-7576-1
	
	    1. Brasil – Política e governo. 2. Brasil – República. 3. Crises
	financeiras. 3. Poder (Ciências sociais). 4. Hegemonia. I. Título.
	II. Série.
	
	                                                                        CDD – 320

Livro de acordo com a normalização técnica da ABNT

Appris
editorial

Editora e Livraria Appris Ltda.
Av. Manoel Ribas, 2265 – Mercês
Curitiba/PR – CEP: 80810-002
Tel. (41) 3156 - 4731
www.editoraappris.com.br

Printed in Brazil
Impresso no Brasil

Raphael Almeida Dal Pai

CRISE E OFENSIVA BURGUESA NO BRASIL

A EMERGÊNCIA DA DIREITA "LIBERTÁRIA"

Appris
editora

Curitiba, PR
2025

FICHA TÉCNICA

EDITORIAL — Augusto Coelho
Sara C. de Andrade Coelho

COMITÊ EDITORIAL E CONSULTORIAS

Ana El Achkar (Universo/RJ)
Andréa Barbosa Gouveia (UFPR)
Antonio Evangelista de Souza Netto (PUC-SP)
Belinda Cunha (UFPB)
Délton Winter de Carvalho (FMP)
Edson da Silva (UFVJM)
Eliete Correia dos Santos (UEPB)
Erineu Foerste (Ufes)
Fabiano Santos (UERJ-IESP)
Francinete Fernandes de Sousa (UEPB)
Francisco Carlos Duarte (PUCPR)
Francisco de Assis (Fiam-Faam-SP-Brasil)
Gláucia Figueiredo (UNIPAMPA/ UDELAR)
Jacques de Lima Ferreira (UNOESC)
Jean Carlos Gonçalves (UFPR)
José Wálter Nunes (UnB)

Junia de Vilhena (PUC-RIO)
Lucas Mesquita (UNILA)
Márcia Gonçalves (Unitau)
Maria Margarida de Andrade (Umack)
Marilda A. Behrens (PUCPR)
Marília Andrade Torales Campos (UFPR)
Marli C. de Andrade
Patrícia L. Torres (PUCPR)
Paula Costa Mosca Macedo (UNIFESP)
Ramon Blanco (UNILA)
Roberta Ecleide Kelly (NEPE)
Roque Ismael da Costa Güllich (UFFS)
Sergio Gomes (UFRJ)
Tiago Gagliano Pinto Alberto (PUCPR)
Toni Reis (UP)
Valdomiro de Oliveira (UFPR)

SUPERVISORA EDITORIAL — Renata C. Lopes

PRODUÇÃO EDITORIAL — Bruna Holmen

REVISÃO — Stephanie Ferreira Lima

DIAGRAMAÇÃO — Luciano Popadiuk

CAPA — Carlos Pereira

REVISÃO DE PROVA — Daniela Nazario

COMITÊ CIENTÍFICO DA COLEÇÃO CIÊNCIAS SOCIAIS

DIREÇÃO CIENTÍFICA — Fabiano Santos (UERJ-IESP)

CONSULTORES

Alícia Ferreira Gonçalves (UFPB)
Artur Perrusi (UFPB)
Carlos Xavier de Azevedo Netto (UFPB)
Charles Pessanha (UFRJ)
Flávio Munhoz Sofiati (UFG)
Elisandro Pires Frigo (UFPR-Palotina)
Gabriel Augusto Miranda Setti (UnB)
Helcimara de Souza Telles (UFMG)
Iraneide Soares da Silva (UFC-UFPI)
João Feres Junior (Uerj)

Jordão Horta Nunes (UFG)
José Henrique Artigas de Godoy (UFPB)
Josilene Pinheiro Mariz (UFCG)
Leticia Andrade (UEMS)
Luiz Gonzaga Teixeira (USP)
Marcelo Almeida Peloggio (UFC)
Maurício Novaes Souza (IF Sudeste-MG)
Michelle Sato Frigo (UFPR-Palotina)
Revalino Freitas (UFG)
Simone Wolff (UEL)

AGRADECIMENTOS

São muitas pessoas que de alguma forma contribuíram para a realização desta pesquisa, ainda na época das disciplinas do doutorado. Primeiramente, agradeço aos professores da pós-graduação; alguns deles conheço desde a época da graduação, iniciada em 2008. A vocês, meus sinceros agradecimentos! Pode parecer um pouco clichê fazer o tipo "cheguei até aqui porque tive grandes professores no meu caminho", no entanto não poderia ser mais verdadeiro.

Dentre esses, agradeço especialmente aos professores Gilberto Calil e Paulo José Koling (meu orientador no mestrado), pela confiança e pelas preciosas contribuições durante o mestrado e o doutorado.

Impossível deixar de agradecer também à minha ex-orientadora, professora Carla Luciana Silva, sempre presente, mesmo que distante. Sou eternamente grato pela paciência e compreensão dos meus eventuais "sumiços" em decorrência de minhas condições de pesquisa. A confiança depositada em mim foi fundamental, num processo em que eu, por muitas vezes, duvidei das minhas capacidades.

A todos os professores que foram essenciais para este estudo. Muito obrigado pelas sugestões, por prontamente estarem à disposição para contribuir para que esta obra pudesse ser aprimorada ao máximo.

Um imenso agradecimento também é devido neste processo à maior amizade que fiz durante a pesquisa. "Tchê" Mariano! Não tenho palavras para agradecer a quantia que aprendi com você, o companheirismo durante nossas viagens, mas sobretudo por esse grande amigo e pessoa que você é!

Hugo Felipe Frison, muito obrigado pelo incrível hábito de sempre pensar em mim e recomendar livros e artigos que acredita serem de meu interesse. Esta obra também tem importantes contribuições suas por conta disso.

Por fim, meus familiares, em especial, meu pai, Cesar, e minha mãe, Salete. Nunca teria conseguido chegar até aqui sem o imenso apoio de vocês durante toda esta jornada. Minha irmã, Gabriela, e meu sobrinho, Eduardo, por compreenderem minha ausência. Meu "irmão de outra mãe", Rafael Bittencourt, por todos esses anos de companheirismo. Amo todos vocês!

Minha amada esposa, Luana de Almeida Pereira, muito obrigado por todo o carinho e preocupação. Sem você nunca teria imaginado conquistar tudo isso que construímos nesses quase 10 anos juntos!

Aos meus "filhotes", Jabuticaba, Billy, Boris e Pipoca, por sempre estarem felizes e tentarem me animar, não importando o quão triste eu estivesse.

PREFÁCIO

A última década no Brasil desafia a compreensão de muitos estudiosos e parece ter realizado um percurso que poucos ousariam profetizar. A complexidade dos fenômenos que nos conduziram à ascensão de um projeto de extrema-direita, marcadamente reacionário, truculento e antidemocrático, certamente exige análises que vão além das tradicionais clivagens e formulações dicotômicas reducionistas.

O livro em mãos, caros leitores, parte de uma rigorosa pesquisa desenvolvida por Raphael Dal Pai, que expressa a profundidade e a multiplicidade de elementos que, muitas vezes, retroalimentam-se e que ajudam nessa difícil tarefa de compreensão da chamada *História Imediata*. Trata-se de um trabalho que, sem dúvidas, faz jus à tradição crítica marxista. Isso tanto no que concerne à sua capacidade rigorosa de articulação dialética de diferentes condicionantes quanto na sua expressão, como *trincheira* de luta, ou seja, na sua preocupação em transformar a realidade, como nos mostrou Marx na sua Tese Onze (*Thesen über Feuerbach*, 1845).

Tempos difíceis, como os que presenciamos, nos quais há produção massiva de desinformação e o revisionismo histórico — que vêm sendo sistematicamente acionados e financiados para justificar e legitimar determinadas narrativas do projeto reacionário da extrema-direita no presente —, nos cobram uma postura de luta. Essa fábrica de desinformação contempla ataques à democracia brasileira; a desqualificação da política; discursos de ódio contra a população LGBTQIAPN+ e contra o movimento negro; ataques à educação e à universidade pública, entre outras bandeiras progressistas. Apesar da sua imensa capilaridade, não podemos compreender essa difusão como uma manifestação espontânea ou mera demonstração da liberdade individual e de expressão, mas, sim, como uma estratégia política e ideológica sofisticada, mobilizada deliberadamente por diferentes organizações representantes das direitas brasileiras.

Diante do exposto, torna-se ainda mais imprescindível a defesa intransigente da ciência e da pesquisa rigorosa, fundamentadas na relação dialética entre teoria, método e análise crítica das fontes, como um princípio fundamental de legitimidade. Nesse sentido, a busca do conhecimento, quando representa o exercício paciente e meticuloso da pesquisa e, simultaneamente, forma de luta, é, sem dúvida, um desafio gigantesco. Nesta obra, por sua vez, Raphael Dal Pai se propõe a enfrentar essa empreitada de assegurar um consistente aprendizado teórico conceitual, mantendo-se capaz de ir além de sua expressão imediata, refletindo sobre o presente, explorando a vivacidade desses conceitos e categorias e, acima de tudo, demonstrando o potencial transformador do mundo, proporcionado pela filosofia da práxis.

A busca pela compreensão do processo de ascensão do movimento fascistizante da extrema-direita bolsonarista no Brasil necessita da análise articulada que compreende fenômenos internos, no plano da dominação de classe e produção de consenso, assim como fatores externos, no plano do capitalismo, em suas formas contemporâneas de intensificação das expropriações sociais.

Nessa perspectiva, as crises econômicas funcionalizam determinados discursos e mecanismos expropriativos, como afirma Marcelo Badaró Mattos: "em tempos de crise econômica mais aguda, esse quadro político facilita a ação de rapina do grande capital" (Mattos, 2016, p. 98). As formas atualizadas e avassaladoras de extração de *mais-valor* típicas da contemporaneidade capitalista imprimem novas determinações e correlações de forças tanto na luta de classes como nos conflitos e/ou arranjos intraclasse burguesa. Dessa forma, o Estado, atravessado por interesses de classe, ao mesmo tempo que tende a se tornar o núcleo duro da coerção violenta, amplia-se diante da complexificação da sociedade civil.

Assim, a reconfiguração do papel e da própria institucionalidade do Estado no Brasil certamente envolve as estratégias das distintas frações de classe burguesa, em suas organizações de atuação política e ideológica ou, na letra do filósofo comunista sardo, em seus "aparelhos privados de hegemonia". Um importante exemplo dessa atuação, muito bem analisado nesta obra, é a articulação entre o movimento bolsonarista e o chamado Instituto Mises Brasil (IMB), que, além de sua atuação para a construção de concepções de mundo, também participa de forma pragmática da estruturação de um projeto de hegemonia dessa extrema-direita. São, justamente, essas conexões precisas que, de forma brilhante, Raphael Dal Pai nos possibilita perceber, a partir desta obra mais do que necessária.

Prof. Dr. Flávio Henrique Calheiros Casimiro
Instituto Federal do Sul de Minas Gerais, campus Poços de Caldas

LISTA DE SIGLAS E ABREVIATURAS

Abin Agência Brasileira de Inteligência

AIER Instituto Americano de Pesquisa Econômica

AIG American International Global

AIR Análise de Impacto Regulatório

APH Aparelho Privado de Hegemonia

BNDES Banco Nacional do Desenvolvimento

BP Brasil Paralelo

Capes Coordenação de Aperfeiçoamento de Pessoal de Nível Superior

CEO Chief Executive Officer

CLT Consolidação das Leis do Trabalho

CMB Casa da Moeda do Brasil

CMLE Centro Mackenzie de Liberdade Econômica

CNC Confederação Nacional do Comércio de Bens, Serviços e Turismo

Consad Conselho de Administração da Casa da Moeda do Brasil

Covid-19 Sars-CoV-2

CPI Comissão Parlamentar de Inquérito

Dieese Departamento Intersindical de Estatística e Estudos Socioeconômicos

DF Distrito Federal

EUA Estados Unidos da América

EPL Estudantes Pela Liberdade

ESG Environmental, Social and Governance

FAO Organização das Nações Unidas para a Alimentação e a Agricultura

FDSM Faculdade de Direito de Sul de Minas

FEE Foundation for Economic Education

FHC Fernando Henrique Cardoso

GCLP	Global Competitiveness Leadership Program
GLP	Gás Liquefeito de Petróleo
IA	Insegurança Alimentar
Ibad	Instituto de Ação Democrática
IBGE	Instituto Brasileiro de Geografia e Estatística
IEE	Instituto de Estudos Empresariais
IMB	Instituto Ludwig von Mises Brasil
Imil	Instituto Millenium
Ipea	Instituto de Pesquisa Econômica Aplicada
Ipes	Instituto de Pesquisa e Estudos Sociais
LMI	Ludwig von Mises Institute
LMV	Ludwig von Mises
MBL	Movimento Brasil Livre
MG	Mato Grosso
NME	Nova Matriz Econômica
Novo	Partido Novo
Oxfam	Comitê Oxford para Alívio da Fome
PDT	Partido Democrático Trabalhista
Peic	Pesquisa de Endividamento e Inadimplência do Consumidor
PIB	Produto Interno Bruto
PL	Projeto de Lei
PSL	Partido Social Liberal
Psol	Partido Socialismo e Liberdade
PT	Partido dos Trabalhadores
Rede Penssan	Rede Brasileira de Pesquisa em Soberania e Segurança Alimentar e Nutricional
RNDBF	Renda Nacional Disponível Bruta das Famílias
RS	Rio Grande do Sul
SAG-Dieese	Sistema de Acompanhamento de Greves Dieese
Sindijor-PR	Sindicato dos Jornalistas Profissionais do Paraná

SFL Students for Liberty

SFLB Students For Liberty Brasil

SP São Paulo

STF Supremo Tribunal Federal

Tina There Is No Alternative

TT Think Tank

TTCSP Think Tanks and Civil Societies Program

UFS Universidade Federal de Sergipe

UFSM Universidade Federal de Santa Maria

UPM Universidade Presbiteriana Mackenzie

URSS União das Repúblicas Socialistas Soviéticas

WVF William Volker Fund

YAF Young Americans for Freedom

SUMÁRIO

INTRODUÇÃO 15

CAPÍTULO 1

HEGEMONIA BURGUESA COMO PROCESSO: RELAÇÕES ENTRE INTELECTUAIS, APARELHOS PRIVADOS E ESTADO 33

1.1 QUESTÕES PRELIMINARES 33

1.2 QUAL A IMPORTÂNCIA DOS INTELECTUAIS NESTE PROCESSO? 34

1.3 A DIREITA "JACOBINA" 48

1.4 DA SOCIEDADE CIVIL PARA O ESTADO: INTELECTUAIS E OS APARELHOS BURGUESES 60

1.5 AS "VÉRTEBRAS" DA SOCIEDADE CIVIL E O CASO DA DECLARAÇÃO DE DIREITOS DE LIBERDADE ECONÔMICA. 69

1.6 APARELHOS PRIVADOS NA CONSTITUIÇÃO DO BLOCO NO PODER 81

1.6.1 *Think tanks versus* aparelhos privados: contribuições gramscianas para uma análise dos aparelhos burgueses 88

1.6.2 Ampliação seletiva e aparelhos privados. 97

CAPÍTULO 2

"NÃO HÁ NADA DE LIVRE MERCADO NA IDÉIA DE QUE CADA UM TEM O DIREITO DE TER UM IMÓVEL": A GRANDE RECESSÃO E A INTERPRETAÇÃO LIBERTARIANISTA 103

2.1 A CRISE FINANCEIRA E O PROGRAMA LIBERTARIANISTA COMO ALTERNATIVA 108

2.1.1 A crise e seus aspectos gerais 112

2.1.2 Aspectos gerais sobre as fontes analisadas. 127

2.2 A CRISE NA INTERPRETAÇÃO "LIBERTARIANISTA" 139

CAPÍTULO 3

A CRISE NO BRASIL E OFENSIVA BURGUESA 177

3.1 BREVES APONTAMENTOS SOBRE A POLÍTICA ECONÔMICA DOS GOVERNO PT. 178

3.2 O CICLO DAS *COMMODITIES* NO BRASIL E OS IMPACTOS DA CRISE 183

3.3 CRISE ORGÂNICA E OFENSIVA BURGUESA 196

CONCLUSÃO.. 221

REFERÊNCIAS 227

REFERÊNCIAS ELETRÔNICAS................................ 239

INTRODUÇÃO

É quase impossível iniciar a apresentação desta pesquisa sem situar o contexto socioeconômico brasileiro, ao passo que ela busca elucidar um pouco o processo que, de forma indireta — ou diretamente —, incide sobre o estabelecimento da dura realidade que se convive e busca-se transformar no Brasil.

Durante a pandemia da Covid-19, o Brasil chegou a ultrapassar a marca de 700 mil vidas perdidas para uma doença — na época, sem cura —, mesmo já existindo vacinas para imunização em massa da população. Como se tal cenário já não bastasse para causar consternação, cotidianamente vimos o aumento galopante da carestia de vida, com episódios estarrecedores, como o surgimento da "fila do osso", primeiramente noticiada na capital do Estado do Mato Grosso[1], cidade que é considerada a "capital do agronegócio": pessoas se aglomeram para conseguir garantir doação de carcaças de gado, para tentar garantir alimento.

Outro aspecto da condição de insegurança alimentar, que continuava a crescer no Brasil da época, eram as pessoas que passavam a sofrer acidentes por tentar cozinhar usando materiais inapropriados, dado a alta no preço do botijão de gás (Amoury, 2021)[2]. Não é à toa que, nas conclusões da pesquisa da Rede Penssan sobre insegurança alimentar e a pandemia da Covid no Brasil, lançou a seguinte afirmação:

> Tem sido uma constante nos debates públicos no país a **associação da piora nas condições de vida observadas neste relatório com circunstâncias econômicas e políticas** em curso há alguns anos, em especial a execução de uma **agenda governamental neoliberal de ajuste fiscal em que as regras orçamentárias, a exemplo da Lei do**

---

[1] São várias as manchetes possíveis de se encontrar sobre o surgimento das "filas de ossos" no Brasil e a sua relação com o aumento da insegurança alimentar nos últimos anos, mais especificamente durante a pandemia. Apenas como exemplo, cita-se um trecho de reportagem produzida pela TV Record, bem como um estudo realizado Rede Brasileira de Pesquisa em Soberania e Segurança Alimentar e Nutricional (Rede Penssan), divulgado no site da Organização das Nações Unidas para a Alimentação e a Agricultura (FAO). *Cf.* Câmera Record (2021) e Rede Pensann (2021).

[2] É possível encontrar, também, o artigo publicado na Revista Brasileira de Queimaduras, relacionando o aumento do preço do gás de cozinha com os casos de queimaduras em pacientes internados na Unidade de Tratamento de Queimados do Hospital de Urgência de Sergipe, no ano de 2017 (Rodrigues *et al.*, 2019). Por fim, outro dado importante é como o uso de lenha na cozinha, em 2017, que passou a superar o gás de cozinha no Brasil (Correio Braziliense, 2021).

Teto de Gastos, foram desvinculadas das necessidades sociais, políticas públicas desmanteladas, empresas estatais privatizadas e organizações sociais descartadas. **O protagonismo mais tímido do Estado daí resultante é visto como requisito falacioso para uma recuperação econômica nunca ocorrida.** As mazelas da fome e demais manifestações de IA [Insegurança Alimentar] voltaram a patamares alarmantes, já nos indicadores referentes à POF de 2018, expondo os traços estruturais deletérios calcificados da sociedade brasileira que têm encontrado ambiente favorável à sua perpetuação. **Seu enfrentamento implica recuperar a capacidade do Estado de agir em favor do interesse público** (Rede Pensann, 2021, grifos meus).

O próprio relatório sinaliza que as mudanças recentes, visando a intensificação do neoliberalismo, são fatores para o aumento da insegurança alimentar. Aliás, considera falacioso o raciocínio que prega a "menor participação do Estado" em políticas de redução de desigualdades. Muito embora endosse o discurso falacioso de que o "Estado deve ser mínimo" — afinal, basta considerar as renúncias fiscais, a agilidade das forças de repressão em proteger patrimônios, entre outras conceções e vista grossa ao agronegócio, para constatar que a questão não é o tamanho do Estado, mas para quem e com qual finalidade ele é utilizado —, o documento em questão registra justamente o desastre do aprofundamento da fome, asseverando que o abandono do Estado é capaz de fazer para aqueles que se encontram em situação de vulnerabilidade.

Para completar o trágico cenário de retrocessos e perdas dos poucos avanços, a autoridade máxima do poder Executivo brasileiro, à época, Jair Messias Bolsonaro, acumulava um notável currículo de desprezo pela vida humana, pelas minorias e povos originários do Brasil, normalizando os sérios danos ao meio ambiente entre vários outros absurdos, que seriam impensados de se perpetrarem por um presidente da República.

Compreender a consolidação de tal "pandemônio" não é tarefa fácil, nem mesmo possível de ser realizada individualmente. O estabelecimento deste contexto não foi um "raio em céu azul" ou uma "tomada de assalto", mas um processo de acúmulo de forças e reorganização das frações burguesas, como bem explicado pelo historiador Gilberto Calil:

[...] se trata de um processo de longo prazo que, durante os governos petistas, sustentou-se em dois pilares: a criação de múltiplos, variados e muito bem organizados aparelhos privados de hegemonia dedicados a propagar concepções meritocráticas, individualistas, ultraliberais, antissociais, fundamentalistas, anarcocapitalista, armamentistas e muitas outras situadas no campo conservador; e a recusa ao embate ideológico por parte dos governos petistas, ao mesmo tempo em que se aliavam com e garantiam posições de poder a lideranças reacionárias que depois as usariam para apoiar o Golpe de 2016 (Calil, 2020, p. 71).

É nesse sentido que se apresenta esta pesquisa. Tendo como objetivo contribuir com os estudos sobre a chamada "nova direita", toma-se como objeto compreender o *aggiornamento* das frações burguesas no Brasil, especificamente a atuação da corrente "libertarianista", identificada pela defesa de uma liberdade econômica ilimitada. Dentre uma miríade de aparelhos burgueses passíveis de estudo, optou-se por focar no Instituto Ludwig von Mises Brasil (IMB) e, conforme necessário, suas ligações com demais aparelhos.

Apesar de toda escolha possuir uma série de motivações, essa foi em grande medida guiada por uma pesquisa anteriormente iniciada (Dal Pai, 2017). Já naquela época (2012), por encontrar um estudante ávido para debater sobre as grandes benesses do capitalismo e do livre mercado, foi despertada a necessidade de compreender como Ludwig von Mises, Murray Rothbard, o parlamentar estadunidense Ron Paul, entre outros, "aparecem" no discurso de um estudante do 8.º ano, em um colégio particular, em uma cidade interiorana do estado do Paraná. Foi assim que ocorreu meu primeiro contato com o IMB.

Dessa inquietação, surgiu uma investigação que culminou na dissertação de mestrado sobre o Mises Brasil. De 2012 até os dias atuais, continua crescendo a quantidade de sujeitos que, por inúmeras formas — sendo a atuação destes aparelhos nas redes sociais, talvez, a mais preponderante —, entram em contato com o movimento "libertário" (não no sentido atribuído pelo histórico movimento anarquista), "minarquista", "anarco"capitalista, conservadores "monarquistas", entre outros — termos que, conforme a necessidade, serão melhor apresentados.

Mesmo que tal fato justifique a continuidade de estudar os libertarianistas, o notável crescimento e influência destes aparelhos no Estado e sociedade civil não permite compreender a escolha de tomar estes aparelhos privados de hegemonia (APHs), em específico, para este estudo.

Antes de dar continuidade ao contexto em que se insere a presente pesquisa, faz-se necessário explicar a preferência por usar "libertarianista", "libertarianismo", ao invés de "libertário" ou mesmo "anarco"capitalista, ao conceituar o ideário inicialmente sistematizado por Murray Rothbard.

Ainda em 2012, antes mesmo de prestar seleção para o Mestrado, a manobra de associar a defesa da propriedade privada, bem como uma suposta tendência natural do ser humano ao empreendedorismo com o pensamento anarquista, causava estranhamento. Mesmo não sendo um grande estudioso do movimento anarquista e sua tradição, a possibilidade de existir um pensamento "anarco"capitalista não aparentava condizer com a história da tradição libertária.

Conforme os estudos e investigações, fui conduzido a procurar se haveria a mínima possibilidade de cruzamento entre os dois ideários, não apenas opostos, mas também historicamente antagônicos (capitalismo e anarquismo): foi constatada a impossibilidade de sustentar a existência da propriedade privada na perspectiva do movimento e pensamento anarquista.

A única menção ao "anarco"capitalismo em escritos de anarquistas sobre suas vertentes e pensadores (Mckay *et al.*, 2008) foi realizada justamente para combater a tentativa de associar o capitalismo com um dos movimentos mais antigos e empenhados em sua destruição.

Além disso, é sempre necessário insistir que mesmo Murray Rothbard, considerado o idealizador do "anarco"capitalismo, negava a relação entre seu ideal de uma sociedade capitalista sem Estado com alguma vertente da tradição anarquista[3]. Sua principal biografia (Gordon, 2007) indica que a procura pelos escritos de Benjamin Tucker e Lysander Spooner, principais teóricos da vertente individualista do anarquismo estadunidense, parece ser meramente instrumental no seu esforço de dar corpo à defesa de um capitalismo supostamente sem Estado.

Situação que reforça tal apontamento é o contexto em que Rothbard escreve sua obra-síntese do libertarianismo, intitulada *Por uma nova liberdade: o manifesto libertário* (Rothbard, 2013). Segundo a cronologia de vida

---

[3] Para maiores detalhes, *Cf.* Gordon (2010): a obra em questão é um compêndio dos escritos (memorandos) de Rothbard quando trabalhava no *Willian Volker Fund*, um dos primeiros aparelhos privados estadunidenses, que financiavam estudos de intelectuais militantes do capital. David Gordon (editor que selecionou os escritos) é um dos principais biógrafos de Rothbard e membro do *Mises Institute*. Na seção "Teoria Política", encontra-se um texto de Rothbard intitulado "Are Libertarians 'Anarchists'?", em que ele responde negativamente. O Mises Brasil traduziu esse texto e o publicou em seu *site*.

e trabalhos de Rothbard, descrita ao fim do livro de Roberta Modugno (2009), Rothbard passou a se aproximar dos movimentos de jovens contra a Guerra do Vietnã. Em 1968, juntou-se ao Partido da Paz e Liberdade que, segundo a cronologia, teria sido criado, a partir das manifestações da juventude contra a continuação da Guerra (Modugno, 2009).

Outro marco importante neste contexto é a divisão que se instalou na Juventude Americana pela Liberdade (*Young Americans for Freedom*) (YAF), organização ligada à juventude do Partido Republicano, ruptura que também foi motivada pela Guerra. Muito embora Modugno não deixe clara a relação existente entre Rothbard e a juventude do Partido Republicano, sua menção na cronologia não é fruto de mero acaso, uma vez que Modugno seleciona os acontecimentos mais relevantes a serem considerados em sua cronologia; isto é, trata-se de uma construção seletiva da autora sobre os fatos que ela atribuiu maior relevância.

Dito isso, é possível fazer algumas deduções sobre tais eventos. Rothbard pode ter se aproximado da ala dissidente da YAF, que fundara a Sociedade pela Liberdade individual (Modugno, 2009). Essa agremiação — pelos escritos de Modugno — acabaria por fundar o Partido Libertário em 1972 e, um ano depois, Rothbard junta-se a ele e publica seu manifesto (Modugno, 2009).

Por meio de seus memorandos escritos enquanto trabalhava para o *Willian Volker Fund*, é possível perceber uma grande preocupação com o crescimento e rumos do libertarianismo nos Estados Unidos da América (EUA) da década de 1960. Suas principais preocupações apontam para a necessidade de fortalecer e expandir o núcleo doutrinário libertarianista, bem como um possível "atolamento" da corrente ante o crescimento da "massa de pensadores conservadores e da direita" (Gordon, 2007, p. 19).

A peça final — ou, talvez, inicial, por ter sido a primeira pista que instigou uma pesquisa mais detida no contexto em que Rothbard escreve seu *Manifesto* — é a introdução de Llewelly Rockwell (mais conhecido como Lew Rockwell[4]), escrita em 2005, para a obra em questão:

> O libertarianismo moderno não nasceu em reação ao socialismo ou ao esquerdismo – embora ele seguramente seja antiesquerdista (da maneira com que o termo é comumente definido) e antissocialista. Para ser mais exato, o liberta-

---

[4] É um dos fundadores do Mises Institute. Também foi chefe do gabinete de Ron Paul na época em que esse foi congressista dos EUA (Wikipédia, 2024).

> rianismo, no contexto histórico americano, surgiu como resposta ao estatismo do conservadorismo e sua celebração seletiva de um planejamento central de estilo conservador. Os conservadores americanos podem não adorar o estado de bem-estar social ou as regulamentações econômicas excessivas, porém apreciam o exercício do poder em nome do nacionalismo, belicismo, de políticas 'pró-família' e da invasão da privacidade e da liberdade pessoal. [...] E foi para defender uma liberdade pura contra as concessões e corrupções do conservadorismo – iniciando-se com Nixon, porém continuando ao longo das presidências de Reagan e Bush – que inspiraram o nascimento da economia política rothbardiana (Rothbard, 2013, p. 12).

Nela, nota-se a confluência de alguns elementos: oposição a um suposto "estatismo conservador" e importantes membros do Partido Republicano, bem como uma crítica — ainda que muito sutil — ao comportamento dos governos republicamos quanto às guerras e cerceamento da liberdade individual.

Por fim, Rothbard, nessa mesma obra, procura fazer uma breve contextualização histórica acerca de como o liberalismo estadunidense foi abandonando seus ideais — supostamente libertarianistas — e radicalismo originais numa caminhada de "conservadorização" (Rothbard, 2013, p. 19).

Em resumo, de acordo com os próprios escritos de Rothbard, no material produzido por intelectuais do movimento anarquista, rechaçando qualquer associação entre sua tradição e a defesa de um ideal capitalista sem Estado, bem como o próprio contexto vivido por Rothbard, é impossível vincular anarquismo com "anarco"capitalismo. Uma das formas de evitar a continuidade de tal falsa relação — para além de uma explanação calcada em evidências — é o cuidado no uso de palavras e conceitos que podem evocar falsos sinônimos.

Muito embora tais considerações sejam longas e talvez quebrem o ritmo da leitura, é de extrema importância esse cuidado na argumentação para não incorrer em futuras acusações de desconhecimento, falta de rigor ou leitura sobre a vida e obra de Rothbard, bem como do "anarco"capitalismo.

Durante o mestrado, pude perceber a interação entre diversos intelectuais, partidos e parlamentares na defesa dos valores e ideais que perpassavam as publicações do IMB. Nesse processo, muitos dos membros do IMB, em alguma medida, orbitavam nesses aparelhos. Cedendo bolsa para cursar pós-graduação nos EUA, fomentando a criação de grupos de estudos; esses aparelhos ou parte deles faziam parte da formação política dos membros do IMB ou de aparelhos com orientação similar. No caso do Partido Novo, até mesmo participaram ativamente em sua fundação.

Foi também durante a pesquisa do mestrado que se levantou uma hipótese que, por motivos das próprias limitações de um texto de dissertação, bem como as condições em que a pesquisa foi produzida — lidar com o trabalho de professor do ensino básico e dar continuidade à carreira acadêmica —, obstaculizaram que a oportunidade fosse devidamente explorada. Outro elemento que não pode ser ignorado foi o exponencial crescimento desses aparelhos e seus intelectuais, seja nos veículos midiáticos mais tradicionais ou nas redes sociais, figuras obscuras ou mesmo sem protagonismo político começaram a surgir, ganhar espaço e notoriedade na mídia.

Dentre a volumosa produção de conteúdo do IMB, percebeu-se uma grande preocupação em explicar as causas das crises econômicas, em especial — talvez, devido ao próprio momento — a crise financeira de 2007/08. Entre as diversas formas que as motivações da crise foram abordadas, uma conclusão era comum em praticamente todas as publicações dos membros do Mises Brasil: as crises e sua longa duração são causadas pelas tentativas de se controlar o livre mercado e as intervenções estatais no natural funcionamento do capitalismo.

Eis, então, que a solução é "mais capitalismo", "mais liberdade", menos intervenção do Estado; "menos Marx, mais Mises"; ao ponto de apregoar que os indivíduos estariam muito melhores — e bem mais "livres" — se todas as relações sociais fossem concebidas a partir dos ditames do livre mercado.

Essa insistência por "mais Mises", para além do discurso, parece também revelar um processo que ganhou força a partir da crise financeira de 2007/08. Muito embora Rothbard tenha escrito seu "Manifesto Libertário", em 1973 (Gordon, 2007, seu livro possui passagens de extrema importância para compreender a relação entre o surgimento do pensamento "libertarianista" e as crises.

Murray Newton Rothbard foi um economista estadunidense. Foi professor do Instituto Politécnico do Brooklyn, de meados de 1960 a 1985. De 1986 até seu falecimento, em 1995, foi professor da Universidade de

Nevada, do Estado de Las Vegas, nos EUA. Também foi membro do Ludwig von Mises Institute (LMI) desde sua criação, em 1982. Seu livro *Por uma nova liberdade: o manifesto libertário* é a primeira obra que procura sistematizar as bases do chamado "libertarianismo" (*libertarianism*). Teve muitas de suas obras financiadas e publicadas pelo William Volker Fund (WVF) e o Foundation for Economic Education (FEE). Ainda mais, foi analista sênior do WFV, no qual revisava obras, jornais e artigos à procura de intelectuais potencialmente aliados[5].

Comentando sobre as condições de sua época e sua relação com a emergência do movimento "libertarianista", Rothbard escreve:

> Podemos afirmar com confiança que os Estados Unidos entraram agora numa **situação de crise permanente,** e podemos até mesmo apontar com precisão os anos em que esta crise se originou: 1973 – 1975. Felizmente, para a causa da liberdade, não só esta crise do estatismo chegou aos Estado Unidos, mas ela atingiu de maneira fortuita a sociedade como um todo, em diferentes esferas da vida ao mesmo tempo. Assim, estes colapsos do estatismo tiveram um efeito sinérgico, reforçando um ao outro em seu impacto cumulativo. E elas não foram apenas crises do estatismo em si, mas **foram vistas por todos como tendo sido provocadas pelo estatismo,** e não pelo mercado livre, pela cobiça pública, ou o que for. E, finalmente, estas crises só podem ser aliviadas com a remoção do governo do quadro (Rothbard, 2013, p. 370-371, grifo meu).

Já no epílogo do livro, é possível perceber o esforço em descaracterizar a crise da década de 1970, como uma crise do "capitalismo". Para além do exagero — obviamente, com propósito —, afirmar que "todos" perceberam a crise dos anos 1970 como uma "crise [causada pelo] estatismo" é incrivelmente semelhante, com o receituário de "mais capitalismo", entendido como panaceia para a "situação de crise permanente" reconhecida por Rothbard, em paralelo aos discursos privatistas correntes no Brasil. Aliás, demonstra também a necessidade de construção de outras soluções possíveis para a crise do capitalismo, uma vez que os setores burgueses na atualidade apenas "requentam" antigas receitas catastróficas do passado e sem nenhuma eficácia.

---

[5] A biografia sobre Rothbard é muito focada em suas obras e seus principais avanços e dilemas com o pensamento econômico de sua época. Infelizmente, não foi possível encontrar escritos que mostrassem maiores detalhes sobre sua trajetória profissional e as relações com os aparelhos que tiveram importância em sua formação. Para maiores detalhes, *Cf.* Gordon (2007) e Modugno (2009).

CRISE E OFENSIVA BURGUESA NO BRASIL

O economista estadunidense também chama a atenção ao contexto de desconfiança da população estadunidense com os políticos e o governo:

> O mais importante de tudo é que o *próprio* governo deixou, em grande parte, de ser considerado algo santificado nos Estados Unidos. Ninguém confia mais nos políticos ou no governo; **todo o governo é visto com uma permanente hostilidade,** nos colocando assim de volta naquele estado de desconfiança saudável do governo que caracterizou o público americano e os revolucionários americanos do século XVIII (Rothbard, 2013, p. 373, grifo do autor [itálico] e grifo meu [negrito]).

Impossível não notar como a hostilidade permanente ao governo e políticos é pensada por Rothbard como uma condição relacionada diretamente ao crescimento do "movimento libertarianista":

> Nossa resposta é que o surgimento e o crescimento rápido do movimento libertário não foram acidentais, que isto ocorreu como consequência de uma situação de crise que golpeou os Estados Unidos em 1973 – 1975 e continuou desde então. **Situações de crise sempre estimularam o interesse e uma procura por soluções.** E esta crise inspirou diversos americanos pensantes a perceber que foi o governo que nos colocou nesta confusão, e que apenas a liberdade – o recuo do governo – pode nos tirar dela (Rothbard, 2013, p. 373-374, grifo meu).

Por óbvio, é questionável se o contexto que Rothbard relata é de fato verídico. Porém, a forma da sua construção discursiva é recheada de sentidos e significados que não podem passar desapercebidas. Sua afirmação de que as crises de alguma forma "despertam" os sujeitos à procura por soluções é extremamente emblemática. Muito embora se apresente semelhante aos jargões e frases de efeito utilizadas por uma miríade de "especialistas" — dos quais a figura dos "*coaches*" e "gurus" do mundo dos negócios talvez sejam os exemplos mais práticos na atualidade —, ela também remete a um processo e um projeto de poder.

Ao escrever sobre a constituição do que chamaram de "homem-empresarial" ou mesmo "empreendedor", Dardot e Laval (2016) notaram um novo elemento presente na visão de Ludwig Von Mises sobre a "ação humana", a qual podemos perceber no que descreve Rothbard:

> O grande passo adiante dado pelos austríacos Von Mises e Hayek consiste em ver a concorrência no mercado como um processo de descoberta da informação pertinente, como certo modo de conduta do sujeito que tenta superar e ultrapassar os outros na descoberta de novas oportunidades de lucro. Em outras palavras, radicalizando e sistematizando uma teoria coerente de ação humana alguns aspectos já presentes no pensamento liberal clássico (desejo de melhorar a própria sorte, fazer melhor do que o outro, etc.), a doutrina austríaca privilegia uma dimensão agonística: a da competição e da rivalidade (Dadort; Laval, 2016, p. 135).

A "crise" da qual escreve Rothbard é, num sentido filosófico, um momento de tensão, tal como a concorrência entre os empreendedores, sendo necessário compreender as exigências e encontrar as soluções. As considerações de Dardot e Laval (2016) auxiliam na compreensão das bases nas quais o discurso de Rothbard se assenta. Porém, não permitem o vislumbre de um processo maior ao qual se vincula.

Os apontamentos do filósofo Chamayou (2020) merecem destaque. Muito embora sua preocupação não seja no âmbito da conjuntura de crise profunda estabelecida na década de 1970, sua pesquisa possui relevância em permitir a observação sobre como os setores burgueses da época — especialmente os estadunidenses — procuravam achar caminhos e soluções para manterem-se dominantes e lidarem com os problemas mais imediatos da gestão do capital, bem como das classes dominadas:

> O desafio do trabalho de reelaboração que então se impunha [a burguesia] não era somente produzir novos discursos de legitimação para um capitalismo questionado; consistia também em formular teorias-programas, ideias para agir, visando reconfigurar a ordem das coisas (Chamayou, 2020, p. 25).

Essa forma de encarar os escritos e teorizações que os intelectuais orgânicos burgueses produziam — e produzem ainda na atualidade — permite compreender as suas formulações teóricas não apenas como produções que buscavam compreender melhor as exigências do capital para então maximizar lucros, ampliar a extração de mais-valor, entre outras questões, mas também procuram se apresentar como organizadores da prática da dominação.

> Esse universo – apresentado como automático, monotético, impessoal – não só é ativamente construído, como mais

ainda, requer, na medida que é inevitável contestá-lo por seus efeitos, ser incansavelmente reimposto por estratégias conscientes. Decerto o capital governa, mas ele não poderia continuar a fazê-lo por muito tempo se não se ativasse constantemente, com combatividade e determinação, para confirmar sua dominação. O 'governo dos mercados' é tudo, menos uma ordem autossuficiente. Esse cosmos se mantém apenas graças aos demiurgos, que, bem ou mal, o remendam e o defendem, com unhas e dentes, diante dos novos inimigos que ele faz a cada dia (Chamayou, 2020, p. 115).

A necessidade de "defender e remendar com unhas e dentes" transparece nos escritos teóricos destes intelectuais, justamente por tratar-se de construções, ao contrário da exaustiva tentativa de naturalizar as relações de exploração vigentes.

Não é possível afirmar que a receita de Rothbard foi implementada em sua totalidade, porém é nítida a relação entre suas palavras e o surgimento do neoliberalismo como uma resposta à chamada "crise do petróleo" dos anos 1970, bem como não é apenas coincidência que suas ideias e as de Ludwig Von Mises passem a circular. Inclusive, seus escritos nunca foram tão procurados.

Também impossível de se rejeitar o efeito da crise financeira da primeira década do século XXI, na necessidade por uma solução que permita a manutenção do capitalismo. É nesse sentido que a presente pesquisa lança como hipótese que, muito embora os libertarianistas tenham se organizado no Brasil antes mesmo da crise financeira atingir seu ponto de iminência, é o seu estabelecimento que traz ao primeiro plano da política burguesa, a capacidade de apresentar o pensamento da Escola Austríaca de Economia — mais especificamente, os ideólogos do "movimento libertarianista" — como modelo para a manutenção dos interesses burgueses; como a implementação de um programa de aprofundamento das práticas neoliberais, retirada de direitos dos trabalhadores e ampliação do Estado às frações burguesas.

O crescimento dos aparelhos estudados, a notoriedade que seus intelectuais orgânicos passam a possuir, mais ainda, o fato de participarem ativamente da construção de propostas e projetos que passam a ser apreciados no Congresso, sendo alguns deles partindo da cúpula ministerial do Executivo — com destaque ao Ministério da Economia —, servem como indicativo de um esforço massivo em "remendar" o capitalismo.

Por isso, apesar dos libertarianistas possuírem divergências, o peso que intelectuais como Murray Rothbard e Ludwig von Mises possuem em sua formação e organização não é mero acaso, mas compõem um ponto de convergência para o processo atual: um rápido e agressivo movimento de recrudescimento do Estado, no tocante ao acolhimento das demandas populares e redução de desigualdades, ampliação seletiva deste Estado, que, para satisfazer o apetite voraz do capital diante da crise do projeto neoliberal — aprofundada pelos efeitos da pandemia —, não vê outra forma de retomar os patamares de acumulação senão desesperadamente avançar até mesmo sobre os cadáveres de toda uma civilização.

O tom da afirmativa pode até parecer dramático, exagerado, se não fosse fato mundialmente notório, o retumbante "fracasso"[6] do governo brasileiro em mitigar as perdas humanas entre outros efeitos nocivos da pandemia no Brasil. Sobre o mantra de "vai quebrar a economia", vários aparelhos privados de hegemonia burgueses — entre eles, o Mises Brasil — mobilizaram toda a sorte de intelectuais contra a realização de medidas para a restrição da circulação e aglomeração de pessoas. Nesse direcionamento, vale ressaltar o posicionamento do empresário e advogado Rodrigo Saraiva Marinho[7], membro do Conselho de Administração do Instituto Mises Brasil e Diretor de Operações da Rede Liberdade, ao responder uma questão deixada em sua "caixa de perguntas" nos "*stories*" do Instagram[8],

---

[6] Devido às inúmeras vezes em que Jair Messias Bolsonaro, presidente do Brasil, fez pouco caso da pandemia e suas vítimas, é difícil de se interpretar como mero "fracasso", uma vez que houve esforço por parte do próprio governo federal em atrasar a fabricação e compra de vacinas, a divulgação de notícias falsas e a recomendação de "tratamento precoce" pelo uso de Hidroxicloroquina e Ivermectina. Para mais informações *Cf.* Senado Federal (2021).

[7] Rodrigo Saraiva Marinho é advogado, professor, mestre em Direito Constitucional e empresário. Também é conselheiro administrativo e podcaster do Instituto Mises Brasil, sócio da LVM Editora, é diretor legislativo da liderança do Partido Novo na Câmara dos Deputados e sócio responsável pelo setor de Adequação, Compliance e Governança da PWR Gestão (empresa de consultoria em gestão empresarial). Extraído do breve resumo que o site da Amazon (s. d. b). Saraiva Marinho é também Diretor Legislativo da Liderança da Bancada do Novo na empresa Câmara dos Deputados, segundo consta em seu perfil no Facebook (Marinho, 2021). Segundo consta em sua "Bio" do Instagram, Saraviva Marinho é CEO do Instituto Livre Mercado (Marinho, 2012). Segundo o site oficial do Instituto, ele "atua fornecendo a estrutura da Secretaria Executiva da Frente Parlamentar pelo Livre Mercado no Congresso Nacional" (Instituto Livre Mercado, 2022). Dentre os membros da Frente Parlamentar, encontram-se parlamentares como Marcel van Hattem (Novo/RS - Presidente da Frente), Kim Kataguiri (União/SP – vice-presidente na Câmara), Soraya Thronicke (União/MG – vice-presidente no Senado), Bia Kicis (PL/DF – Coordenação de Desburocratização), Luiz Philippe de Orleans e Bragança (PL/SP – Coordenação de Relações Internacionais e Comércio Exterior), entre tantos outros. Para mais informações, *Cf.* Frente Parlamentar Pelo Livre Mercado (2023).

[8] No Instagram, é possível gravar vídeos curtos que costumam ser apagados após um certo tempo (geralmente, 24 horas após a postagem). Esses vídeos ficam disponíveis aos seguidores. No caso do vídeo em questão, Rodrigo Saraiva Marinho os deixou em destaque da sua página na rede social, juntamente com outros sob o

com a pergunta: "Pode explicar melhor a relação entre ter fechado tudo na pandemia e o aumento da inflação?", Saraiva Marinho compartilha a resposta para a dúvida do usuário do Instagram:

> Com a ideia de que 'a economia a gente vê depois', obviamente que a economia formal parou. O nível de arrecadação não foi suficiente para manter o nosso país funcionando. Para isso teve que se fazer o que se chama de [...] emitir moeda. E isso, obviamente, no curto prazo. Isso resolveu o problema, mas o efeito colateral disso é aumento, por consequência, aumento generalizado de preços. Que é o que está acontecendo agora [dois meses antes, pela data aproximada da postagem] (Marinho, 2021).

Logo no começo de seu vídeo, fica clara a sua contrariedade às medidas restritivas praticadas no Brasil, vulgarmente conhecidas como *Lockdown*. Inclusive, Marinho demonstra forte inclinação de que o "salvar a economia" seja mais prioritário que salvar vidas. Marinho parte da afirmação extremamente falaciosa e com resultados desastrosos — mais de 700 mil vidas perdidas apenas no Brasil — de que a crise econômica e social vivenciada não é apenas efeito da pandemia do Sars-CoV-2 (Covid-19), como ainda coloca as parcas medidas tomadas pelo governo brasileiro, como os reais causadores dela.

Sobre a afirmação de Marinho de que a pandemia é a principal causa da atual crise, a economista Marina Machado Gouvêa (2020) defende quatro teses em contraposição, das quais trataremos apenas das duas primeiras, dada terem mais relevância direta com a fala de Saraiva Marinho.

Primeira: é falsa a afirmação de que a economia mundial vinha dando sinais de recuperação. Segundo a autora, já em 2018 a crise dava sinais de acirramento. Entre os sinais destacados por ela, encontram-se as disputas geopolíticas entre EUA, China e Rússia, a falência das "instituições multilaterais", o avanço do que ela chama de ultraconservadorismo, entre outros. A autora conclui sua primeira tese afirmando que "trata-se de uma crise orgânica de sobreacumulação e multidimensional (econômica – não apenas 'financeira' – política, geopolítica, hegemônica, ambiental, 'civilizatória' – e da própria noção de 'civilização', isto é, dos próprios valores da modernidade capitalista)" (Gouvêa, 2020, p. 19-20).

---

título de "Inflação e Gaso" (Marinho, 2021). Também para manter o registro do *story* gravado, foi utilizado um aplicativo que grava a tela do celular para poder salvar a fonte nos arquivos pessoais da pesquisa.

Segunda: a Covid-19 não é um agente externo, bem como não teria as mesmas consequências que teve "fora" do sistema capitalista:

> O vírus em si, mesmo que entrasse em contato com seres humanos, provavelmente não teria a mesma taxa de letalidade se houvessem sistemas públicos de saúde em condições de contingenciá-lo, sistemas públicos de pesquisa em condições de estudá-lo, sistemas públicos de produção em condições de organizar o acesso aos insumos necessários. **As relações de produção capitalistas inviabilizam a priorização da vida no contingenciamento da COVID e explicitam a dimensão ética-estética da crise**, ao colocar em xeque os valores de nossa época histórica, sempre condicionados ao valor de troca como finalidade teleológica sobredeterminante (Gouvêa, 2020, p. 21, grifo meu).

Apesar de partir de uma análise mais "teórica" ao explicitar os próprios limites do capitalismo em oferecer uma resposta rápida para os problemas da pandemia, não exige muita pesquisa nos meios midiáticos que apresentem fatos sobre essa incapacidade. Toda a sorte de dificuldades materiais ocorrera: superfaturamento na compra de respiradores (Jornal Nacional, 2020), o aumento exponencial nos preços de produtos essenciais para a prevenção do contágio como máscaras e álcool 70% (Andretta, 2020; Okamura; Tomazela, 2020). Gouvêa encerra suas considerações:

> São as próprias relações capitalistas que inviabilizam o rápido desenvolvimento de vacinas e medicamentos e determinam a mercantilização do acesso à saúde. A doença adquire proporções terríveis frente a inexistência de testes, à impossibilidade de isolamento social com condições mínimas de vida, à comorbidade acentuada pela inexistência de medicina preventiva, à destruição dos sistemas de saúde públicos e à escassez de leitos, de equipamentos hospitalares, de equipamentos de vigilância sanitária e de equipamentos de proteção individual (Gouvêa, 2020, p. 22).

A falta de acesso aos recursos básicos de proteção individual, escassez de ventiladores, roubos relacionados ao superfaturamento, sem contar prestadoras de seguro de saúde privado como a Prevent Senior que usou seus pacientes como cobaia, não são problemas que podem ser atribuídos ao contágio de Covid-19. São fatos atribuídos considerar o "valor de troca como finalidade teleológica sobredeterminante" (Gouvêa, 2020, p. 21).

Ora, se todas as relações humanas são reduzidas a "questões de negócio" e a "como melhor alocar recursos escassos", vidas são mais abundantes que oportunidades de lucro.

Apesar de não ser uma grande figura midiática, a fala de Marinho é um exemplo de como os intelectuais comprometidos com a intensificação do neoliberalismo no Brasil pensam. Outro detalhe importante é o próprio caráter da "caixa de perguntas" dos *stories* do Instagram. Marinho possui cerca de 24.600 mil seguidores em seu perfil (Marinho, 2012). Entre esses seguidores, ele não está apenas compartilhando suas opiniões, mas também é considerado uma autoridade sobre o assunto, uma vez que a pergunta não parte de si mesmo (em tese). Essa é uma pequena parcela de um trabalho muitas vezes silencioso e sistemático operado pelos APHs burgueses e seus membros.

Procurando, então, compreender como se deu a rearticulação das frações de classe no Brasil, que compõem o bloco no poder, partindo dos aqui chamados de libertarianistas e da crise financeira de 2007/08, organizou-se a presente pesquisa em três capítulos.

Como forma de introduzir o(a) leitor(a) na problemática tratada, busca-se desenvolver alguns elementos sobre como se organiza a hegemonia burguesa no Brasil. Para tanto, a questão é abordada a partir dos institutos e intelectuais que a compõe. Com isso, ao invés de trazer uma discussão meramente teórica e descritiva sobre o papel dos intelectuais e Aparelhos Privados de Hegemonia burgueses, apresenta-se uma abordagem mais "prática", tomando como estudo de caso o contexto de formação e organização política de alguns membros dos APHs estudados e, portanto, o processo de formação dos intelectuais orgânicos que passam a compor os quadros desses aparelhos.

Tal método de exposição, além de permitir um amálgama entre a fundamentação teórica da pesquisa e o objeto de análise, tem como princípio a preocupação de auxiliar o(a) leitor(a) a compreender o processo em seu movimento. Assim, conceitos como "hegemonia" e "APHs" mostram-se inseridos em uma totalidade material que permeia a realidade concreta, deixando de ser "abstrações", que permitem tornar inteligível certas nuances das relações entre sociedade civil e Estado, para, de fato, aparecerem como componentes de ambos os elementos.

Outro "ganho" que se espera atingir com isso é trazer a importância de se compreender a ação destes APHs em seu conjunto. A partir da trajetória política dos intelectuais, percebe-se uma intrincada rede de colaboração entre esses aparelhos, não apenas na formação de novos quadros, mas também como espaços que, à sua maneira, vai inserindo tais intelectuais no Estado, ocupando posições nos três poderes, seja como parlamentares, membros de equipe ministerial, "autoridades da sociedade civil organizada", entre inúmeras outras modalidades.

Após esta breve explanação, uma vez que esses intelectuais conseguem obter êxito em conquistar posições dentro do Estado, passam a pôr em prática formas de tornar seus interesses de classe como norma de todo o conjunto social.

Como forma de demonstrar tal movimento, toma-se como caso para análise a criação e imposição via Medida Provisória da Lei 13.874, que institui a Declaração de Direitos de Liberdade Econômica (Brasil, 2019a)[9]. A partir do processo que leva à sua criação, é possível perceber a participação ativa do Instituto Ludwig von Mises Brasil, inclusive podendo ser perceptível pontos de interesse do IMB, que se concretizam no texto da Lei em questão. Sendo, portanto, uma ação no Estado estrito para normatizar amplamente a liberdade econômica, em conformidade com uma espécie de "contratualismo libertarianista".

Seu exemplo permite dar concretude ao que Gramsci concebe como hegemonia, ou seja, o processo em que o bloco no poder conduz o todo da burguesia, cedendo em determinados pontos para costurar um arranjo capaz de capilarizar seu projeto de poder. Afinal, não basta apenas ser "classe dominante", é preciso também "dirigir".

Partindo dos apontamentos levantados no capítulo sobre a forma como os APHs e seus intelectuais atuam na construção de consenso, busca-se concluir com alguns elementos para uma crítica sobre a forma como estudos recentes abordam a burguesia brasileira. Tendo como norte teórico o conceito de "despotismo burguês", desenvolvido por Florestan Fernandes, compreende-se que, ao invés da observância da emergência de uma "nova direita", propõe-se que a burguesia brasileira, ante um cenário de crise, precisa se atualizar para manter-se como classe dominante. Nesse processo, seu "desprezo" pelas instituições democráticas, pela população mais pobre e minorias das mais variadas, pela ciência e o

---

[9] A Declaração causou certa controvérsia, pois alguns de seus artigos alteravam pontos da Consolidação das Leis Trabalhistas, como o Ponto por Exceção, que só era permitido mediante acordo coletivo entre o Sindicato e empregador. Permite, também, que atividades de baixo risco podem começar a serem exercidas sem passar por fiscalização, entre outros.

conhecimento, não seriam elementos "novos" em sua forma de ação, mas características que compõem a formação e desenvolvimento da burguesia brasileira. Assim como em outros momentos da história, "em questões de dinheiro, cessa a cordialidade" (Marx, 1987, p. 71)[10].

Tomando como ponto de partida a necessidade de atualização das frações burguesas no Brasil, no segundo capítulo se aborda como os "libertarianistas" interpretaram a crise financeira de 2007/08. É a partir dela que esses sujeitos passam a avaliar as suas alternativas para a saída da crise "por dentro" do capitalismo.

Após uma breve exposição dos elementos mais gerais — mundiais — da crise financeira, busca-se compreender seus efeitos no Brasil e seu enfrentamento pela burguesia. Com o estabelecimento da crise, os setores burgueses passam a "tirar lições" sobre ela e a pensar os caminhos para a sua "superação". Importante destacar que o termo "superação" não, necessariamente, significa que houve sucesso, mas que o processo colocado em marcha não é resultado de uma aplicação do idealizado em sua totalidade.

Há pressões internas dentro da própria burguesia, bem como entre a burguesia e os trabalhadores. No processo é que a viabilidade de um projeto como a intensificação do neoliberalismo deve ser pensada. Parte-se da hipótese de que, com a crise financeira, as frações burguesas adotam como caminho a intensificação do modelo neoliberal, retomando os postulados de Mises e seus discípulos, resultando em uma modelagem agressiva exacerbando o caráter "despótico" do neoliberalismo, enfatizando as contradições do projeto de (re)produção do capital.

Nesse sentido, parte-se mais imediatamente das interpretações sobre a crise de 2007/08. Uma vez que estas formulações irão delinear as formas de atuação da burguesia e, de tal modo, possibilita identificar um "fio" teórico condutor dessa nova rearticulação burguesa, partindo dos sentidos e significados extraídos e produzidos a partir da crise e seus impactos. Ou seja, as lições e direcionamentos teóricos elaborados no auge da crise servirão de base para uma nova organização do bloco no poder, sendo o elemento mais evidente, a profusão de novos aparelhos privados e atualização daqueles já em atuação. Tomando o objeto em questão, isto é,

---

[10] Marx, ao escrever sobre as revoluções burguesas nos Estados alemães, por volta de 1848, em artigo da Nova Gazeta Renana, utilizou-se de um extrato do discurso de Hansemann, na sessão de 8 de junho de 1847, da Dieta Unificada, para exemplificar o avanço do estado prussiano contra o povo, uma vez que não precisava mais dele. Para maiores detalhes, *Cf.* Marx (1987).

a atuação do Instituto Mises Ludwig von Mises Brasil e seus intelectuais, a pesquisa aponta que vários importantes intelectuais do Instituto passam a ocupar cargos no governo de Jair Messias Bolsonaro, principalmente compondo a "equipe econômica" de seu governo.

Finalizando, o terceiro capítulo procura tratar dos impactos da Grande Recessão no Brasil e como os governos de Lula e Dilma procuraram elaborar sua política econômica. Isso posto, a pesquisa defende e demonstra que o processo de ofensiva burguesa se iniciou anteriormente às Jornadas de Junho de 2013. Aliás, é de suma importância frisar e que esta pesquisa reafirma: as manifestações pela redução do preço do transporte público e sua transformação em manifestações nacionais por melhorias das condições de vida e trabalho da classe trabalhadora no Brasil não possuem, em absoluto, relação de causa e efeito com o fenômeno da ofensiva burguesa. As Jornadas de Junho possuem relação direta com a política econômica neoliberal dos governos do Partido Trabalhadores, do que o insustentável discurso de que a ofensiva burguesa seria uma reação contrária a elas ou mesmo um processo de cooptação das massas pela burguesia e suas frações.

A ofensiva teria começado a se tornar mais sistemática com a Grande Recessão, procurando assim construir caminhos para a manutenção da hegemonia burguesa global, seus interesses, sobretudo da necessidade prática e concreta de atualização da burguesia e suas frações para a reorganização da dominação política e econômica, dados os imperativos de manter a (re)produção sociometabólica do capital ante a materialização em crise de suas contradições.

Mesmo tardando em mostrar toda a sua força no Brasil, a crise de 2007/08 trouxe a necessidade de rearticulação do bloco no poder para manter seus interesses incólumes frente aos imperativos de um reordenamento do processo de reprodução ampliada do capital. Para a burguesia brasileira e suas frações, a corrente libertarianista apresentou meios para a realização destas tarefas, sendo, assim, beneficiada com a posição de uma das principais organizadoras do bloco no poder.

CAPÍTULO 1

HEGEMONIA BURGUESA COMO PROCESSO: RELAÇÕES ENTRE INTELECTUAIS, APARELHOS PRIVADOS E ESTADO

*Ocorre na arte política o que ocorre na arte militar: a guerra de movimento torna-se cada vez mais guerra de posição; e **pode-se dizer que um Estado vence uma guerra quando a prepara de modo minucioso e técnico no tempo de paz.** A estrutura maciça das democracias modernas, seja como organizações estatais, seja como conjunto das associações na vida civil, constitui para a arte política algo similar às 'trincheiras' e às fortificações permanentes da frente de combate na guerra de posição.*

(Antonio Gramsci, Cadernos do Cárcere, volume 3)

1.1 QUESTÕES PRELIMINARES

O presente capítulo procura desenvolver alguns elementos sobre como se organiza a hegemonia burguesa no Brasil recente. Mais especificamente, as particularidades que envolvem um complexo processo de construção de consenso por meio de intelectuais e partidos, tendo como resultado a direção do conjunto da burguesia por uma coalizão de determinadas frações.

Para tanto, partindo de análise empírica da atuação dos aparelhos e partidos abordados neste estudo (Instituto Ludwig Von Mises Brasil; Students For Liberty Brasil; Partido Novo e Instituto Ling), intenta-se adentrar no papel dos APHs e seus intelectuais na manutenção do capitalismo.

Em um segundo momento, versa-se sobre a atuação desses aparelhos no Brasil recente, procurando, então, evidenciar como contribuem para a construção do consenso, direcionando o conjunto da burguesia em torno dos interesses particulares de suas frações, representadas nos aparelhos supracitados. É importante ter em mente que, entre os interesses das diferentes frações de classe e como esses interesses buscam ser postos em prática, existem tensões e disputas que forçam acordos, mudanças em posições pontuais para avançar nos objetivos mais importantes. Ou seja, a efetivação do projeto neoliberal perpassa a necessidade de organização da própria burguesia, no sentido de "costurar" essas tensões e conflitos de interesses mais específicos. É essa capacidade de articulação do conjunto da burguesia que torna um bloco de suas frações, não apenas classe dominante, mas também dirigente.

1.2 QUAL A IMPORTÂNCIA DOS INTELECTUAIS NESTE PROCESSO?

Ao debruçar-se sobre o desafio de entender a ação dos intelectuais na sociedade capitalista, Gramsci em seus escritos no cárcere parte da afirmação de que "todo grupo social cria para si uma ou mais camadas de intelectuais que lhe dão homogeneidade e consciência da própria função" (Gramsci, 2020, p. 15).

Apesar de não recuar muito no tempo histórico — afinal, seu objetivo não era realizar um estudo sobre os intelectuais na história humana, mas sua função no capitalismo —, Gramsci demonstra, a partir de alguns exemplos, que as classes dominantes sempre dispunham de intelectuais para apresentar seus interesses particulares como interesses de toda uma sociedade.

Marx também havia ressaltado conclusão semelhante, ao afirmar que "as ideias da classe dominante são, em cada época, as ideias dominantes, isto é, a classe que é a força **material** dominante da sociedade é, ao mesmo tempo, sua força **espiritual** dominante" (Marx, 2007, p. 47). Todavia, não chegou a deter-se em pormenorizar a atuação dos intelectuais ao longo dos modos de produção, ele destacou a relação direta entre a dominação de classe de forma integral:

> Na medida em que dominam como classe e determinam todo o âmbito de uma época histórica, é evidente que eles fazem em toda a sua extensão, portanto, entre outras coisas, que eles dominam também como pensadores, como produtores de ideias, que regulam a produção e a distribuição das ideias de seu tempo; e, por conseguinte, que suas ideias são as ideias dominantes da época (Marx, 2007, p. 47).

Ou seja, não é possível pensar dominação de classe de forma estanque, compartimentada a um único aspecto da sociedade (digamos, dominação econômica). Afinal, não basta apenas ser "classe dominante" para capilarizar e implementar um determinado projeto de poder; é também preciso ser "dirigente". É nesse contexto que se insere o papel dos intelectuais na sociedade: "o empresário capitalista cria consigo o técnico de indústria, o cientista da economia política, o organizador de uma nova cultura, de um novo direito etc." (Gramsci, 2020, p. 15). E continua Gramsci:

> Senão todos os empresários, pelo menos uma elite deles deve possuir a capacidade de organizar a sociedade em geral, em todo o seu complexo organismo de serviços, até o organismo estatal, tendo em vista a necessidade de criar as condições mais favoráveis à expansão da própria classe; ou pelo menos, deve possuir a capacidade de escolher os 'prepostos' (empregados especializados) a quem confiar esta atividade organizativa das relações gerais exteriores à empresa (Gramsci, 2020, p. 15-16).

É importante, aqui, ressaltar alguns pontos. Gramsci identifica que a função de intelectual não se desprende de sua condição de classe. Por exemplo: um empresário não se torna um sujeito desprovido de interesses (de classe) apenas por ocupar uma função organizativa. Em outros termos, os intelectuais, por mais que se apresentem como "neutros", "descolados" da tessitura social, possuem, sim, uma ligação orgânica com a classe da qual ele procura ocupar uma função organizativa.

Outro ponto que merece destaque é que a atuação dos intelectuais não se refere apenas ao ato de convencer "os de fora", ou seja, em tornar a visão de mundo de uma classe, a visão dominante. Ao ocupar uma função organizativa, também busca dirigir seus pares; "realinhar" o conjunto da burguesia com as necessidades de expansão constante do capital.

Portanto, ao passo que a produção capitalista se torna cada vez mais complexa, acompanha-se um "realinhamento" da divisão do trabalho, criação/extinção de determinadas funções. Consequentemente, também surgem divisões na atuação dos intelectuais, pois a mesma "mensagem"/"ideia" precisa ser adequada às particularidades de cada área da produção capitalista; como consequência, torna-se maior a dificuldade em se perceber a relação entre o "mundo produtivo" e o "mundo das ideias".

Tratando-se dos intelectuais orgânicos da burguesia, a dificuldade em perceber a atuação dos intelectuais vinculada à produção beneficia particularmente a capilarização do pensamento dominante, uma vez que a fala de determinado intelectual, em detrimento de outro, pode ser entendida como mais "isenta", "neutra", ou relacionada a uma questão que seja de importância e conhecimento necessário de todos, sem qualquer outra distinção. Em outras palavras, como expresso por Marx, as ideias dominantes de cada época são aquelas pertencentes à classe dominante, aos intelectuais burgueses, consequentemente, são tidos como "neutros"/"isentos", enquanto os demais são estigmatizados como "ideológicos".

É possível de se perceber tal situação especialmente com a disseminação da chamada "governança corporativa"; na qual termos conceitos e formas organizativas do setor financeiro passam a ser adotadas nos mais variados contextos do cotidiano (Grün, 2005); bem como a pretensa "superioridade" de argumentos "técnicos" (referir-se aos trabalhadores como "colaboradores", por exemplo) — como se conferisse autoridade e isenção de interesses particulares — e, mais especificamente, de intelectuais ligados às ciências econômicas. Ou seja, "a ideologia nasce na fábrica, mas se enriquece nos embates da sociedade civil e retorna à fábrica para reforçar a hegemonia de classe" (Gurgel, 2003, p. 141). Isto é, as mudanças de nomenclaturas possuem íntima relação com novas formas organizativas do processo produtivo, numa relação de mútua determinação e, portanto, a "ideologia nasce na fábrica", pois possui foco e intencionalidade naquele contexto; a partir dela, parte para um processo de consolidação em outros espaços sociais — onde enfrenta embates para se estabelecer — e "retorna" como reforço das mudanças produtivas.

É imprescindível apontar que não é um processo que ocorre facilmente ou mesmo de forma rápida. Gramsci ressalta que o desenvolvimento industrial traz consigo a necessidade de criar hábitos nos sujeitos:

> **A história do industrialismo foi sempre (e se torna hoje de modo ainda mais acentuado e rigoroso) uma luta contínua contra o elemento da 'animalidade' do homem,** um processo ininterrupto, frequentemente doloroso e sangrento, de sujeição dos instintos (naturais, isto é, animalescos e primitivos) a normas e hábitos de ordem, exatidão, de precisão sempre novos, mais complexos e mais rígidos, que tornam possíveis as formas cada vez mais complexas de vida coletiva, que são a consequência necessária do desenvolvimento do industrialismo (Gramsci, 2015, p. 246, grifo meu).

Em sua época, o marxista sardo estava procurando demonstrar as íntimas conexões entre a necessidade do controle dos hábitos dos trabalhadores, até em suas relações sexuais, com o tipo de trabalhador exigido pelo fordismo. Para além, Gramsci ressalta que esse não é um processo simples; é doloroso, uma "luta contínua". A repressão dos impulsos "animalescos" possui íntima intencionalidade. Ser "animal" ou possuir certos comportamentos atribuídos aos animais — como se os seres humanos pertencessem a uma outra categoria de forma de vida superior às demais listadas pela Biologia — expressa esse longo e doloroso processo de adequação humana às exigências do capital (Marx, 2017a)[11].

Como as particularidades tornam-se das mais diversas conforme a produção, bem como o conjunto da sociedade, e complexificam-se; é preciso, também, além da elaboração de "uma consciência coletiva homogênea" (Gramsci, 2010, p. 205) e um centro difusor dessa consciência, formas diversas e diferentes de apresentar a mesma ideia:

> O intelectual é um 'profissional' (skilled) que conhece o funcionamento de suas próprias 'máquinas' especializadas; tem um seu 'tirocínio' e um seu 'sistema Taylor' próprios. É pueril e ilusório pensar que um 'conceito claro', difundido de modo oportuno, insira-se nas diversas consciências com os mesmos efeitos 'organizadores' de clareza difusa: este é um erro 'iluminista'. A capacidade do intelectual profissional de combinar habilmente indução e dedução, de generalizar sem cair no formalismo vazio, de transferir certos critérios de discriminação de uma esfera a outra do julgamento, adaptando-os às novas condições etc., constitui uma 'especialidade', uma 'qualificação', não um dado do senso comum vulgar. É por isso, portanto, que não basta a premissa da 'difusão orgânica, por um centro homogêneo, de um modo de pensar e de agir homogêneo". O mesmo raio luminoso, passando por prismas diversos, dá refrações de luz diversas: se se pretende obter a mesma refração, é necessária toda uma série de retificações nos prismas singulares (Gramsci, 2010, p. 205-206).

Gramsci coloca brevemente uma constelação de minúcias e singularidades, as quais um pequeno grupo de intelectuais já não conseguiria resolver. A grande especialização de ramos inteiros da produção gera esses

---

[11] Procurando compreender o desenvolvimento do capitalismo, Marx (2017a, p. 785), ao tratar sobre a "chamada acumulação primitiva", comenta que o processo teria iniciado por volta dos séculos XIV/XV, dependendo do país. Nas primeiras linhas em que começa a tratar da "acumulação primitiva", Marx escreve que a "história dessa apropriação está gravada nos anais da humanidade com traços de sangue e fogo". Sumarizando, o desenvolvimento industrial e de uma força de trabalho, bem como de toda uma sociedade voltada às exigências do capital, é um processo longo e marcado pela exclusão e espoliação violenta de uma classe sobre outra. Para mais detalhes, *Cf.* Marx (2017a).

"prismas singulares", que requerem diferentes intelectuais e aparelhos para que uma mesma ideia seja compreendida entre todas as partes da tessitura social, em consonância, assim, com o lugar social dos sujeitos.

Além de explicitar a necessidade e existência de uma gama de intelectuais, Gramsci já adianta, também, as motivações para o surgimento de aparelhos dos mais diversos, que sirvam de veículo do projeto de poder que busca forjar uma consciência coletiva alinhada com determinado projeto hegemônico. Somado a isso, há também singularidades entre os ramos especializados, que requerem formas organizativas diferentes.

Obviamente, tal criação de uma consciência coletiva homogênea não se atinge plenamente, pois concessões e acordos precisam ser feitos para que as questões mais essenciais sejam mantidas. Os interesses das frações burguesas são distintos e podem ser conflitivos entre si.

Com o intuito de se caminhar em bases teórico-metodológicas mais sólidas, é importante tecer algumas considerações sobre a noção de frações de classe burguesas antes de avançar sobre análises de casos. Nesse sentido, existem algumas publicações recentes sobre o assunto.

A historiadora Virgínia Fontes destaca a importância de se considerar as tensões intraburguesas dentro de uma unidade. "Tais frações precisam sempre ser compreendidas, entretanto, como particularidades de um mesmo conjunto articulado, embora fragmentado, do qual nenhuma parte pode ser autônoma" (Fontes, 2019, p. 267-268). O que Fontes procura enfatizar é que, sendo as frações de classe — assim como as "classes sociais fundamentais" — derivadas do desenvolvimento e complexificação da produção capitalista, suas tensões também devem considerá-las em um conjunto de práticas que possuem o mesmo objetivo: a valorização do valor. *"Os embates entre tais frações díspares ocorrerão em torno do percentual de apropriação do mais-valor que caberá a cada segmento"* (Fontes, 2019, p. 264). Portanto, o *locus* das tensões entre as frações dominantes se encontra no tamanho da "fatia" de mais-valor destinado para cada uma das partes. Desde então, observa-se a constituição de distintos projetos de hegemonia no interior da burguesia.

Nicos Poulantzas, ao tratar das determinações que envolviam a crise da década de 1970, aponta que uma condição de crise econômica não representa, por si só, um horizonte de esfacelamento do capitalismo, uma vez que as tensões entre as frações estão inseridas na própria dinâmica do capitalismo. Para ele, as crises:

> [...] econômicas longe de serem momentos de desarticulação (disfunção) do 'sistema' econômico, em suma, um tempo morto, são de algum modo, e sob um certo ângulo, necessárias à sobrevivência e à reprodução mesmas do capitalismo (não é uma crise econômica qualquer que poderá automaticamente abater o capitalismo), **sob condição de que não se traduzam em crises políticas,** cujo resultado poderia ser a derrubada do capitalismo. [...] **as crises não constituem um momento acidental no qual explodem elementos anômalos ou heterogêneos ao funcionamento normal, equilibrado e harmonioso do sistema, mas que os elementos genéricos de crise (devidos à luta de classes) estão constantemente em ação na reprodução do capitalismo** (Poulantzas, 1977, p. 5, grifo meu).

As considerações do marxista grego auxiliam a vislumbrar algumas questões importantes para a compreensão sobre a atuação das frações de classe burguesas. Apesar dos esforços da intelectualidade liberal em impor uma visão harmoniosa do desenvolvimento capitalista desde suas origens, os conflitos e tensões são parte integrante de sua dinâmica histórica.

Fontes faz constatação aproximada de Poulantzas ao analisar o chamado "capital-imperialismo". A megapropriedade de capitais aumenta a fricção entre os setores burgueses, ao tornar

> [...] mais violenta a relação entre capital e trabalho, assim como se exasperam tensões entre os próprios proprietários, agora em função das múltiplas escalas (e tipos) de suas propriedades e seus lugares nos processos 'funcionais' da reprodução e apropriação do capital (Fontes, 2019, p. 264).

Em suma, as tensões entre as frações precisam tomar proporções mais profundas de ruptura. Nas considerações anteriores de Poulantzas, os conflitos, para representarem alguma ameaça ao sistema posto, devem atingir profundidade tamanha que cause uma incapacidade de resolução no âmbito da política (não podem se traduzir em crise política). Em outras palavras, o conflito entre as frações teria de escalar para uma crise de direção no seio da burguesia:

> A crise política (se bem que seja necessário distinguir entre diversas espécies de crise política) concerne, por parte do bloco no poder, a uma acentuação considerável das contradições internas entre as frações que o compõe, uma politização destas contradições destas contradições, um questionamento

> da hegemonia da fração hegemônica por parte das outras frações que fazem parte do bloco no poder e frequentemente, uma modificação da relação entre os diversos componentes deste bloco, uma crise ideológica que leva, por um lado, a uma ruptura do laço representantes-representados entre as classes e as frações de classe do bloco no poder, e por outro atinge seus partidos políticos, mas também alguns outros aparelhos do Estado que os representam. Isto significa um questionamento do papel do Estado como organizador do bloco no poder (Poulantzas, 1977, p. 25).

Mesmo evidenciando que existem diversas formas de crise política, Poulantzas demonstra que uma crise política entre as frações burguesas precisa ser de uma determinada proporção, que se configure em uma crise de hegemonia. A situação limite é quando esses conflitos não encontram resolução no âmbito político. Poulantzas procura demonstrar que, sendo a política o local onde os conflitos econômicos encontram resolução, quando essa se mostra incapaz de resolver os interesses conflitantes, a crise, então, toma proporções mais severas, ao passo que as contradições vão se "amontoando" no terreno da política e passam a afetar até os aparelhos de Estado (Poulantzas, 1977, p. 9).

Em resumo, as considerações dos autores levantados permitem compreender que para abalar substancialmente a dominação de classe, uma crise política resulta de uma condensação particular de contradições, que podem se originar das disputas entre as frações pelo percentual de mais-valor disponível para a sua apropriação; bem como partir de um acúmulo de contradições entre as frações que acabam sem resolução no âmbito político. No entanto, não são elementos suficientes; há que se considerar o estado da correlação de forças entre as classes antagônicas; ou seja, o embate entre dominantes e dominados: o estado concreto da luta de classes.

> As rivalidades entre as frações burguesas apresentam-se por vezes de maneira violenta, mas seu pano de fundo e seu limite é a irrupção da classe trabalhadora na cena política. Nestas circunstâncias, os antigos rivais se unificam e mostram-se dispostos, inclusive, a deixar o poder político em mãos de terceiros (caso de Bonaparte), com a condição do controle da classe trabalhadora e da garantia das condições gerais de reprodução do conjunto dos capitais (Fontes, 2019, p. 267).

Ao tratar sobre os pontos de unidade entre as frações das classes dominantes, Virgínia Fontes ressalta o fato de que, por mais violentas que possam ser as rivalidades entre as frações, as classes dominantes, por várias vezes na história, unificam-se para o combate de seu inimigo fundamental: a classe trabalhadora. Portanto, mesmo instaurada uma crise profunda entre as frações dominantes, o estado organizativo e de luta dos dominados também é um fator que não pode ser deixado de lado. É a soma dessas múltiplas determinações que define a profundidade de uma crise e a possibilidade de uma alternativa revolucionária.

Essas tensões entre as frações burguesas são evidenciáveis no objeto da tese em questão. Nesse sentido, vale notar a relação tensa entre os libertarianistas e o apoio ao governo Bolsonaro. O posicionamento do presidente do IMB e sócio proprietário do Grupo Ultra[12], Hélio Beltrão, traz elementos importantes onde algumas dessas tensões são perceptíveis.

Em entrevista à revista *Isto É*, publicada em setembro de 2019, percebem-se críticas ao governo Bolsonaro, bem como pontos de "acordo". Já na primeira pergunta, o entrevistador questiona Beltrão sobre como sua avalição dos primeiros nove meses de governo e se é possível classificá-lo como liberal. O entrevistado responde:

> A notícia boa é que **em economia sim**, o governo está perseguindo um programa liberal, está buscando conter as despesas públicas, retirar as amarras da livre iniciativa, principalmente com a **MP 881 da liberdade econômica, na qual a gente teve uma participação bastante ativa. Tem gente no governo que saiu daqui** [IMB], **redigiu a lei e foi lá brigar por ela.** [...] É uma gestão econômica liberal. Mas na medida em que você olha para os ministérios você vê a parte mais política. **E na parte política diria que a coisa não está tão liberal.** O liberalismo envolve questões políticas e não políticas, envolve liberdades individuais e um estilo de administração pública. **O liberal é antiautoritário** (Beltrão, 2019c).

Nas palavras iniciais da entrevista, é possível perceber tensões e pontos convergentes. Um deles é a Declaração de Direitos de Liberdade

---

[12] Surgida em 1937 sob o nome de Ultragaz, atuando na distribuição de gás em domicílio, expande sua atuação para o setor da petroquímica, distribuição e armazenamento de combustível durante a ditadura civil-militar. Atualmente, o grupo funciona como uma Holding que controla a rede de postos e combustíveis Ipiranga, a Oxiteno (petroquímica), Ultragaz (distribuição de GLP), Ultracargo (armazenagem de granéis líquidos) e a rede de farmácias Extrafarma. Para maiores detalhes, *Cf.* Ultra (2024).

Econômica. Beltrão faz questão de mencionar que existe representação de seus interesses no governo. Porém, em seguida, faz a crítica ao lançar que liberais são contra "autoritarismos". Beltrão parece estabelecer uma linha bem marcada entre "liberais" e "autoritários" no Brasil, no entanto, além de não fornecer indícios do que compreende como comportamentos e ações autoritárias — além, talvez, do "mantra" "impostos é roubo" — a linha não se verifica historicamente.

As contradições entre o pensamento liberal, sua implementação concreta, a prática de sujeitos em paralelo com os ideais defendidos já foi palco de estudos[13] apontando que, mesmo intelectuais mais reconhecidos do liberalismo clássico, como John Locke, não tinham problemas com a manutenção da escravidão. Se analisarmos o caso brasileiro, a relação entre liberalismo e autoritarismo sempre foi próxima[14].

Cita-se, aqui, apenas o caso do pai de Hélio Beltrão — homônimo, o ex-ministro do Planejamento do governo Costa e Silva 1969; da Previdência Social e da Desburocratização no governo Figueiredo. Entre os cargos ocupados por Beltrão-pai durante a ditadura civil-militar, também é um dos signatários do Ato Institucional n.º 5, lembrado como uma das imposições mais autoritárias da ditadura (Brasil, 1968). O presidente do Mises Brasil, Hélio Beltrão, usa o plano de desburocratização levado a cabo pelo pai ex-ministro, como exemplo a ser seguido[15].

Eis que o próprio histórico familiar de Beltrão contradiz sua afirmação de que não há relação entre liberalismo e autoritarismo, uma vez que — e isso precisa ser frisado — seu pai foi um dos ativos apoiadores da ditadura, inclusive signatário de um dos mais autoritários decretos da ditadura, permitindo, assim, o fechamento do Congresso Nacional, Assembleias Legislativas e das Câmaras de Vereadores, bem como a nomeação de interventores nos estados e municípios, atuando com os mesmos

---

[13] Faz-se menção principalmente à obra de Domenico Losurdo, que demonstra uma grande diferença entre o discurso liberal e sua implementação de fato. Para mais detalhes, *Cf.* Losurdo (2006).

[14] A peculiaridade do liberalismo no Brasil é tema complexo. Por mais que aparelhos e seus intelectuais digam representar um "verdadeiro liberalismo", tal retórica não se sustenta ao confrontá-las com as evidências e pesquisas. Para não incorrer em fuga do objetivo aqui proposto, cabe elencar alguns estudos que dão conta de perceber os meandros do liberalismo no Brasil e sua íntima relação com o conservadorismo: *Cf.* Costa (1999), Mazzeo (2015), Fernandes (2020), Fonseca (2011) e Maciel (2004).

[15] Em mais de uma vez, Beltrão, ao tratar sobre a desburocratização do governo, cita seu pai como exemplo. Entre os escritos que tem sobre o tema, à guisa de exemplo, cita-se apenas um, porém é possível fazer uma busca no site do IMB: Beltrão (2020c).

poderes e atribuições de governador e prefeito, de acordo com os artigos 2.º e 3.º (parágrafo único), respectivamente, do Ato Institucional n.º 5, de 1968 (Brasil, 1968).

Muito embora Beltrão tenha como premissa a suposição de que economia e política são elementos isolados um do outro, tratando a atuação de membros do IMB como "enclave" liberal no governo de Bolsonaro, ele deixa claro que existe mais do que apoio, mas também participação de membros do IMB por meio do Ministério da Economia.

Mais adiante na entrevista, o jornalista procura avançar em detalhes para compreender o que faz Beltrão ter críticas ao governo Bolsonaro:

> **Vejo mais problemas na atitude política.** Está havendo uma radicalização do dissenso, uma grande polarização e desrespeito a posições diferentes. De certa forma, o governo está nutrindo ou não está contendo uma massa de militância virtual e não virtual que cumpre sua agenda chapa branca. Tem uma porção de gente que é liberal e está denunciando essa situação: Danilo Gentili, Lobão, Nando Moura e o Felipe Moura Brasil, está todo mundo desembarcando do governo. **Há uma turma de jacobinos de direita no governo ou no seu entorno, como o Olavo de Carvalho, que está contaminando a gestão de Bolsonaro em termos políticos numa direção negativa e mais autoritária** (Beltrão, 2019c, grifo meu).

Beltrão inicia fazendo questão de pontuar "onde" está o problema. Com isso, parece conter sua crítica apenas sobre um ponto delimitado, como se procurasse evitar ser mal compreendido ou atacar aliados dentro do governo. Ao final, denuncia sua opinião sobre o problema: a influência negativa de Olavo de Carvalho sobre a gestão de Bolsonaro.

Para o presidente do IMB, Olavo de Carvalho contamina o governo de Bolsonaro, tornando-o mais autoritário. O fato do presidente ser um defensor fervoroso da ditadura civil-militar, bem como de notórios torturadores como o ex-coronel Carlos Alberto Brilhante Ustra, não parece ser considerado na avaliação que Beltrão faz. Outra perspectiva possível de se indagar é o cuidado que Beltrão tem ao tecer críticas, evitando atacar diretamente o governo, uma vez que tal atitude poderia levar a rompimentos de acordos.

Para além das tensões que a crítica de Beltrão evoca, pode-se perceber também quais são os pontos de consenso entre as duas correntes.

Um deles se mostra constantemente nos pronunciamentos de Beltrão sobre o governo Bolsonaro: a figura de Paulo Guedes, no Ministério da Economia (Beltrão, 2020a)[16].

Outro ponto de acordo perceptível na entrevista concedida à revista *Isto É* é quando Beltrão tece comentários sobre a atuação do Ministro do Meio Ambiente, Ricardo Salles. São apenas duas perguntas direcionadas especificamente sobre Salles. Na primeira, o entrevistador pergunta para Beltrão o que ele pensa sobre a política ambiental do governo:

> Não julgo que o ministro Ricardo Salles tenha culpa porque houve fogo na Amazônia. Isso acontece todo ano como a gente depois descobriu. Num primeiro momento parecia estar havendo um desastre, mas aquilo ocorre sempre. **O que eu gosto do que o ministro está tentando fazer é trazer um pouco mais de mercado para o meio ambiente** (Beltrão, 2019c, grifo meu).

É um tanto emblemática a fala de Beltrão sobre "trazer mercado" para o meio ambiente, pois, ao contrastar a defesa que Beltrão faz de Ricardo Salles, com o discurso do então ministro do Meio Ambiente na reunião interministerial, de 22 de abril de 2020, depois liberada em sua integralidade pelo Supremo Tribunal Federal (STF), em 22 de maio, como consta no site do próprio órgão governamental (Supremo Tribunal Federal, 2020), permite vislumbrar os meios pelos quais se traria "mais mercado" para as questões ambientais. Ao tratar sobre a necessidade de se alterar normas e portarias, o ministro Salles diz:

> [...] Grande parte dessa matéria, ela se dá em portarias e normas dos ministérios que aqui estão, inclusive o de Meio Ambiente; e que são muito difíceis, e nesse aspecto, acho que o Meio Ambiente é o mais difícil de passar qualquer mudança infralegal em termos de instrução normativa e portaria, porque tudo que a gente faz é pau no Judiciário, no dia seguinte. **Então para isso precisa de um esforço nosso aqui enquanto estamos neste momento de tranquilidade no aspecto de cobertura de imprensa, porque só fala de COVID, e ir passando a boiada, e mudando todo o regramento e simplificando normas de IPHAN [Instituto do Patrimônio**

---

[16] Em sua coluna para a *Folha de São Paulo*, Beltrão procurou defender a atuação do ministro: "A negociação de Guedes: ainda compensa apoiar o ministro, mas o sistema e os políticos não vão dar sopa" (Beltrão, 2020a). Há outras matérias em que Beltrão faz menção a Guedes, para maiores detalhes, ver a página na qual estão todos os textos que Beltrão escreveu para sua coluna na Folha: *Cf. Folha de São Paulo* (2024).

Histórico e Artístico Nacional], de Ministério da Agricultura, de Ministério do Meio Ambiente, de ministério disso, de ministério daquilo. Agora é hora de unir esforços para dar de baciada a simplificação de regulatório que nós precisamos, em todos os aspectos; e deixar a AGU [Advocacia Geral da União], o André não está ai né? E deixar a AGU em stand-by para cada pau que tiver, por que vai ter, essa semana mesmo nós assinamos uma medida, a pedido do Ministério da Agricultura, que foi a simplificação da Lei da Mata Atlântica, para usar o Código Florestal; hoje já está nos jornais que vão entrar com ações judiciais e ação civil pública no Brasil inteiro contra a medida. Então para isso, nós temos que estar com a artilharia da AGU para cada linha que a gente avança ter uma coisa. Tem uma lista enorme, e todos os ministérios que têm papel regulatório aqui, para simplificar. Não precisamos de Congresso, que coisa que precisa de Congresso também, nesse fuzuê que tá aí nós não vamos conseguir aprovar. Agora, tem um monte de coisa que é só parecer, caneta, parecer caneta; sem parecer também não tem caneta; porque dar canetada sem parecer é cana. Então, isso aí vale muito a pena. A gente tem um espaço enorme para fazer. Enfim, acho que essa é uma questão importante que estava aí nos slides [...] (Íntegra [...], 2020, grifo nosso).[17]

Embora a entrevista concedida por Beltrão seja anterior à fala do então ministro Salles, ela vai ao encontro com as expectativas de sua atuação, uma vez que demonstra os meios que devem ser utilizados para alcançar os anseios da corrente libertarianista nas questões que envolvem meio ambiente. Afinal, enquanto colunista da *Folha de São Paulo*, Beltrão escreveu uma série de textos contra a adoção de medidas para o bem-estar social e ambiental em empresas (ESG[18]), afirmando que a implementação de posturas neste sentido deve estar submetida às vontades do mercado (Beltrão, 2021a, 2021b, 2021c), do contrário, não deveriam ser adotadas.

Ainda na entrevista para *Isto É*, Beltrão defende que os incêndios na região da floresta amazônica não eram criminosos. Mais adiante, procura definir que queimadas teriam alguma relação com falta de tecnologia por parte dos agricultores:

---

[17] O vídeo disponibilizado pelo STF é fragmentado em várias partes. Para facilitar a análise do conteúdo, recorreu-se a um vídeo da reunião disponibilizado pela Rede UOL de notícias, que juntou os arquivos do STF e subiu para o YouTube: UOL (2020).

[18] A sigla tem origem no inglês *Environmental, Social and Governance* que seriam um conjunto de ações tomadas pelas empresas para tornar sua forma de governança alinhada com práticas de sustentabilidade. Para maiores detalhes *Cf.* Linhares (2017).

> O pessoal na Amazônia está lá com seu terreninho tentando fazer sua agricultura e usar 20% do seu terreno, mas não tem trator, insumos, sei lá o que mais, **então o cara bota fogo que às vezes se espalha**. É preciso ter desenvolvimento acoplado para que o meio ambiente seja protegido (Beltrão, 2019c, grifo meu).

O trecho anterior é muito emblemático. Em linhas anteriores, Beltrão afirma que não há incêndios criminosos na Amazônia. Porém, um exemplo por ele trazido é justamente a configuração de queima ilegal. Por mais que o Código Florestal Brasileiro preveja exceções quanto à ilegalidade do uso de fogo, em seu artigo n.º 38 (Brasil, 2012), uma queimada que "às vezes se espalha" e atinge a mata nativa configura crime ambiental.

Outro ponto importante é a tentativa de relacionar o percentual hipotético do uso de terra em seu cenário imaginado, com falta de tecnologia. Além de apontar para um completo desconhecimento sobre a prática da agricultura no Brasil, bem como sobre a legislação ambiental, Beltrão tenta se valer de um exemplo criado por ele mesmo. Logo, é alheio de qualquer base concreta e/ou evidência que corrobore sua lógica.

Na segunda pergunta, o entrevistador insiste no tema, inquerindo sobre a existência de um possível discurso do governo que seria tolerante com a destruição de florestas. Beltrão responde:

> Acho muito difícil que esteja ocorrendo uma destruição criminosa na Amazônia. **O Ricardo é um advogado que se preocupa com o cumprimento da lei — eu o conheço.** Se tem gente lá abusando da lei, duvido que ele não esteja procurando, na medida de seus poderes, proibir essas práticas. Até porque ele sabe que lhe seria muito ruim. Não conheço detalhes, mas duvido que o Ricardo entre numa estratégia de fechar os olhos para a criminalidade (Beltrão, 2019c, grifo meu).

Na defesa que Beltrão faz do ministro Salles, enfatiza conhecê-lo, procurando, assim, eliminar qualquer dúvida sobre a índole do ministro, demonstrando que sua confiança é baseada em uma proximidade com ele. Inclusive, dá a entender que Salles deve estar, "na medida de seus poderes", proibindo essas práticas. É um posicionamento curto, mas prenhe de nuances. Dá a entender que, mesmo havendo tolerância com a destruição de florestas no governo, Salles ainda não possui responsabilidade alguma, pois teria agido "na medida de seus poderes".

Vale complementar que a relação entre Beltrão e Salles pode ser identificada desde, pelo menos, 2010, quando o IMB juntamente ao Movimento Endireita Brasil — do qual Salles é um dos fundadores (Weterman; Girardi, 2018), organizaram o Dia da Liberdade de Impostos[19], na cidade de São Paulo. No ano em questão, o evento teria ocorrido também nas cidades de Porto Alegre, Vitória e Belo Horizonte.

Sobre a relação entre Salles e Beltrão, é digno de nota que a entrevista dada para *Isto É*, não foi a primeira vez que o presidente do Mises Brasil demonstrou apoio ao ex-ministro de Bolsonaro. Em 22 de agosto de 2019, Beltrão demonstrou entusiasmo com a indicação de Salles para a pasta do Meio Ambiente, ao fazer um *post* comentando uma nota do Partido Novo, na rede social "X" (antigo Twitter), no qual o partido esclarece que Ricardo Salles não havia sido indicado pelo Novo: "Pode não representar o NOVO, mas o ministro Ricardo Salles tem minha confiança" (Beltrão, 2019d).

Dois meses depois, Beltrão volta a defender Salles, então por conta de sua suspensão do Partido Novo, dada a saída do Partido da base aliada do governo Bolsonaro. Na ocasião, Salles optou por continuar como ministro, levando o Novo a suspender sua filiação:

> Como filiado, achei muito ruim a atitude do NOVO de desfiliar o Ricardo Salles. O Salles é um liberal crucial para a luta pela liberdade. Portanto, nossa causa perde. Além disso, o NOVO decidiu que um candidato, a partir no momento que se inscreve, NÃO PODE ter sua imagem vinculada a qualquer outro movimento ou instituição que tenha fins políticos, tal como LIVRES, MBL, RENOVABR, e outros. Nem participar de grupo de whatsapp. É uma espécie distorcida de primeiro mandamento. Ser o NOVO não apenas acima de todas as outras coisas, mas ser exclusivamente um instrumento dos desígnios da direção do partido. Acho um erro político (Beltrão, 2019b).

As postagens anteriores reforçam a existência de uma forte relação entre Ricardo Salles e Hélio Beltrão. Portanto, não é coincidência o tom mais íntimo da defesa que Beltrão faz de seu colega de partido em entrevista concedida para *Isto É*. Há uma proximidade pessoal, seja por conta dos dois serem fundadores de aparelhos com atuações conjuntas desde

---

[19] Como forma de "conscientizar" a população para como os impostos afetam os preços das mercadorias, o IMB e o Endireita Brasil fizeram uma parceria com um posto de gasolina para vender combustível pelo seu valor sem tarifas. Para maiores detalhes, *Cf.* Equipe IMB (2010).

2010, como também filiados ao mesmo partido político até a desfiliação de Salles, em 2019, para além de participações em eventos importantes à direita brasileira em que, possivelmente, ambos tenham participado.

Tais situações de tensão e acordos são importantes, na medida em que permitem vislumbrar os interesses em jogo, como andam as negociações intraburguesas, bem como revela uma complexidade maior destas relações. A burguesia, ao primeiro olhar, aparenta ser homogênea, como um todo coeso em torno de suas pautas; no entanto, ao observar mais atentamente, é possível notar suas fissuras, necessitando construir consenso em suas próprias fileiras, fazer acordos para garantir que uma fração consiga dirigir toda a classe, antes mesmo de procurar ser dirigente do conjunto da sociedade.

Aí reside a diferença entre dominância e direção que Gramsci, por vezes, expõe em seus escritos do cárcere, com mais ou menos clareza. A entrevista de Beltrão para *Isto É* nos mostra o esforço em "aparar as arestas", costurar os interesses em jogo. Percebe-se que há um certo cuidado de sua parte em criticar indiretamente o governo, em apontar seus acertos também.

1.3 A DIREITA "JACOBINA"

Um caso que aponta algumas tensões intraburguesas pode ser percebido pelo termo usado para categorizar a ação dos "olavistas", que compõem o governo: os "jacobinos de direita". Estabelece-se, então, uma "guerra discursiva", em que — no caso que se trata aqui — defensores de um determinado posicionamento ideológico dentro do bloco no poder procuram se afirmar ao expor desacordos nas mídias que capilarizam sua visão de mundo.

Essa forma de construção discursiva está além de ser um caso que auxilia o entendimento de como a corrente libertarianista marca linhas entre o "nós" e os "outros". O ato de definir os "outros" é afirmar o que "somos nós", isto é, quais as bases que os unem e os direcionam. Ou seja, ao mesmo tempo em que se busca "purgar" elementos ideológicos indesejados — "olavismo", por exemplo —, edifica-se sob qual visão de mundo a realidade é interpretada. Também proporciona perceber a operação discursiva da construção de inimigo, uma vez que procuram tornar sinônimos uma suposta "direita raivosa" com outra suposta atuação da esquerda, o jacobinismo.

"Direita jacobina", aparece em 2017, em artigo de Bruno Garschagen, membro do IMB, para o jornal *Gazeta do Povo* (Garschagen, 2017). O uso do termo, em seu artigo, parece ter dois objetivos: 1) depurar a direita fascista da corrente libertarianista; 2) equiparar o fascismo com socialismo:

> Por terem despertado para a política num momento de turbilhão de salitre e breu petista (obrigado, William Blake), os antissocialistas foram treinados pela própria esquerda. Por isso, reagem reproduzindo vocabulário, comportamentos, maneirismos, insultos e a mentalidade daqueles que acusam de serem inimigos (Garschagen, 2017).

Seria por conta do avanço das pautas progressistas nos governos do Partido dos Trabalhadores (PT) ("breu petista"), que emerge uma direita "ruidosa":

> Quando os antissocialistas mimetizam a mentalidade e a ação política do inimigo, tornam-se o espelho da perfídia. Quando advogam a purificação do Brasil do socialismo usando os mesmos instrumentos dos socialistas, reduzem a virtude do combate necessário à estatura moral e ideológica de seus oponentes (Garschagen, 2017).

Ou seja, o uso do termo tem um objetivo muito claro. Ao se apropriar da experiência histórica do movimento jacobino da Revolução Francesa e usá-la totalmente retirada de seu contexto e sentido originais, procura-se relacionar a direita "revolucionária" — fascismo — à esquerda. A crítica em questão, realizada por Garschagen, não é a "purificação do Brasil do socialismo", mas possui o sentido de usar os mesmos métodos, supostamente, que os socialistas utilizam. Isto é, livrar o Brasil do socialismo não se apresenta como uma sugestão problemática para Garschagen, apenas não deve ser feito da maneira que a suposta "direita jacobina" procede, pois estaria "rebaixando" a direita ao nível moral de seu verdadeiro oponente, os socialistas.

É nesse ponto em que se observa uma semelhança: a divergência não é sobre "o que fazer" — nesse caso, eliminar o socialismo —, mas "como fazer"; portanto, não há uma contradição de fundamento separando os dois polos, mas apenas de método. A partir da delimitação dos "outros", as considerações de Garschagen também apontam para uma definição do que ele considera sendo os valores do "nós".

Essa instrumentalização de fatos históricos, distorcendo-os para obter um "atestado de verdade" que ultrapassa os tempos, não é novidade;

ainda mais no caso da Revolução Francesa. A própria memória do período em que os jacobinos assumem a direção da Revolução é lembrada como "Período do Terror" ou mesmo como "Terror Jacobino", que, segundo o historiador Eric Hobsbawn, foi uma das imagens mais duradouras dos conservadores sobre a Revolução Francesa:

> Os conservadores criaram uma imagem duradoura do Terror, da ditadura e da histérica e desenfreada sanguinolência, ainda que diante dos padrões do século XX, e mesmo dos padrões das repressões conservadoras contra as revoluções sociais, tais como os massacres que se seguiram à Comuna de Paris de 1871, e suas matanças em massa, foram relativamente modestas (Hobsbawn, 2008, p. 40-41).

Especificamente nas Américas, o "terror jacobino" ganha uma particularidade: a questão da escravidão. Ao tratar das contradições do liberalismo, Losurdo traz elementos pertinentes ao evidenciar que alguns liberais estadunidenses se posicionavam contrários à abolição da escravatura, condenando os abolicionistas como "jacobinos" (Losurdo, 2006, p. 167). O historiador italiano ainda relaciona o "radicalismo" liberal com a defesa da abolição, mostrando que mesmo figuras históricas da abolição nos EUA, como o presidente Abraham Lincoln, não eram tão entusiastas da ideia:

> [...] o próprio Lincoln conduz inicialmente a guerra de Secessão como uma cruzada contra a rebelião e o separatismo, não pela abolição da escravidão, que pode continuar a existir nos Estados leais ao governo central. É só mais tarde, com o recrutamento dos negros no exército da União e, portanto, com a intervenção direta no conflito dos escravos ou ex-escravos, que a guerra civil entre brancos se transforma em uma revolução, em parte conduzida pelo alto e em parte pelos de baixo, o que torna inevitável a abolição da escravidão. Mas, na primeira fase da guerra a União não exclui a priori os Estados escravistas do seu seio, assim como os liberais críticos do instituto da escravidão não expulsaram do 'partido' liberal os que em relação a tal problema têm uma posição diferente e até contraposta (Losurdo, 2006, p. 179).

Mesmo tendo opiniões divergentes, Losurdo considera que não há uma ruptura entre escravidão e liberalismo enquanto existir uma identificação entre os abolicionistas e os "liberais". Considera, inclusive, que não há impossibilidade essencial entre liberalismo e a manutenção da escravidão, uma vez que muitos dos teóricos liberais lucravam com a escravidão e não se opunham a ela, como foi o caso de John Locke (Losurdo, 2006, p. 35). Losurdo, partindo da citação do filósofo francês Condorcet, identifica os abolicionistas como "radicais", quando expurgam "não apenas fora do partido da liberdade, mas até do gênero humano" (Losurdo, 2006, p. 180).

No Brasil, efeito semelhante ocorreu ainda nos estágios iniciais da formação de uma burguesia; porém relacionado à necessidade de uma "revolução pelo alto", capaz de manter os privilégios das elites e excluir a participação popular. Sobre a constituição e adoção do liberalismo no Brasil, o historiador Antonio Carlos Mazzeo observa:

> Desdobra-se, então, que **as ideias liberais foram utilizadas, no Brasil com intuitos amesquinhados e levando em conta os processos emancipacionistas dos outros países do continente.** A Revolução Americana, verdadeiro vagalhão revolucionário do momento histórico da afirmação burguesa, foi duplamente ensinadora para a burguesia latifundiária do Brasil. De um lado, mostrou que **a participação popular, no processo revolucionário, encurta o espaço de privilégios e de mando político;** por outro, **a lição da América Central demonstrou que, quando generalizadas nas massas oprimidas, as ideias revolucionárias podem representar sentença de morte aos exploradores, como se deu no Haiti. Daí o terror às massas populares e o pesadelo constante da revolta dos negros,** o medo do Haiti (Mazzeo, 2015, p. 107, grifo meu).

Ainda, Mazzeo registra que era necessário conter o "'jacobismo' republicano" para a "unificação da condução do processo político" de emancipação de Portugal, sendo a unidade "personificada na pessoa do príncipe-regente, o que implicou a continuidade da estrutura burocrática político-administrativa trazida de Portugal" (Mazzeo, 2015, p. 107).

Silvio Almeida também faz considerações dignas de destaque ao discutir a questão do racismo estrutural. Para o intelectual, a Revolução Haitiana se apresentou como uma grande encruzilhada ao projeto de civilização burguês:

> Com a Revolução Haitiana, tornou-se evidente que o projeto liberal-iluminista não tornava todos os homens iguais e sequer faria com que todos os indivíduos fossem reconhecidos como seres humanos. Isso explicaria por que a *civilização* não pode ser por todos partilhada. Os mesmos que aplaudiram a Revolução Francesa viram a Revolução

> Haitiana com desconfiança e medo, e impuseram toda a
> sorte de obstáculos à ilha caribenha, que até os dias de hoje
> paga o preço pela liberdade que ousou reivindicar (Almeida,
> 2020, p. 27-28, grifo do autor).

Antes de Silvio Almeida, o historiador Cyril Lionel Robert James já escrevia sobre o grande problema da "questão colonial" para a Revolução Francesa. Segundo ele, 15 dias depois da aprovação da Declaração dos Direitos do Homem e do Cidadão, os mulatos de São Domingos "apareceriam às portas de uma Câmara ainda ecoando a famosa declaração e reivindicavam os Direitos do Homem. A burguesia não sabia o que fazer nem o que dizer" (James, 2010, p. 76).

Inclusive, Cyril L. R. James, em seu clássico estudo, demonstra que a "questão colonial" se apresentava como um grande problema com o qual a Assembleia não queria lidar, considerado por ele como um dos elementos que dividiram a burguesia revolucionária francesa: "a Assembleia, até então unânime sobre os Direitos do Homem, dividiu-se em duas: a extrema direita e a extrema esquerda, com os vacilantes no centro" (James, 2010, p. 76).

Não entraremos em profundidade no mérito de como os "jacobinos negros" irão aumentar as cisões dentro do pensamento liberal burguês; muito embora seja um tema de grande importância, não é o objetivo do trabalho que aqui se apresenta. Essa breve contextualização histórica apenas tem como objetivo demonstrar elementos para compreender o uso de "direita jacobina", para separar tendências ideológicas distintas em disputa: 1) as raízes preconceituosas da direita brasileira, relacionada ao seu "medo histórico" das "massas bestializadas"; possuindo, inclusive, origens possíveis de se relacionar com o "haitianismo" e um preconceito racial à ala girondina da burguesia, que já demonstrava sinais de conservadorismo e contrarrevolução, como aponta Cyril L. R. James. 2) Por detrás de uma apropriação rasa da experiência jacobina, há uma tentativa de criar uma imagem "pacífica"; "virtuosa", descolada de radicalismos, que sempre são características do adversário; 3) ao relacionar os elementos negativos sempre com "o outro" (a esquerda, o jacobinismo etc.), cria-se a imagem de um inimigo "superpoderoso" ("o comunismo"; "o globalismo", entre outros) responsável por todos os eventuais problemas, reforçando, assim, a necessidade urgente de combatê-lo — eliminar.

Então, nas considerações de Garschagen, fascismo, comunismo e "jacobinismo" seriam facetas de um mesmo fenômeno, ao apresentar que o filósofo Eric Voegelin, em *As Religiões Políticas*, teria observado a simbologia significativa de "apocalipse" que se mantivera "no simbolismo dos séculos 19 e 20, nos três estágios da filosofia da história de Marx e Engels, no Terceiro Reich do nacional-socialismo, na Terceira Roma fascista" (Voegelin *apud* Garschagen, 2017). Logo, "[...] **milenaristas, jacobinos, nazistas e fascistas seriam membros de uma mesma família político-ideológica**" (Garschagen, 2017, grifo meu).

Mesmo quando identificam comportamentos que destoam da imagem que procuram passar, os libertarianistas os caracterizam como uma reação, "mimetizando o inimigo"; portanto, em última instância, tal comportamento da "extrema-direita" é culpa do "breu petista"[20]. "Driblando", assim, os efeitos colaterais de cerceamento e violência — por vezes insuflados por eles mesmos (basta lembrar que Reinaldo de Azevedo foi o criador do termo "petralha") — que estão de acordo com seus interesses, para então se apresentarem como a ala "racional", "democrática" e "pacífica" da direita no Brasil[21].

Dois anos depois, o uso do termo de Garschagen reaparece sendo utilizado por Rodrigo Constantino[22] ao participar de um podcast do *Jornal*

---

[20] A própria opção pelo termo "breu" demonstra como o racismo habita no pensamento conservador intimamente.

[21] Outra forma de perceber tais tensões seria a configuração da guerra discursiva dentro do próprio governo de Jair Bolsonaro. É comum que as matérias de jornais de grande circulação no Brasil separem os ministros e demais membros do governo de Bolsonaro entre "ala ideológica" — que estaria mais próxima da influência do astrólogo Olavo de Carvalho — e uma suposta "ala técnica" ou "ala econômica" em torno do ministro Paulo Guedes. *Cf.* Costa (2021) e Rangel (2020). Ainda mais, vale destacar que considerar Guedes e seus correligionários como "ala técnica" tem uma tônica altamente tendenciosa em apresentar sua atuação no governo como "neutra", "despolitizada", a partir de um olhar sobre as afiliações de Guedes com Institutos e outros aparelhos. Pode-se constatar que o ex-Ministro da Economia não é "menos ideológico" que a suposta "ala ideológica", apenas consegue disfarçar melhor seus reais interesses, com auxílio dos veículos midiáticos, os quais têm, em Guedes, representação no governo.

[22] Constantino foi colunista em vários jornais e revistas brasileiras, como *Veja* e *Valor Econômico*. É comentarista da *Jovem Pan* e colunista do jornal *Gazeta do Povo*, entre outros veículos impressos, radiofônicos, televisivos e virtuais. É um dos fundadores do Instituto Millenium; por várias vezes foi presidente do Conselho do Instituto Liberal e ex-membro do Instituto Ludwig von Mises Brasil. Em 2020 teria, também, assumido posição na Editora LMV (Ludwig von Mises) — vinculada ao Mises Brasil, por convite de Hélio Beltrão. Por conta de seus posicionamentos nas mídias em que trabalhou, é alvo de processos e campanhas de desmonetizações (por exemplo, as movidas pelo *Sleeping Giants*), bem como demitido e readmitido por várias delas. Segundo sua autobiografia publicada recentemente, trabalhou no mercado financeiro na JGP *Asset Management* (https://www.jgp.com.br/), gestora financeira, tendo como principais sócios Andre Jakurski e Paulo Guedes, o último, considerado por Constantino seu mentor. Para mais detalhes, *Cf.* Constantino, (2021) e Infomoney (2018). Resumo sobre Rodrigo Constantino na aba "Sobre Nós", do Instituto Liberal (2024). Verbete sobre Constantino no Wikipédia (2024). Publishnews (2020). Por fim, seu livro autobiográfico: Constantino (2023). No prefácio

Gazeta do Povo — que conta também com a participação de Martim Vasques da Cunha, parte da equipe de especialistas do IMB (Instituto Ludwig Von Mises Brasil, ca.2016)[23] e, na época em que o episódio foi ao ar, professor na pós-graduação em Escola Austríaca[24] do Mises Brasil (Pós-Graduação em Escola Austríaca, 2024) —, denominados Ideias (Ideias, entre 2017 e 2022)[25], sobre a greve dos caminhoneiros ocorrida em 2018 (Ideias #56, 2018). Partindo da suposição de que os caminhoneiros em greve vinham sendo insuflados por Jair Bolsonaro, na época candidato à presidência do país, o termo "direita jacobina" é usado para taxar os seguidores de Bolsonaro.

O locutor do *podcast*, Jones Rossi, questiona os convidados sobre o porquê de pessoas apoiarem uma possível intervenção militar no governo. A parte em questão é longa e por ser uma pergunta direcionada aos dois convidados, suas falas por vezes se cruzam. Portanto, tentar-se-á apenas apresentar como o termo é utilizado, tomando o devido cuidado para não descontextualizar suas declarações. Então, Constantino, após uma breve exposição sobre como entende o fato de alguns sujeitos considerarem uma intervenção militar em face a um descrédito nas instituições da República, tece comentários em que tenta colocar na mesma equação o que ele entende por "extrema esquerda" com a "extrema direita":

> O problema é o seguinte, eu entendo o raciocínio até o dia da intervenção, no dia seguinte o que que vai acontecer? Ninguém sabe. Vão ficar 21 anos no poder? Aí entra a mentalidade naufragada do Lella [Mark Lella] que o Martim [Martim Vasques da Cunha] trouxe, que é a idealização do passado. Revolucionário de direita e de esquerda, que não são conservadores; **jacobinos de direita não são conservadores. Revolucionários de direita e de esquerda são parecidíssimos no modus operandi** só que querem coisas diferentes. **Um quer idealizar o futuro, o porvir; o outro quer idealizar o passado, o jardim do eden, a era do que ficou para trás** (Ideias #56, 2018, grifo meu).

Novamente, só que em um contexto diferente e utilizado por outros sujeitos, "Jacobino de direita" é considerado semelhante à "esquerda

---

obra, o empresário Salim Mattar, considera Constantino e Paulo Guedes os continuadores do legado de Roberto Campos – economista que foi ministro durante a ditadura civil-militar no Brasil.

[23] Página desativada e arquivada: Instituto Ludwig Von Mises Brasil (2016).

[24] Site oficial desativado e arquivado: Pós-Graduação [...] (2016).

[25] Por conta de, muitas vezes, o conteúdo do site do Gazeta do Povo ser permitido apenas para assinantes, recorreu-se à página onde o podcast é hospedado na plataforma *SoundCloud*: Ideias (2018).

revolucionária". Um pouco adiante em seus comentários, até compara o "Milagre Econômico" com as políticas de desenvolvimento econômico do governo petista: "eles acham que havia uma coisa maravilhosa; não o Delfim Neto fazendo Milagre Econômico insustentável *a lá PT* no começo do governo, que a conta veio depois" (Ideias #56, 2018).

Martim Vasques da Cunha, intervindo e dando continuidade ao raciocínio de Constantino, fala:

> E outra, tem um ponto que precisa ser observado aí Jones [Rossi] e Rodrigo [Constantino], que é assim: esse tipo de movimento da direita jacobina que adora uma intervenção militar, que é maluco né? Maluco. Eles são integralistas! Estamos tendo o retorno do integralismo! [...] (Ideias #56, 2018).

Nota-se que, para além de projetar no "outro" características que são negadas em seu agrupamento, Vasques da Cunha parece não compreender o significado do conceito de autoritarismo — e integralismo — reduzindo-o apenas a uma preferência por determinado regime político. Após uma rápida intervenção de Constantino enfatizando o mérito de Cunha em fazer relação com o movimento integralista, Cunha continua:

> Todas as características do integralismo: tem uma obsessão em torno de um líder carismático; tem intelectuais sofisticadíssimos, anti-esquerdistas, que falam de coisas transcendentes, de cristandade, vamos recuperar a civilização ocidental, vamos restaurar a alta cultura; **tem o mesmo índice de mulher feia para burro né? No integralismo não tinha mulher, agora tem mulher, mas é feia para burro**; e toda uma situação que você que é assim: é abstração pela abstração. É um mundo idealizado. Um Brasil idealizado que não existe! Que não existe! **Então o que a gente está vivendo aqui; de novo: eu acho que a direita jacobina é a consequência direta de 30 anos de doutrinação gramsciana.** Isso para mim está cada vez mais evidente. O que foram 30 anos de doutrinação gramsciana não vai dar somente nos black blocs. Vão dar na direita jacobina. **Os filhos do Gramsci são os jacobinos de direita.** Para mim isso é cada vez mais evidente (Ideias #56, 2018, grifo meu).

Além de mostrar grande desprezo pela suposta "direita jacobina" (fascista), Cunha apela para afirmações machistas como forma de desqualificar seus opositores. Foge de seu raciocínio que seu discurso exaltado, ao externar todo seu ódio a plenos pulmões, assemelha-se muito àqueles que chama de "direita jacobina". Ao invés disso, projeta em seu "inimigo maior" (Gramsci, "O" Comunismo, Marxismo Cultural, entre outros) as próprias características que nega em si mesmo.

Também é importante destacar o sexismo para desqualificar o campo oposto, ao afirmar que tanto a "direita jacobina" quanto a esquerda *tem o mesmo índice de mulher feia para burro*" (Ideias #56, 2018). Assim como o racismo, percebe-se que o sexismo também é inerente ao instrumental discursivo — e estético — do pensamento conservador.

Nesse contexto, os estudos da socióloga Heleieth Saffioti sobre sexismo e racismo indicam que os dois fenômenos possuem uma mesma origem:

> **Sexismo e racismo são irmãos gêmeos.** Na gênese do escravismo constatava um tratamento distinto dispensado a homens e mulheres. Eis porque o **racismo, base do escravismo**, independentemente das características físicas ou culturais do povo conquistado, nasceu no mesmo momento histórico em que nasceu o **sexismo.** Quando um povo conquistava outro, submetia-o a seus desejos e as suas necessidades. Os homens eram temidos, em virtude de representarem um grande risco de revolta, já que dispõem, em média, de mais força física que as mulheres, sendo, ainda, treinados para enfrentar perigos. Assim, eram sumariamente eliminados, assassinados. As mulheres eram preservadas, pois serviam a três propósitos: constituíam força de trabalho, importante fator de produção em sociedades sem tecnologia ou possuidoras de tecnologias rudimentares; eram reprodutoras desta força de trabalho, assegurando a continuidade da produção e da própria sociedade; prestavam (cediam) serviços sexuais aos homens do povo vitorioso. Aí estão as raízes do **sexismo,** ou seja, tão velho quanto o **racismo** (Saffioti, 2015, p. 132-133).

A autora, além de estabelecer as origens do sexismo atrelados ao escravismo, demonstra que a submissão e inferiorização das mulheres está intimamente permeada por relações de poderes. No caso retratado por Saffioti, trata da imposição do povo vitorioso sobre o derrotado.

É relevante focar o escravismo como elemento central para a compreensão do sexismo, pois permite relacioná-lo com racismo e perceber ambos como elementos estruturantes do pensamento conservador. Vasques da Cunha, ao relacionar a beleza feminina — ou a suposta falta dela — com a esquerda, ao tentar equiparar a direita jacobina com as formas de atuação e intervenção política da esquerda, evoca um tipo de discurso já corrente em décadas anteriores.

Estudos como da ativista e pesquisadora feminista bell hooks permitem notar justamente como a relação entre a contestação feminista dos padrões de beleza com a indústria da moda era pautada, em sua juventude:

> Desafiar o pensamento sexista em relação ao corpo da mulher foi uma das intervenções mais poderosas feitas pelo movimento feminista contemporâneo. Antes da libertação das mulheres, todas as mulheres, mais jovens ou mais velhas, foram socializadas pelo pensamento sexista para acreditar que nosso valor estava somente na imagem e em ser ou não notada como pessoa de boa aparência, principalmente por homens (hooks, 2019, p. 57).

hooks inicia as suas considerações demonstrando como a aparência feminina serve de controle social dos homens sobre as mulheres, destacando o efeito desestabilizador do questionamento de tais valores e sua importância para as mulheres. Seguindo sua narrativa, a feminista destaca como, no capitalismo, o questionamento dos valores ressoa na produção:

> A revolução do vestuário e do corpo criada pelas intervenções feministas fez com que mulheres aprendessem que nossa carne merecia amor e adoração em seu estado natural; nada precisava ser acrescentado, a não ser que uma mulher escolhesse se enfeitar. Inicialmente, investidores capitalistas da indústria de cosméticos e moda temiam que feministas fossem destruir seus negócios. Financiaram campanhas na mídia de massa que banalizava a libertação da mulher, criando imagens que sugeriam que feministas eram grandes, hipermasculinas, simples, velhas feias (hooks, 2019, p. 58).

Após essas breves considerações, voltando ao objeto em questão — a entrevista concedida ao *podcast* do jornal *Gazeta do Povo* —, nota-se que a escolha de Vasques da Cunha, em atacar o campo oposto por meio de um juízo de valor (individual) que faz das mulheres, possui uma razão histórica ligada à emancipação do corpo da mulher. Por isso, é tão sério seu pronunciamento: ele está publicamente exercendo um suposto direito masculino em "ditar as regras" de aparência e beleza às mulheres. A atitude também resplandece como exercício de poder, uma vez que, por muito tempo, como hooks evidencia, imputar valor às mulheres tendo como parâmetro a sua "boa aparência" é um mecanismo de controle, possuindo, inclusive, raízes profundas no escravismo, como demostram Saffioti.

É importante registrar aqui que esta não é uma questão "menor", como se um comentário "infeliz" desses não possuísse consequências mais sérias. Portanto, não pode ser visto como coincidência o fato de que outro participante do episódio do *podcast* em questão, Rodrigo Constantino, tenha proferido publicamente comentário sexista relativizando o caso[26] (Rodrigo, 2020), no mínimo polêmico, de estupro de Mariana Ferrer (Alves, 2020).

Aliás, o crime em questão também foi objeto de produção audiovisual[27] da empresa Brasil Paralelo (BP)[28]. Com estética que emula documentários históricos e jornalísticos, mas também de romances investigativos estadunidenses dos anos 1930/40, a série procura mostrar-se como uma produção "séria" e supostamente ancora em evidências — autoproclamadas por seus apresentadores como exclusivas e "nunca antes reveladas" — sobre acontecimentos diversos. O vídeo procura apresentar uma suposta "outra hipótese", tratando a vítima como uma figura oportunista e sabedora dos riscos que estava correndo, inclusive tratando a matéria do

---

[26] Infelizmente, até o momento de escrita do presente texto não se encontrou na íntegra a *live* da rádio *Joven Pan* em que Constantino relativiza o caso de Mariana Ferrer. No entanto, é possível encontrar trechos de sua fala sobre o assunto. Para mais detalhes, *Cf.* Rodrigo (2020). Sua fala desencadeou uma série de demissões do jornalista em vários veículos de comunicação em que atuava. Apesar de pressão pela sua demissão, o jornal *Gazeta do Povo* foi um dos únicos que defendeu sua continuidade como colunista do jornal, por meio de nota oficial. *Cf.* Gazeta do Povo (2020). O caso tomou tamanha proporção, que uma série de jornalistas de *Gazeta do Povo* chegaram a apresentar um abaixo assinado para demitir Constantino. O Sindicato dos Jornalistas Profissionais do Paraná (Sindijor-PR), por meio de nota, criticou a ação do jornal. *Cf.* SindijorPr (2020). Atualmente, Rodrigo Constantino retornou como parte da equipe de jornalistas da *Jovem Pan*.

[27] O vídeo faz parte de uma série de produções audiovisuais intitulada "Investigação Paralela" e de acesso exclusivo para assinantes do BP. Porém, o episódio em questão e outro tratando sobre o assassinato da vereadora do Rio de Janeiro, Marielle Franco, estão disponíveis gratuitamente no *Youtube* da produtora, como sendo um único vídeo. Para maiores detalhes, *Cf.* Brasil Paralelo (2023).

[28] Em sua dissertação de mestrado, a historiadora Mayara Balestro assim caracterizou a empresa Brasil Paralelo: "Criado em agosto de 2016 – no contexto histórico do Golpe midiático, parlamentar, judiciário e empresarial – tem se tornado um aparelho político-ideológico e educativo 'porta-voz' de setores conservadores e de extrema direita no sentido de dar legitimidade 'histórica' ao seu projeto político-institucional. [...]. O Brasil Paralelo apresenta em sua plataforma uma variedade de materiais voltados à produção e disseminação de conteúdos sobre o que entendem ser a "verdadeira" história do país e como ela deve ser apresentada, por parte de grupos da chamada "nova direita" ou extrema-direita." (Santos, 2021b, p. 15). Para mais detalhes sobre a atuação da BP, *Cf.* Santos (2021b).

É importante destacar que Constantino já foi chamado de comunista, socialista etc. — assim como outras figuras anticomunistas da direita brasileira — por aqueles identificados com a "direita jacobina", como ele mesmo afirma em sua fala ao podcast.

site de jornalismo investigativo independente, *The Intercept Brasil*, como *"fake news"* sobre o caso (Santos, 2021b).

Em resumo, nota-se um elaborado e sistemático processo de construção ideológica, no qual o comentário feito por Vasques da Cunha representa apenas uma parte dentro de um cabedal sexista que compõe o pensamento dos libertarianistas; uma vez que, a exemplo do caso de Constantino e da produtora Brasil Paralelo, em caso de um estupro, deva-se apurar também as circunstâncias do crime ocorrido, imputando na vítima, por se comportar de forma "incorreta", culpa pelo crime. Afinal, considerar o comportamento da vítima (estar embriagada) e/ou a forma como ela escolhe para expressar a sua feminilidade é estabelecer qual a forma "apropriada" de vestir-se e portar-se; ou seja, estabelecer alguma forma de domínio sobre como as mulheres devem agir em relação ao seu corpo.

O exemplo de como Constantino tratou o caso de estupro de Mariana Ferrer auxilia a observar as consequências reais que discursos sexistas/machistas ou mesmo de ódio a uma determinada corrente política (por exemplo, comunismo) tem consequências reais. Sua atuação como formador de opinião, relativizando o estupro, destilando ódio aos que pensam diferente de suas posições nas mídias, municia, incentiva e normaliza ataques contra grupos que, em sua opinião — portanto, longe de ser fato —, devam se portar ou aceitar as suas premissas porque são as corretas. O próprio fato de Constantino não ter sofrido maiores sanções legais por suas atitudes indica o efeito da propagação do pensamento conservador que ele mesmo defende como legítimo. Os mesmos que julgam a "direita jacobina" de violenta e irracional não se percebem como parte pelo problema que apontam.

Para além da operação de criar conflito, para construir elementos discursivos que permitam a desqualificação total de qualquer um identificado como inimigo, o caso aqui levantado revela elementos que indicam uma tensão profunda entre tais frações burguesas. Uma delas parece justamente ser sobre a figura de Bolsonaro e sua forma de governar — assunto que precisará ser tratado com maior profundidade e rigor em outro momento.

Por agora, para a análise em curso, basta perceber que entre as frações burguesas existem clivagens profundas o suficiente para causar posicionamentos hostis entre elas. O que indica uma dificuldade em consolidar uma direção; bem como a existência de desconfianças intraburguesas na condução do Estado e dos interesses de classe por Bolsonaro. É justamente quando os intelectuais burgueses externalizam seus desacordos pelas mídias, que se tornam nítidas as disputas.

A partir da celeuma em torno da construção discursiva de "direita jacobina", observa-se que os conflitos entre as frações burguesas não são em torno dos fundamentos da exploração de classe; afinal, questioná--los seria como colocar em questão a própria existência do capitalismo e da burguesia como classe dominante; mas, sim, sobre como realizar as mudanças necessárias para a "melhor" forma de adequar o conjunto social aos interesses da expansão capitalista — de acordo com seus interesses econômicos-corporativos.

Porém, retomando a noção de que, se os conflitos entre as frações burguesas possuem uma natureza relacionada à porcentagem de apropriação de mais-valor, significa que existem divergências econômicas? Como elas irão se expressar? Quais os limites das alianças? Até o momento, fez-se uso de um caso de divergências ideológicas. Ao tratar mais detidamente de como essa fração compõe o bloco no poder e sua atuação no governo Bolsonaro, tais questionamentos serão retomados.

Até o presente momento, o olhar centrou-se no papel da atuação dos intelectuais no processo de organização das frações burguesas. A partir de alguns casos mais específicos, buscou-se demonstrar que a burguesia possui fissuras, que procuram ser costuradas por seus intelectuais. Na "guerra discursiva" nas quais tais frações hostilizam-se, é possível perceber elementos definidores dessas frações, bem como seus conflitos que, para estabelecer uma conjuntura de crise, necessitam escalar para proporções que coloquem em posição de risco a reprodução sociometabólica do capital.

1.4 DA SOCIEDADE CIVIL PARA O ESTADO: INTELECTUAIS E OS APARELHOS BURGUESES

Não é à toa que os diversos aparelhos privados burgueses se empenham na formação de novos membros tanto quanto na disseminação de seus valores e visão de mundo. Dos aparelhos presentes nesta pesquisa (Students For Liberty Brasil (SFLB), Partido Novo, Mises Brasil, Livres e Instituto Ling)[29], três possuem uma complexa estrutura de formação de lideranças, programas de bolsas de pós-graduação, entre outras formas de inserção no ensino básico e

---

[29] As páginas on-line destes aparelhos são respectivamente: Students For Liberty (2024), Partido Novo (2024), Instituto Ludwig Von Mises Brasil (2024), Associação Livres (2024) e Instituto Ling (2024)

superior. Para situar o leitor, faz-se necessário uma breve descrição dos aparelhos supracitados, muito embora sejam tratados com maior profundidade e em suas devidas particularidades em capítulos seguintes.

Apesar de suas especificidades, esses aparelhos coordenam atividades, muitas vezes, possuindo membros em comum e/ou sujeitos que passaram por alguma das suas formações[30]. O IMB se apresenta como uma *"associação voltada à produção e à disseminação de estudos econômicos e de ciências sociais que promovam os princípios de livre mercado e de uma sociedade livre"*[31] (Instituto Ludwig von Mises Brasil, 2024; já o SFLB procura se identificar como uma agremiação estudantil horizontal e descentralizada, como uma rede internacional de estudantes, bem como a *"maior organização de libertários do mundo"* (Students for Liberty, 2024):

> O Students For Liberty Brasil não é uma organização estruturada de cima para baixo, nem baseada em filiais ou associação. O SFLB funciona como uma rede de estudantes pró-liberdade oriundos de uma ampla diversidade de locais e contextos (Students for Liberty, 2024).

Nota-se, na breve apresentação, uma preocupação em ocultar os vínculos internacionais do SFLB; uma vez que se origina nos EUA e se identifique como rede, segue as diretrizes e estrutura de funcionamento ditadas por sua "matriz" estadunidense. Para fins de exemplo, basta recordar o processo que levou à mudança de nome do então Estudantes Pela Liberdade (EPL), para Studentes for Liberty Brasil[32].

A "mudança" do EPL para SFLB se dá a partir de um processo de cisão entre o EPL e sua matriz estadunidense. Na época, o diretor Juliano Torres perdeu acesso de todas as mídias sociais e e-mails do EPL, que passou a se chamar SFLB. No processo, Torres tentou manter o EPL operando como aparelho desvinculado do SFL, porém sua iniciativa pouco perdurou.

---

[30] Ao ter focado apenas no Instituto Ludwig von Mises Brasil, minha dissertação de mestrado permitiu perceber esta amálgama dos mesmos sujeitos em mais de um dos aparelhos burgueses. Desde tal ponto, então, surgiu a necessidade de realizar uma pesquisa que procurasse trabalhar com um escopo maior de aparelhos. Para mais detalhes, *Cf.* Dal Pai (2017).

[31] Minha dissertação de mestrado abarcou o Mises Brasil e sua atuação no país. Há uma seção específica na qual analiso detalhadamente a visão que o aparelho procura criar sobre si. Para maiores detalhes, *Cf.* Dal Pai (2017).

[32] Em sua obra resultante de tese de doutoramento defendida, o historiador Flávio Henrique Calheiros Casimiro já tratara da conexão entre o antigo EPL com a "rede" Students for Liberty. Para mais detalhes, *Cf.* Casimiro (2018). Em outra obra recente, procura atualizar novas considerações sobre sua tese, bem como apresentar uma versão mais sintética de suas pesquisas sobre o tema: "A tragédia e a farsa: a ascensão das direitas no Brasil contemporâneo" (Casimiro, 2020).

Atualmente, embora ainda exista o site do EPL e conta no Twitter, suas últimas atividades datam de 2017 (EPL, 2017)[33].

Outro aspecto que marca a visão que esses aparelhos procuram construir sobre si, bem notável no caso do SFLB, é a imagem "despolitizada", no sentido de apresentar pautas supostamente de interesse geral — somos "pró-liberdade", por exemplo — como algo desinteressado e sem objetivos relacionados a um projeto de sociedade que sempre é ideológico e político. Ideológico, pois a palavra é carregada de sentido e significado. Por exemplo: o que o SFLB entende por ser "pró-liberdade"? Isso parte de uma visão de mundo. Político, pois a concretização de determinada visão de mundo, depende de ação. Tanto na elaboração de um projeto que visa determinados fins, como a organização/mobilização de sujeitos para a implementação deste projeto.

Para melhor ilustrar, usemos de exemplo uma postagem do SFLB em sua página do Instagram, postada em 9 de abril de 2021:

Figura 1 – Divulgação LibertyCamp

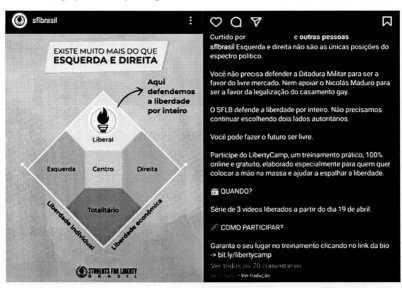

Fonte: página do Instagram do Students for Liberty Brasil (Students for Liberty Brasil, 2021)

---

[33] É possível também encontrar uma nota de Juliano Torres sobre o processo na página do Boletim da Liberdade (2016); existente desde 2016, o Boletim da Liberdade tem como proposta "cobrir tudo o que ocorre no efervescente cenário de difusão das ideias da liberdade no Brasil. Além de trazer assuntos ou abordagens jornalísticas incomuns na imprensa tradicional." (Boletim da Liberdade, 2016). Também trato brevemente sobre o ocorrido em minha dissertação de mestrado. *Cf.* Dal Pai (2017).

O *post* em questão é uma divulgação para o curso de formação do SFLB. A imagem que precede o conteúdo é bastante ilustrativa de uma estratégia utilizada por esses aparelhos para se mostrarem como "de fora" dos embates políticos e ideológicos, buscando também edificar uma visão positiva sobre suas prerrogativas. A imagem faz referência ao chamado "Diagrama de Nolan", criado pelo estadunidense e um dos fundadores do Libertariam Party (Partido Libertário) nos EUA[34].

Levando em consideração apenas dois eixos ("Liberdade econômica" e "Liberdade individual"), o diagrama procura demonstrar o espectro político dos sujeitos. Do ponto de vista do senso comum, o Diagrama se mostra despropositado, cumprindo uma função clara e objetiva: esclarecer para os sujeitos os seus posicionamentos ideológicos com base em cinco "campos" políticos. No entanto, levando em consideração quem o criou e suas afiliações políticas, percebemos que a intencionalidade é apenas demonstrar que os "liberais" se apresentam com um posicionamento "acima" (como o próprio design do gráfico sugere) das tendências tradicionais e diametralmente oposto a regimes ditatoriais (representado pelo espectro "Totalitário").

Apesar da postagem ser muito mais complexa que um texto escrito — por mesclar texto e imagem —, é possível perceber um "padrão" discursivo, que Thierry Guilbert (2020) denominou de "discurso neoliberal" ou "discurso econômico". Segundo ele, o discurso difere da propaganda, por atuar de forma dissimulada. Ou seja, ao contrário da propaganda, que procura expor, esse discurso "mistifica" suas intenções, não apenas para ocultá-las, mas também naturalizá-las:

> Ao contrário dos regimes totalitários, importa aos poderes econômicos e políticos em nossas 'sociedades liberais' assegurar não somente o consentimento **voluntário** dos cidadãos, isto é, criar e perpetuar o consenso, mas também criar uma adesão 'natural' ou o que poderíamos chamar 'uma sociedade de aquiescência à evidência. Do ponto de vista discursivo, a ideologia do poder na democracia é, portanto, necessariamente dissimulada, pois se supõe que ela não existe: ela deve se impor a todos como o senso comum compartilhado (Guilbert, 2020, p. 42, grifo do autor).

Para conseguir passar-se como "senso comum compartilhado", o discurso neoliberal precisa passar por um processo de dupla dissimu-

---

[34] No diagrama original, consta "Libertários" como o espectro que o SFLB troca por "Liberal". Para maiores detalhes sobre o Diagrama e seu criador: Boletim da Liberdade (2018).

lação, de acordo com o autor: 1) esconder sua real natureza (chamada de "sagrado constitutivo"), por uma que torna evidente e toma para si (chamada de "sagrado mostrado"); 2) apresenta-se uma evidência, isto é, um elemento que torna o discurso racional, lógico. Isso, no nível das aparências, apresenta o discurso como algo mais do que realmente é; transveste-lhe de verdade (Guilbert, 2020, p. 43-46).

Quanto à primeira dissimulação, ao dizer "defender a liberdade por inteiro", o *post* do SFLB substitui a defesa de um projeto neoliberal de intensificação, exploração e espoliação do homem pelo homem por um conceito abstrato de liberdade concebido por eles mesmos. Afinal, o que entendem por "liberdade por inteiro" se resume a dois outros termos igualmente vazios de significado.

Se "liberdade individual" é poder tomar suas próprias decisões sem interferências; ir e vir para onde quiser, tais decisões não deveriam ser limitadas pelo preço de passagem de ônibus, por exemplo. O mesmo pode ser aplicado a "liberdade econômica".

Compreendendo que liberdade econômica implicaria em poder comprar o que bem entender, não deveriam existir limitações ao acesso à habitação que qualquer indivíduo desejar. No entanto, Hong Kong, país com um dos maiores índices de "liberdade econômica"[35] na história do ranking — muito usado como "exemplo do capitalismo que deu certo" —, é um dos países mais difíceis de se adquirir uma casa, bem como é o país possuidor de uma das realidades de habitações mais precarizadas do mundo: as chamadas "casas-gaiolas" ou "cubículos-caixões"[36].

Portanto, a primeira dissimulação

> [...] É, pois, uma substituição, um passe de mágica: substitui-se o mote da busca do poder por um valor mobilizador, partilhado e evidente (que cada um se dispõe a pensar como essencial), isto é, incontestável. Essa primeira dissimulação é também uma encenação que se supõe que representa a realidade (Guilbert, 2020, p. 45).

---

[35] O índice foi concebido pelo Heritage Foundation e se tornou referência entre aparelhos burgueses brasileiros, tais como o Mises Brasil, Instituto Millenium e seus intelectuais, por exemplo. De acordo com os dados disponibilizados sobre o Índice de Liberdade Econômica, Hong Kong, desde 1995 até 2020, sempre esteva entre os mais bem ranqueados pelo índice. Infelizmente, o site não possui dados sobre sua mais recente atualização: 2021. Para maiores detalhes, *Cf.* The Heritage Foundation (s. d. b).

[36] Apenas a título de exemplo, fez-se importante citar ao menos duas reportagens sobre o fenômeno citado: "A vida nos "cubículos-caixões", de Hong Kong" (Stacke, 2017), e "As casas-gaiola de Hong kong: cúbiculos do tamanho de uma vaga de garagem" (Neves, 2019).

É importante notar como a "primeira dissimulação", no caso aqui em análise, é capaz de mobilizar sentimentos no leitor. Afinal, quem escolheria ser contra "liberdade"? Ou mesmo se opor? Nesse sentido, é inegável sua força de adesão, pois tomando o "sagrado mostrado" como representação da realidade, o leitor não tem alternativa a não ser aceitá-la. Eis, então, que entra em cena a "segunda dissimulação": o uso de "evidência".

Tendo como base os parâmetros de "liberdade por inteiro" criados pelo SFLB, o leitor se defronta com a única alternativa possível: se você é um defensor da liberdade, precisa aceitar o fato de que apenas o SFLB "paira superior", não apenas ao "totalitarismo", mas também à díade esquerda/direita.

Aliás, pode-se inferir, com base na figura, que o "público-alvo" da postagem é justamente arregimentar "os de centro". Afinal, segundo descrito na mensagem da postagem: *você não precisa defender a Ditadura Militar para ser a favor do Livre mercado. Nem apoiar o Nicolás Maduro para ser a favor da legalização do casamento gay*" (Students for Liberty Brasil, 2021), procurando equalizar valores (casamento gay e livre-mercado) que não possuem relação alguma. Até mesmo, seria possível indagar se a descrição é confusa por ser mal colocada ou seria parte da intencionalidade de chamar a atenção daqueles que são "os indecisos".

Em conclusão:

> Essas duas formas de dissimulação complementam-se e articulam-se: é porque a manobra ostentatória (e dissimuladora) é ela mesma dissimulada sob uma forma de apresentação racional que o discurso assume seu aspecto evidente. É porque o apelo às paixões é legitimado e modalizado pelo recurso à racionalidade que se pode 'aderir naturalmente' a esse discurso (Guilbert, 2020, p. 46).

Ora, obviamente, um gráfico que leva em consideração parâmetros simplistas e tendenciosos escolhidos pelos próprios idealizadores, sem considerar ou mesmo embasar tais parâmetros em estudos sobre relações de poder e política, terá como consequência única a exaltação e positivação dos valores que seus idealizadores defendem. Ou seja, o SFLB inclui-se no "campo político-ideológico" "liberal": 1) de acordo com os parâmetros que eles mesmos escolheram e estabeleceram como legítimos; 2) bem como representam esse "campo" (simbolizado pelo gráfico), como se a formatação apresentada fosse a única e verdadeira que existe.

Ao tratar sobre as formas discursivas de como a ideologia dominante controla e estabelece as próprias categorias do que é considerado verdadeiro, o intelectual húngaro István Mészáros usa como exemplo um artigo sobre exploração econômica na África, onde o autor do artigo analisado por Mészáros não considera que palavras como "exploração e "imperialismo", deveriam ser usadas por estudiosos sérios (Mészáros, 2014, p. 58). Após apresentar a citação do artigo em questão, Mészáros escreve:

> Já que conceitos como 'exploração' e 'imperialismo' são banidos de qualquer discussão séria sobre o relacionamento entre as sociedades capitalistas avançadas 'industriais modernas' e 'pós-industriais' e os países economicamente dependentes do 'Terceiro Mundo', os 'estudiosos' do autocomplacente consenso ideológico **podem andar em círculos e deduzir da matriz de categorias assumidas qualquer coisa que for conveniente à ordem dominante e a sua ideologia oculta.** Ao mesmo tempo, o benefício adicional dessa abordagem é que **não é necessário dar a menor atenção aos argumentos do adversário crítico, não importando a força das evidências teóricas e empíricas que este apresente. Ele pode ser peremptoriamente descartado em virtude do dispositivo rotulador que exclui suas categorias,** classificando-as como 'conceitos ideológicos confusos' em nome da referida 'objetividade acadêmica', **cujos critérios são, mais uma vez, circularmente assumidos como padrões de avaliação evidentes por si mesmos** (Mészáros, 2014, p. 58-59, grifos meus).

Apesar do marxista húngaro estar se referindo a um exemplo específico, podemos perceber a mesma operação na postagem utilizada pelo SFLB. Por comporem efetivamente a ideologia dominante, seus pressupostos são tidos como autoevidentes; sendo, então, desnecessário explicar a escolha dos parâmetros ("liberdade econômica" e "liberdade individual"), considerados como legítimos para representar qual espectro político defende a "liberdade por inteiro". Dessa maneira, parafraseando Mészáros, o SFLB pode andar em círculos e deduzir qualquer coisa que lhe for conveniente, a partir das categorias que assume como corretas e verdadeiras. Ou, no caso da imagem, "vender" um curso de formação política que de fato contribui para a criação de um futuro verdadeiramente "livre".

Dentre o material consultado e produzido por APHs, neste estudo, alguns merecem breves menções. O Partido Novo atua diretamente na política institucional. O Livres seria um movimento suprapartidário que organiza a chamada "Bancada da Liberdade"; tendo, portanto, participação no Congresso Nacional, também possui membros nas esferas legislativas em alguns estados e municípios brasileiros (Associação Livres, 2018). Apesar de suas atividades aparentemente distintas, esses aparelhos compõem uma intrincada e complexa rede de atuação com o objetivo de perpetuar a dominação burguesa sobre o conjunto da sociedade.

Como forma de compreender melhor como o Instituto Ling se insere nessa rede de aparelho, cabe aqui apresentar um pouco mais de contexto sobre a família Ling para situar melhor o leitor. A família é a dona do Grupo Évora, uma *holding* que

> [...] atua globalmente, por meio de suas controladas, na industrialização e comercialização de não tecidos de polipropileno – através da Fitesa, de latas de alumínio para bebidas – através da Crown Embalagens, de tampas plásticas – através da America Tampas e de florestamento – através da Rio Novo Florestal (Évora Holding Company, 2024).

A partir da descrição de sua atuação econômica no site da *holding*, é possível notar que políticas voltadas para o setor de extração e beneficiamento de minérios e petróleo, bem como produção agrícola — especificamente silvicultura — afetam diretamente aos rendimentos da família Ling. Por fim, a segunda geração da família são membros e sujeitos importantes de vários aparelhos privados, tais como Instituto Liberal, Millenium, SFLB, Instituto de Estudos Empresariais e, consequentemente, na promoção do Fórum da Liberdade[37].

Sendo assim, não é mera coincidência encontrar intelectuais orgânicos burgueses que foram ganhando projeção midiática e destaque em eventos e ações realizados pelos aparelhos burgueses em todo o Brasil. Já no campo político, importa, por fim, destacar a família Ling como um dos pontos de aproximação entre os libertarianistas e Jair Messias Bolsonaro. Segundo entrevista concedida ao jornal *Estadão*, em 2018, Winston Ling comenta como teria ocorrido esta aproximação:

> Quando o encontrei pela primeira vez [Bolsonaro], em 2016, dei dois livros sobre o liberalismo: A Lei, de Frederic Bastiat, e Seis Lições, de Ludwig Von Mises. Eu via a movimentação

---

[37] O historiador Flávio Casimiro menciona por vezes alguns membros da família Ling ao descrever aparelhos burgueses e sua atuação no Brasil. Para mais detalhes, *Cf.* (Casimiro, 2020).

do Bolsonaro e senti que ele tinha popularidade e que teria chance de ser presidente. Sou do tipo que gosta de se aproximar das pessoas e evangelizar sobre o liberalismo. A Bia Kicis (agora deputada federal eleita pelo DF) caiu do céu. Ela queria me conhecer e eu queria conhecer o Bolsonaro. Eu acreditava que, **se ele tivesse alguma chance de ser presidente, era hora de começar a pensar no programa econômico e organizar um grupo de conselheiros com empresários e economistas liberais** (Fernandes, 2018, grifo meu).

Impossível deixar de notar que Winston Ling procura se aproximar de Bolsonaro com a clara intenção de conseguir influências para a organização de pessoas que pudessem compor o futuro governo, bem como empresários que garantissem que seus interesses fossem pautados na eventualidade de Bolsonaro, na época, tornar-se presidente. A situação demonstra a forte influência da família Ling, tanto no campo político, como organizadora de eventos e aparelhos no Brasil, como também o poder econômico, tendo a capacidade de contribuir com a indicação de nomes para a formação de ministérios do Executivo federal.

Entre as fileiras dos aparelhos citados, há membros como o ex-deputado estadual do Rio Grande do Sul, Fabio Ostermann, que participou ativamente da fundação do Movimento Brasil Livre (MBL), do SFLB, do diretório estadual no Partido Novo no RS, e recebeu uma bolsa de pós-graduação na Georgetown University concedida pelo programa de bolsas denominado Global Competitiveness Leadership Program (GCLP) (Ostermann, 2024). Não deve se tratar de mera coincidência o mesmo programa fazer parte da lista de bolsas que o Instituto Ling concede (Instituto Ling, 2024)[38], bem como há no site do Livres uma chamada para os membros se inscreverem em um processo de seleção onde a organização, com parceria do Ling, concederá três bolsas aos associados mais engajados (Associação Livres, 2019).

O breve exemplo da trajetória de Ostermann nos permite perceber como a ação dos aparelhos burgueses é sincronizada e complexa. Outro elemento importante é como os intelectuais não são estáticos: eles transitam por toda a tessitura social. Ostermann, como um dos intelectuais

---

[38] Segundo sua página oficial, o Instituto Ling teria sido pensado como uma iniciativa de "retribuir" à sociedade brasileira que acolheu Sheun Ming Ling e sua esposa, presidente do Instituto Lydia Wong Ling, imigrantes chineses. Atuando promovendo apresentações culturais e oficinas variadas, o Instituto concede bolsas de estudos desde o ensino básico a pós-graduação "para jovens com destacada atuação acadêmica, perfil de liderança e capacidade para atuar em benefício da sociedade". Para maiores detalhes, *Cf.* (Instituto Ling, 2024).

orgânicos daquilo que algumas novas pesquisas chamam de "nova direita" (Casimiro, 2018)[39], não apenas atuou na sociedade civil, por meio do MBL e SFLB, mas atualmente insere-se também no Estado restrito, seja como membro do Partido Novo (uma vez que os partidos políticos dirigem os posicionamentos de seus afiliados eleitos), seja como parlamentar eleito.

Seu breve exemplo apresenta indícios de como os APHs passam a compor o Estado, mostrando a operacionalidade da noção de Estado ampliado. Percebe-se, também, como os aparelhos privados de hegemonia são as vértebras da sociedade civil (Fontes, 2019) e que, por meio deles, a burguesia organiza, dissemina e atualiza seu projeto de poder. Sem a atuação de uma rede de aparelhos e outros sujeitos, essa sintonia fina (organização de classe; atualização dos instrumentos de exercício do poder; construção de consenso) que, ao primeiro olhar, pode se mostrar difusa e autônoma, possui uma racionalidade. Ou seja, é uma ação coordenada, com objetivos estabelecidos, muito embora nem sempre as condições concretas da luta de classes permitam sua aplicação nos mesmos parâmetros em que foi pensada. Uma forma de se observar isto é a tramitação de projetos e leis no Congresso Nacional, pois, até o sancionamento, ocorrem vários momentos de alterações ao texto inicial, o que permite perceber nuances entre o que está sendo proposto por determinada fração e o que de fato é possível construir consenso; como vai ser o caso da Declaração de Direitos de Liberdade Econômica, Lei n.º 13.874 (Brasil, 2019a).

1.5 AS "VÉRTEBRAS" DA SOCIEDADE CIVIL E O CASO DA DECLARAÇÃO DE DIREITOS DE LIBERDADE ECONÔMICA

Ao apresentar uma noção de Estado mais conectada com a realidade concreta e os embates de classe que o atravessam, Gramsci rompe com a compreensão liberal de Estado e sociedade civil (Gramsci, 2016). Ao invés de tentar separar o âmbito de ação das duas dimensões, Gramsci tem como foco atingir a totalidade das relações sociais de produção e suas tensões. Nesses termos, a separação entre "sociedade política" e "sociedade civil" opera-se apenas como método de estudo, não como separação orgânica:

> Estamos sempre no terreno da identificação de Estado e Governo, identificação que é, precisamente, uma represen-

---

[39] O livro de Flávio H. C. Casimiro, resultado de sua tese de doutoramento, é um bom exemplo de trabalhos que procuram analisar a burguesia brasileira sob a chave analítica de "nova direita"; Cf. Casimiro (2018).

tação da forma corporativo-econômica, isto é, da confusão entre sociedade civil e sociedade política, uma vez que se deve notar que na noção geral de Estado entram elementos que devem ser remetidos à noção de sociedade civil (no sentido, seria possível dizer, de que Estado = sociedade política + sociedade civil, isto é, hegemonia couraçada de coerção) (Gramsci, 2016, p. 248).

Para o intelectual italiano, a separação entre ambas as dimensões está relacionada à interpretação liberal de conceber o Estado como lócus único da política e a sociedade civil, da economia:

> A formulação do movimento do livre-câmbio baseia-se num erro teórico cuja origem prática não é difícil de identificar, ou seja, baseia-se na distinção entre sociedade política e sociedade civil, que de distinção metodológica é transformada e apresentada como distinção orgânica. Assim, afirma-se que a atividade econômica é própria da sociedade civil e que o Estado não deve interferir em sua regulamentação. Mas, dado que sociedade civil e Estado se identificam na realidade dos fatos, deve-se estabelecer que também o liberismo é uma "regulamentação" de caráter estatal (Gramsci, 2016, p. 47).

Apesar de Gramsci estar tratando de como o "liberismo" — compreendido como um movimento que prega a não intervenção do Estado na economia — parte de uma separação equivocada entre Estado e sociedade civil, suas considerações apresentam uma compreensão sobre o Estado de forma mais ampla, buscando entendê-lo como totalidade.

Avançando a partir das considerações de Gramsci, Nicos Poulantzas chega à formulação de que o Estado é uma condensação de relações sociais:

> Ao precisar algumas de minhas formulações anteriores, diria que o Estado, no caso capitalista, não deve ser considerado como uma entidade intrínseca, mas, como aliás é o caso do "capital", como uma relação, mais exatamente como a condensação material de uma relação de forças entre classes e frações de classe, tal como ele expressa, de maneira sempre específica, no seio do Estado (Poulantzas, 2015, p. 130).

Nesse sentido, o Estado capitalista não é apenas resultante da configuração da luta de classes, como também é atravessado por ela; como consequência, sociedade civil e sociedade política também não são partes estanques da totalidade social, ambas se entrecruzam:

> Nessa relação ampliada entre Estado e sociedade civil, o convencimento se consolida em duas direções – dos aparelhos privados de hegemonia em direção à ocupação de instâncias estatais e, em sentido inverso, do Estado, da sociedade política, da legislação e da coerção, em direção ao fortalecimento e à consolidação da direção imposta pelas frações de classe dominantes através da sociedade civil, reforçando a partir do Estado seus aparelhos privados de hegemonia. Não há um isolamento entre o terreno do consenso e do convencimento, ou uma sociedade civil idealizada, e o âmbito da coerção e da violência. Ambas se encontram estreitamente relacionadas (Fontes, 2019, p. 136).

A historiadora Virgínia Fontes sintetiza formidavelmente o movimento de "mão dupla" da construção do convencimento na relação entre os aparelhos privados (sociedade civil) e o Estado (sociedade política). É importante destacar o papel do Estado como o momento em que a direção das frações de classe se torna norma para o conjunto da sociedade; nesse sentido, a legislação representa a norma pela qual o Estado "educa".

Ou seja, no capitalismo, é o Estado quem permite a normatização de uma visão de mundo particular — portanto, da classe dirigente — em um projeto comum a todo conjunto da sociedade. Mesmo que a atuação dos intelectuais na sociedade civil tenha como objetivo a construção de um "consenso espontâneo", é pelo Estado que esse consenso passa a ser um projeto em implementação. A partir do Estado, o que antes se apresenta como idealização, passa a ser aplicado, servindo como norma que modela toda a tessitura social na convergência para determinado fim. É esse movimento que se busca apresentar brevemente, no intuito de aliar a teoria com o tratamento das fontes, assim, sendo possível desvelar, à luz do objeto, o dinamismo destas relações.

O Estado também ensina. Seja estabelecendo uma política educacional que define diretrizes gerais e currículos para todos os estabelecimentos de ensino (privado e público); ou pelo fornecimento de educação por meio de instituições de ensino público; seja pela atuação dos tribunais e elaboração das leis, que servem como norma para um comportamento socialmente aceitável, e exprimem um modelo de cidadania desejado.

O oposto é válido também para a sociedade civil. Os APHs, ao organizarem os sujeitos de modo "voluntário", disseminam visões de mundo, convencem os sujeitos a isolar determinadas minorias sociais de certos espaços (de classe), impedindo de forma velada o pleno acesso ao todo da produção social, naturalizando o ornamento desigual da sociedade de classes. Sob a chancela desses aparelhos, aqueles que se tornam convencidos por eles creem autorizados a agredir — verbalmente ou fisicamente — quando "o outro" é "desviante" do considerado correto por determinado grupo. Para não alongar nos exemplos, basta observar as agressões sofridas na internet por grupos sociais minoritários, violência doméstica e agressões físicas a mulheres que "não sabem o seu lugar" ou mesmo grupos neonazistas que se organizam com a intenção de eliminar "o outro".

Um modo de observar como o Estado também reforça a atuação dos aparelhos privados pode ser percebido ao analisar a Medida Provisória n.º 881, conhecida como Medida Provisória de Liberdade Econômica, sancionada pelo presidente Bolsonaro, em 20 de setembro de 2019[40]. Em *lato sensu,* a Declaração amplia e flexibiliza direitos relacionados com abertura e administração de empresas, como são fiscalizadas pelo Estado; bem como faz alterações na Consolidação das Leis do Trabalho (CLT).

Primeiramente, é importante ressaltar que o nome "liberdade econômica" para a MP não é um mero acaso. A escolha do nome parece ter relação com o chamado Índice de Liberdade Econômica[41] elaborado pelo *think tank* (TT) conservador estadunidense chamado Heritage Foundation[42]. Afirmando-se como um *bastião americano do movimento conservador desde sua fundação em 1973* (The Heritage Foundation, 2024), o Heritage elabora anualmente — há 26 anos — uma lista dos países onde, supostamente, o mercado possui menos intervenção do Estado, relacionando, assim, "livre mercado" com maior desenvolvimento e prosperidade humana.

Com a profusão e intensificação de *think tanks* ligados ao pensamento de Ludwig von Mises, tornou-se cada vez mais frequente a citação desse índice no arcabouço argumentativo dos arautos de Mises e da chamada Escola Austríaca de Economia[43]. Apesar do notório e já explicitado esforço

---

[40] Para maiores detalhes sobre o texto da MP, *Cf.* Brasil (2019b).

[41] Mais informações sobre o índice podem ser localizadas na página dedicada à sua versão para o ano de 2020: The Heritage Foundation (2020).

[42] Site oficial: The Heritage Foundation (2024).

[43] É importante ressaltar que, no documento que encaminha o Projeto de Medida Provisória para apreciação presidencial, o Índice e os institutos que auxiliam em sua elaboração são citados nominalmente como uma das

CRISE E OFENSIVA BURGUESA NO BRASIL

sistemático do Mises Brasil[44] em vincular a suposta "defesa da liberdade" com uma pauta de desmonte do Estado e de direitos sociais adquiridos, o uso dos dados produzidos pelo Heritage data de, pelo menos, 2015[45].

O ponto que se procura frisar é de que o entendimento de "liberdade econômica", que confere título ao texto da MP, além de possuir um significado que perpassa uma construção sobre o conceito, realizada de forma sistemática por aparelhos como o IMB — o que pode ser observado pela quantidade de textos existentes no *site* do Mises Brasil[46] —, demonstra também a legitimação das pautas dessas frações burguesas pelo Estado. Reforça, assim, e dá maior credibilidade a esses aparelhos; não apenas aos "olhos da massa", mas também entre outros setores intraburgueses.

Vale também apontar a criação do Centro Mackenzie de Liberdade Econômica (CMLE), em 11 de maio de 2016 (Universidade Presbiteriana Mackenzie, 2016), da Universidade Presbiteriana Mackenzie (UPM) (Universidade Presbiteriana Mackenzie, 2024)[47]. A estreita relação da Universidade com o IMB já foi documentada em outras pesquisas (Dal Pai, 2017), portanto, não por acaso, 11 de seus 21 membros do CMLE[48] fazem parte do conselho editorial e publicação de artigos na revista *Mises: Interdisciplinary Journal of Philosophy, Law and Economics*[49], mantida pelo IMB, participaram de entrevistas pelo *podcast*, cursos de formação, entre outras atividades.

---

justificativas para deferimento do projeto: "Existe a percepção de que no Brasil ainda prevalece o pressuposto de que as atividades econômicas devam ser exercidas somente se presente expressa permissão do Estado, fazendo com que o empresário brasileiro, em contraposição ao resto do mundo desenvolvido e emergente, não se sinta seguro para produzir, gerar emprego e renda. Como resultado, o Brasil figura em 150.ª posição no ranking de Liberdade Econômica da *Heritage Foundation/Wall Street Journal*, 144.ª posição no ranking de Liberdade Econômica do *Fraser Institute*, e 123.ª posição no ranking de Liberdade Econômica e Pessoal do *Cato Institute*." Para maiores detalhes, *Cf.* Brasil (2019b).

[44] Como se opera esse processo de apresentar liberdade como sinônimo de livre mercado já foi objeto de estudo ao tratar do Instituto Ludwig von Mises Brasil, especificamente, para mais detalhes *Cf.* Dal Pai (2015).

[45] Fixa-se esta data pois é possível encontrar no site do IMB um texto usando os dados do Índice de Liberdade Econômica para apresentar evidências de que não seria necessária a existência do Estado para a redução de desigualdades e auxílio aos pobres, publicado em 9 de outubro de 2015: "Quanto mais liberdade econômica, mais solidariedade e caridade – na teoria e na prática" (Gonçalves, 2015). Porém, não seria surpresa que estes dados estejam circulando a mais tempo, dadas as relações que os *think tanks* brasileiros estabeleceram internacionalmente.

[46] Ao pesquisar o termo "liberdade econômica" na ferramenta de busca do próprio site do IMB, aparecem 629 artigos, 34 textos publicados no campo "blog" e três episódios do podcast do IMB tratando sobre o Centro Mackenzie de Liberdade Econômica. Para mais detalhes sobre os documentos da busca pelo termo, acessar: Instituto Ludwig Von Mises Brasil (2024).

[47] Página oficial do centro: Universidade Presbiteriana Mackenzie (2024).

[48] Lista de membros do CLME juntamente com link para seus currículos na Plataforma Lattes: Universidade Presbiteriana Mackenzie (2024).

[49] Site oficial da Revista: Instituto Ludwig Von Mises Brasil (2024).

Isso, além de trazer à luz alguns dos espaços responsáveis por atribuir sentido/significado ao conceito de "liberdade econômica" presente na MP, permite também levantar alguns possíveis espaços onde o debate sobre a Medida Provisória pode ter perpassado. Outro ponto que reforça a possibilidade de participação de intelectuais da UPM na elaboração da MP é o fato de Jair Bolsonaro ter nomeado Benedito Guimarães Aguiar Neto, até então reitor da UPM, para presidente da Coordenação de Aperfeiçoamento de Pessoal de Nível Superior (Capes) (Brasil, 2020). Além de aliada de Bolsonaro, a UPM também é um local por onde os intelectuais e o ideário do IMB circulam livremente.

Outro indicativo de tal relação entre o Estado e os aparelhos privados de hegemonia (especificamente o IMB), bem como suas formas de atuação, é o próprio conteúdo presente no texto da MP e os envolvidos em sua redação.

Ainda em janeiro de 2019, Hélio Beltrão, filho do ex-ministro da desburocratização da ditadura civil-militar homônimo e presidente do IMB, postou no site do instituto um texto em que trazia algumas sugestões feitas ao próprio ministro da Economia, Paulo Guedes, de um plano geral para desburocratização do Estado brasileiro (Beltrão, 2019e).

Sobre a relação entre Beltrão e membros do governo Bolsonaro, faz-se importante recorrer aos itens postados no *feed* da rede Instagram, no perfil de Beltrão. Em fotografias disponíveis na referida rede social (Beltrão, 2019a), destaca-se a data de publicação: 2019, pois, de acordo com o documento encaminhado para a presidência, apresentando justificativa para o deferimento do Projeto de Medida Provisória, o presidente Jair Messias Bolsonaro teria deferido pelo convertimento da Declaração em MP, em 30 de abril de 2019. Outro detalhe de grande relevância é o texto que acompanha a postagem: "Com [Lorenzon] no Ministério do Planejamento, discutindo Desburocratização. Vem coisa boa por aí" (Beltrão, 2019a).

Obviamente, uma postagem de rede social não é evidência definitiva da participação — ou não — de Beltrão na elaboração do texto da Declaração; no entanto, a publicação minimamente serve como indício de que o presidente do IMB possuía conhecimento sobre o seu texto ou das intenções daquele que virá a ser considerado o criador da Lei 13.874, antes mesmo da mesma ser convertida em Medida Provisória. Afinal, a frase final da descrição da imagem é direta: "vem coisa boa por aí". Se considerarmos que a palavra "desburocratização" também está presente no texto publicado junto ao site do IMB, em janeiro do mesmo ano da imagem, diminui a probabilidade de tudo se tratar de mera coincidência.

Ao comparar o texto de Beltrão e algumas das medidas da MP, é possível perceber os pontos de convergência:

> 1) Estabelecer auto-declarações para todas as licenças, alvarás e autorizações de órgãos públicos (exceto atividades perigosas). **A atividade econômica passa a estar autorizada desde a entrega online da auto-declaração,** que prevê responsabilidade civil e criminal das declarações prestadas (elevando-se a pena para declarações falsas). [...].
>
> 3) É crucial conter o ímpeto intervencionista do Congresso e das agências reguladoras. Desta forma, **o governo deve estabelecer a AIR (Análise de Impacto Regulatório) como pré-condição para toda e qualquer nova legislação ou norma que afete a atividade econômica** (seja ela proposta pelo Congresso, agências reguladoras ou demais autarquias). Uma eventual nova regra só terá efeito legal se previamente a AIR comprovar que seus custos são inferiores aos benefícios à sociedade (Beltrão, 2019e, grifo meu).

A primeira medida, ainda que um tanto alterada no texto da MP, continua tendo efeito semelhante. No artigo terceiro, que dispõe sobre os direitos "essenciais para o desenvolvimento e o crescimento econômico do País" (Brasil, 2019a), consta o seguinte no inciso IX:

> IX – ter a garantia de que, nas solicitações de atos públicos de liberação da atividade econômica que se sujeitam ao disposto nesta Lei, apresentados todos os elementos necessários à instrução do processo, o particular será cientificado expressa e imediatamente do prazo máximo estipulado para a análise de seu pedido e de que, **transcorrido o prazo fixado, o silêncio da autoridade competente importará aprovação tácita para todos os efeitos, ressalvadas as hipóteses expressamente vedadas em lei** (Brasil, 2019a, grifo meu).

Apesar de fixar prazo para análise do pedido — ao contrário de ser automaticamente concedido, como sugere Beltrão em seu texto —, o texto da Declaração aponta que, se a autoridade competente não se pronunciar até o prazo, o pedido é considerado aprovado sumariamente (chamada de "aprovação tácita", no texto da Lei). Mesmo tendo alterações, a intenção de conceder aprovação antes do Estado se pronunciar sobre permanece. Outra semelhança pode ser verificada ao tratar da necessidade de Análise de Impacto Regulatório (AIR), no artigo quinto da Declaração de Direitos de Liberdade Econômica:

> Art. 5.º As propostas de edição e de alteração de atos normativos de interesse geral de agentes econômicos ou de usuários dos serviços prestados, editadas por órgão ou entidade da administração pública federal, incluídas as autarquias e as fundações públicas, **serão precedidas da realização de análise de impacto regulatório**, que conterá informações e dados sobre os possíveis efeitos do ato normativo para verificar a razoabilidade do seu impacto econômico (Brasil, 2019a, grifo meu).

O dispositivo sugerido por Beltrão, chamado de "Análise de Impacto Regulatório", é citado literalmente no texto da lei. Portanto, existem semelhanças entre o texto de Beltrão e a MP de Liberdade Econômica que superam a possibilidade de coincidências. Inclusive, as similitudes não cessam apenas nesses dois pontos. Ao apresentar os princípios que estariam embasando as sugestões — que seriam a continuidade do trabalho de seu pai, ex-ministro da ditadura — Beltrão discorre sobre a necessidade boa-fé e veracidade:

> Hoje, na prática, é considerado proibido acreditar nas declarações do indivíduo, a despeito de que a falsidade ideológica seja crime expressamente previsto no Código Penal. O documento falso costuma ser formalmente mais perfeito que o verdadeiro, e as prestações de contas dos desonestos, mais impecáveis. A ideia a prevalecer é a de que **o cidadão age em boa-fé e com veracidade em suas declarações formais,** sendo responsável por estas. Por outro lado, o Estado pode e deve punir falsários e indivíduos agindo com má-fé ou emitindo declarações inverídicas, respondendo civil e criminalmente na forma da lei (Beltrão, 2019e, grifo meu).

O presidente do IMB considera que o Estado "desconfia" *a priori* dos indivíduos, portanto, sendo necessárias várias formas de autenticação e comprovação dos dados apresentados. Seria, então, preciso inscrever, em forma de lei, a compreensão de que o Estado deve partir de que o cidadão "age em boa-fé".

Na Declaração, esse princípio se apresenta no documento em três momentos. No artigo primeiro, parágrafo segundo: "§ 2.º Interpretam-se em favor da liberdade econômica, da boa-fé e do respeito aos contratos, aos investimentos e à propriedade todas as normas de ordenação pública sobre atividades econômicas privadas" (Brasil, 2019a).

Um dos efeitos que salta à superfície interpretativa é na questão das falsificações de empresas; falsidade ideológica. Agora, se o Estado parte de boa-fé, portanto, tendo como princípio de que a documentação apresentada é verídica e legítima, será mais vagarosa a identificação de fraudes e, assim, a apuração dos crimes nesse âmbito e a punição dos culpados.

A questão torna a surgir também no artigo segundo, inciso dois (II), ao determinar a "boa-fé do particular perante o poder público", como um dos princípios que "norteiam o disposto nesta Lei" (Brasil, 2019a). Por fim, o princípio da "boa-fé — supostamente — imanente" mostra-se uma última vez no artigo terceiro que dispõe sobre os "direitos de toda pessoa, natural ou jurídica, essenciais para o desenvolvimento e o crescimento econômicos do País" (Brasil, 2019a); inciso quinto:

> V – gozar de **presunção de boa-fé nos atos praticados no exercício da atividade econômica,** para os quais as dúvidas de interpretação do direito civil, empresarial, econômico e urbanístico **serão resolvidas de forma a preservar a autonomia privada,** exceto se houver expressa disposição legal em contrário (Brasil, 2019a).

Aqui, o problema da "boa-fé" tem outro possível desdobramento. Qualquer problema que possa acontecer nos âmbitos elencados pelo inciso deve ter como prioridade a não interferência no "privado". Mesmo asseverando que não vale, caso exista uma disposição legal específica que se aplique ao caso em questão, via de regra, o Estado não poderá interferir, pois parte de que o "privado" (curioso notar que, sob essa nomenclatura, encontra-se tanto o cidadão quanto as "pessoas jurídicas") age sempre de "boa-fé", logo, mesmo tendo atitude suspeita, não pode sofrer interferência.

A partir do exemplo da Lei 13.874 (Declaração de Direitos de Liberdade Econômica), é possível constatar alguns elementos da relação entre o Estado (ampliado) e a sociedade civil. Além de Paulo Guedes pedir sugestões a Beltrão sobre possíveis medidas para "desburocratização", também é importante ressaltar que na equipe de ministro estavam membros do IMB.

Geanluca Lorenzon chegou a ser *chief operating officer* (chefe de operações) do Mises Brasil; fez parte do Ministério da Economia, como diretor de Programa na Secretaria Especial de Desburocratização, Gestão e Governo Digital (Brasil, 2024), no governo de Jair Bolsonaro. Curiosamente, assim como o ex-deputado Federal do RS, Fabio Ostermann, também fez pós-graduação na Georgetown University (EUA) pelo programa de bolsas denominado Global Competitiveness Leadership Program (GCLP) (Instituto Ludwig von Mises Brasil, 2024). Por ser bacharel em Direito pela Universidade Federal de Santa Maria (UFSM), não seria imprecisão supor que deva ter conseguido a bolsa por intermédio do Instituto Ling.

Por conta da posição galgada no Ministério da Economia, Lorenzon serve como exemplo de "sucesso" entre as fileiras do Students For Liberty Brazil. Em uma publicação de fevereiro de 2020, sua trajetória como participante e, depois, coordenador do programa de formação de coordenadores do SFLB, é usada como chamariz para atrair novos inscritos (Rezende, 2020). Não apenas na sucursal brasileira, mas também sua trajetória nas fileiras do SFLB é disposta como exemplo no site da matriz estadunidense (Studentes for Liberty, 2024). Em ambos os textos — com mais ênfase no publicado na sede brasileira da organização —, Lorenzon é considerado o responsável pela criação da MP n.º 881, que veio a tornar-se a Declaração de Direitos de Liberdade Econômica (Rezende, 2020)[50].

A partir dos sujeitos envolvidos na elaboração da Declaração, é possível evidenciar o papel central dos APHs na transformação de interesses de classe particulares, em norma — por meio da lei — para todo o conjunto da sociedade. A partir da formação de intelectuais e, posteriormente, da inserção de alguns destes no Estado, tanto via disputa eleitoral quanto ocupando cargos dentro da administração do Estado, é possível notar o movimento das relações entre Estado e Sociedade Civil. As trajetórias de Lorenzon e Ostermann são parte de uma teia de relações que atravessam o Estado, parte de todo um processo de rearticulação da "nova" direita brasileira.

A aprovação da Lei 13.874 demonstra o papel transformador das relações capitalistas brasileiras nas mãos dos aparelhos privados, controlados pelas frações burguesas brasileiras. Para além disso, expõe algumas de suas conexões com interesses internacionais. Afinal, ao usar a trajetória de Lorenzon e a aprovação da Declaração no Brasil como um exemplo de sucesso, a matriz estadunidense (Students for Liberty) apresenta o avanço de seus interesses ao

---

[50] Em palestra sobre a MP, para a Câmara de Deputados, Lorenzon inicia a palestra, dizendo: "Este texto é praticamente meu filho, eu gestei ele por três meses dentro do Ministério da Economia". Outro detalhe importante é que Rodrigo Saraiva de Marinho, membro do Conselho de Administração do Instituto Mises Brasil foi quem realizou a apresentação de Lorenzon às pessoas presentes na palestra. Para mais detalhes, *Cf.* Palestra [...] (2019).

redor do globo; fazendo com que outros como ele, "tornem-se um farol pela liberdade em uma área buscando esperança" (Students For Liberty, 2024)[51].

Ao "convencer" o conjunto da sociedade civil ao seu projeto, os aparelhos reforçam e consolidam suas posições — tanto pelo "prestígio" e "renome" conquistados pelos seus intelectuais, como sendo um porta-voz efetivo de determinada fração de classe; um "canal" que transporta suas reivindicações para dentro do Estado.

Porém, é necessário frisar que isso não ocorre de forma mecânica. O convencimento é um processo que incorre em conceções para se alcançar o efeito principal. A própria Declaração de Direitos de Liberdade Econômica, mesmo tendo tramitado sob o formato de Medida Provisória, teve trechos vetados pela subchefia para Assuntos Jurídicos da Secretária-geral da Presidência da República, por exemplo[52].

Outra forma de se perceber os embates para viabilizar um projeto pode ser percebido nas falas dos parlamentares — no caso na Lei 13.874 — no Congresso Nacional. Vale destacar, rapidamente, a fala do deputado no Partido Novo do RS, Marcel Van Hattem, contra o pedido de retirar de pauta — feito pelo Partido Socialismo e Liberdade (Psol) — sobre quais interesses estavam em jogo na votação da MP de Liberdade Econômica:

> **Aqui estão empreendedores gaúchos e empresários trabalhadores; gente que quer realmente o melhor para o país, e que quer de fato garantir liberdade econômica, ou seja, liberdade para trabalhar.** Precarizar o trabalhador? Precarizar o trabalho? Isso se faz não garantido o emprego! Isso se faz não garantindo condições mínimas para que o cidadão possa se formalizar. **Hoje o Brasil é um inferno para os empreendedores**; e nós temos uma grande guerra travada entre quem está na formalidade, pagando seus impostos em dia, e aqueles que estão na informalidade, muitas vezes, aliás, quase sempre, não porque querem, mas porque não têm condições de se formalizar. Esta guerra é injusta! **A verdadeira guerra que precisa ser travada, e essa MP da Liberdade Econômica ajuda a fazer este debate, é entre quem quer trabalhar e quem quer impedir que o trabalho ocorra. Entre o indivíduo,**

---

[51] Traduzido de: "[...] become a beacon for freedom in an area that is seeking hope" (Students for Liberty, 2024).

[52] É possível conferir todas as partes vetadas seguida de esclarecimentos sobre os motivos do veto. Na mensagem de veto enviada para o presidente do Senado Federal, o Ministério da Saúde também se pronunciou. Para maiores detalhes, ver mensagem de veto, *Cf.* Brasil (2019c).

e o Estado inchado! Interventor na iniciativa privada de uma forma como jamais deveria ter acontecido; e hoje os resultados nós vemos aí: mais de 14 milhões de desempregados, informalidade com outras dezenas de milhões de pessoas; retrocesso econômico. **Felizmente esta casa não tem negado ao povo seu papel de protagonismo nesta legislatura. Aprovamos em primeiro e segundo turno a reforma da previdência e estamos tratando da reforma tributária. Uma série de reformas microeconômicas também serão pautadas e vossa excelência, Deputado Rodrigo Maia, presidente desta casa, tem sido protagonista neste processo.** É, portanto, absolutamente necessário que todo deputado responsável vote contrariamente a retirada de pauta da MP de Liberdade Econômica e garanta a sua votação nesta noite; e dê mais um motivo para o brasileiro ter esperança, não no seu futuro, mas no seu presente. Viva o trabalho! (Plenário [...], 2019, grifo meu).

É preciso perceber como o deputado Marcel Van Hattem, logo no início de sua explanação, ressalta a presença de empresários e empreendedores de seu Estado, sinalizando o grupo que está representando ao criticar o pedido de retirada de pauta. Continuando seu pronunciamento na tribuna, o deputado também procurou relacionar a ampliação de vantagens aos empresários e empreendedores, com liberdade para trabalhar. Colocando a questão do trabalho formal/informal, Van Hattem "omite" que as flexibilizações nas leis trabalhistas apenas chancelam a perda de direitos dos trabalhadores, legalizando, assim, as relações precárias de trabalho[53].

Em outro momento de seu pronunciamento, Van Hattem procura "esconder" os verdadeiros efeitos e interesses que a Declaração de Liberdade Econômica tem sobre as relações de trabalho. Ao usar da falsa dicotomia do discurso neoliberal de que se faz necessário "cortar gordura" do Estado "inchado" para que, em suas palavras, "o trabalho ocorra". As tensões entre capital e trabalho são disfarçadas ao tornar "O Estado" o sujeito responsável pelos efeitos das próprias políticas de desregulamentação econômica que Van Hattem defende e estimula por dentro do próprio Estado que tanto critica — para aumentar a extração de "mais-valor", é necessário aumentar a expropriação de trabalho "não pago", por exemplo. Outro efeito desse tipo de discurso é transformar Van Hattem de deputado "do empresariado e dos interesses do grande

---

[53] Nesse sentido, cabe observar que um dos pontos polêmicos, que se referia ao trabalho aos domingos e feriados, foi vetado no texto da MP posteriormente.

capital" em deputado "dos indivíduos", preocupado com "os pequenos empreendedores" e trabalhadores.

1.6 APARELHOS PRIVADOS NA CONSTITUIÇÃO DO BLOCO NO PODER

O capítulo que aqui atinge sua parte final, ao invés de apresentar de forma meramente descritiva uma revisão teórica e bibliográfica sobre o objeto, procurou levantar algumas problemáticas teóricas (relação Estado e Sociedade Civil, intelectuais aparelhos e capitalização de seus interesses, unidade e tensões intraburguesas, entre outros assuntos), centrando o objeto como elemento que atribui sentido e significado para os conceitos, métodos e modelos teóricos.

Porém, no intuito de apresentar um "quadro geral" teórico de como se concebe o tratamento dos objetos e suas peculiaridades, ainda são necessárias outras considerações de ordem, a fim de esclarecer alguns caminhos de método para melhor organizar a compreensão do leitor.

Talvez, um primeiro elemento que sobressai com relativa facilidade é justamente a opção por analisar uma série de instituições que, dada as suas diferentes formas, campos de atuação e até definição, pode apresentar um cenário um tanto "caleidoscópico", que dificulta vislumbrar as suas ligações e relações na construção de consenso. Portanto, opta-se por tomar o Instituto Ludwig von Mises Brasil como eixo centralizador da análise. Ainda que seja uma opção dentre muitas outras possíveis, ela não é aleatória. Muitos dos membros dos demais aparelhos, em alguma medida, passaram pelo Mises Brasil, seja como estudantes de seus cursos, membros "especialistas" ou mesmo participando efetivamente de sua estrutura organizativa como corpo discente, editorial da revista acadêmica do IMB e do *staff* com cargos administrativos, entre outras formas.

Outro elemento que auxilia a compreender essa posição do IMB é o próprio processo inicial de organização dos libertarianistas. Obviamente, antes mesmo de começarem a se organizar, já existiam sujeitos que tinham conhecimento dos escritos de Mises e Rothbard. Os dois intelectuais já tinham publicações traduzidas no Brasil, pelo Instituto Liberal, ainda nos anos 1980. É importante destacar, também, que outros intelectuais neoliberais como Hayek, por exemplo, já vinham ao Brasil, pelo menos desde o final de 1970 (Comunicação IFL, 2022). Porém, a recepção de suas obras no Brasil não parece ter sido duradoura, uma vez que apenas recentemente, com as traduções do Instituto Mises Brasil, é que tais nomes passam a aparecer citados em matérias e veículos midiáticos no Brasil.

Nesse sentido, seria talvez pouco significativo — além de uma tarefa muito difícil — conduzir uma investigação que estabeleça o momento em que "o primeiro" sujeito a se intitular "anarco"capitalista tenha surgido no Brasil. No entanto, compreender o início de sua organização coletiva, isto é, o momento em que esses sujeitos passam a agir de forma a construir um programa e estratégias para disputarem espaço, permite-nos perceber quais elementos os mobilizam para ação — além do pensamento e teoria da Escola Austríaca de Economia.

Nesse processo, partindo de entrevistas com algumas figuras da chamada "nova direita", a pesquisa de Camila Rocha (2021) aponta para a importância das redes sociais — especificamente o *Orkut* — como plataforma que permitiu que esses sujeitos que se encontravam de alguma forma "isolados" pudessem se aproximar:

> [...] entre 2005 e 2006, quando as comunidades ultraliberais foram criadas no *Orkut*, os ultraliberais brasileiros não se consideravam representados nem mesmo nos círculos nos quais o neoliberalismo circulava, afinal, a despeito do esforço realizado para a divulgação das obras de Mises por parte de *think tanks* como o Instituto Liberal do Rio de Janeiro, o ultraliberalismo continuava a ser uma ideologia política praticamente inexistente no Brasil até então (Rocha, 2021, p. 66).

O estudo desenvolvido por Rocha apresenta uma riqueza de fontes orais dignas de nota. Porém, existem algumas ressalvas que por vezes são necessárias. Partindo de suas próprias fontes, é difícil concordar com a afirmação de que o "ultraliberalismo" era uma ideologia política praticamente inexistente no Brasil. Essa parece mais impressão que seus depoentes atribuem ao momento vivido, do que um fato dado. Primeiramente, porque o termo "ultraliberalismo" já era corrente nas pesquisas para categorizar os adeptos do chamado neoliberalismo (Fonseca, 2005)[54]. Em segundo lugar, muito embora fosse difícil afirmar que o "ultraliberalismo", nos

---

[54] Para citar apenas um trabalho que trata de aprofundar uma análise sobre o termo, entre muitos outros, Francisco Fonseca procurou estudar o papel da imprensa na elaboração de uma agenda "ultraliberal", em sua tese de doutoramento publicada em forma de livro em 2005. O estudo se refere ao processo de implementação do neoliberalismo, ainda na chamada transição democrática brasileira. É importante notar que a obra de Fonseca chama de "ultraliberal" o pensamento que conformaria o que veio a se convencionar como "neoliberalismo". Para mais detalhes *Cf.* Fonseca (2005).

termos da autora, de fato inexistia o conjunto dos depoimentos coleta-
dos aponta que esses sujeitos estavam dispersos territorialmente; bem
como, nas palavras da própria autora, supostamente "envergonhados"
para se posicionarem enquanto tal. O Orkut — partindo da tese de Rocha
— teria propiciado um ambiente onde esses componentes do chamado
"contrapúblico" poderiam se expressar. A hipótese de uma suposta "ver-
gonha" de ser liberal é insustentável também, haja vista que a atuação
de aparelhos burgueses no Brasil ocorria desde os anos 1980/90[55]. Isto é,
as conclusões de Rocha parecem ir na contramão da afirmação de que o
"ultraliberalismo" era praticamente inexistente no Brasil.

Outro fator importante que aparece no depoimento dos entrevistados por Rocha é o papel de figuras como Olavo de Carvalho e até do
ministro da Economia do governo Bolsonaro, Paulo Guedes, na articulação
desses sujeitos.

Em seu depoimento, Rodrigo Constantino afirma que, ao trabalhar
para Paulo Guedes no mercado financeiro, o ministro do governo Bolsonaro teria lhe mostrado alguns textos de autores da Escola Austríaca de
Economia, despertando o interesse de Constantino e o impulsionando
a procurar outras pessoas para debater leituras e matérias de jornais, a
partir da perspectiva dos intelectuais da Escola Austríaca (Rocha, 2021).

Como evidenciado anteriormente, Guedes e Beltrão já se relaciona-
vam. Uma vez que Beltrão também atua no mercado financeiro, tal como
foi executivo do Banco Garantia, Mídia Investimento e da Sextante Investimentos[56], não seria improvável deduzir que esses sujeitos transitavam pelos
mesmos espaços. É preciso demarcar a profunda inserção de tais sujeitos no
mercado financeiro. Além disso, Beltrão e Guedes são membros fundadores
do Instituto Millenium (Casimiro, 2018). Quando confirmado como ministro
no governo Bolsonaro, em novembro de 2018, Beltrão posta uma foto em
seu Instagram com Guedes (Beltrão, 2018) e, mesmo que a imagem não

---

[55] Ao fazer uma descrição dos aparelhos burgueses em atuação no Brasil, Flávio Casimiro evidencia a ação
sistemática do Instituto Liberal e Instituto de Estudos Empresariais (IEE) desde a metade dos anos 1980. A
própria publicação de autores como Mises, Rothbard e Hayek, por exemplo, reforçam como é infundada a
hipótese de um suposto liberalismo "envergonhado". Sobre a atuação do IEE, Cf. Casimiro (2018).

[56] Seu programa de "mentoria" intitulado "Método TACE de investimento" — custando R$ 8.000,00 (oito mil)
reais —, além de um conteúdo programático dividido em seis módulos, oferece um jantar na casa de Beltrão,
bem como acesso a um grupo de WhatsApp para "investidores TACE", entre outros detalhamentos na página
do curso. O programa de "mentoria" seria divido também com Jonas Fagá Jr., investidor que atualmente reside
na Itália. Para mais detalhes sobre o curso de Beltrão, Cf. Instituto Ludwig Von Mises Brasil (2021). Para mais
detalhes sobre Fagá Jr., Cf. Trinus Global (2024).

demonstre muita pessoalidade entre Guedes e Beltrão, é evidente da parte do presidente do IMB, a satisfação em ter Guedes como "nosso superministro liberal" para o governo de Bolsonaro, que assumiria em 2019.

Outro ex-membro do governo Bolsonaro aparece em várias postagens de Beltrão, porém, revelando mais intimidade: o dono da Localiza, Salim Mattar:

> Hoje é aniversário do amigo e herói da liberdade, @salimmattar! Um privilégio aprender continuamente com ele, em todos os aspectos, não só da causa pela liberdade; Salim é sempre uma inspiração e lição de vida (Beltrão, 2020b).

A imagem mencionada demostra íntima conexão entre Beltrão e o ex-secretário especial de Desestatização de Bolsonaro, reforçando, assim, fortes ligações entre sujeitos importantes tanto no cenário econômico brasileiro, como o da política. No caso de Salim Mattar, a imagem postada e o comentário de Beltrão demonstram uma íntima relação de amizade entre os dois, e não de dois colegas, como parece ser o caso de Paulo Guedes. Sendo assim, é possível vislumbrar alguns caminhos e pessoas-chave que permitiram aos libertarianistas ter seus interesses representados no Executivo federal, sob a administração de Jair Bolsonaro.

Um dos pontos de convergência entre uma grande quantidade de pesquisadores, de diferentes perspectivas teóricas, é justamente o papel das redes sociais na organização e criação de movimentos de massa. Desde a "descoberta" da internet por movimentos de extrema direita, ela vem sendo utilizada como meio para ampliar suas bases, captar recursos, entre outras ações[57]. Isto é, o uso da internet para organização de movimentos de massa ocorre ainda na década de 1990 e vem se ampliando com a massificação do acesso. No processo de ampliação e uso doméstico de aparelhos com acesso à internet, sua fase mais recente é o uso das redes sociais.

Pesquisas recentes[58] (Grassiolli, 2019; Miranda, 2021; Santos, 2021b) procuram aprofundar a análise de conteúdo e mapeamento de comunidades em diversas redes sociais. A partir das entrevistas realizadas, a pesquisa de Rocha indica que comunidades de Orkut tiveram grande importância

---

[57] Para maiores detalhes, *Cf.* Maynard (2013) e Sachs (2011).

[58] São vários os autores que servem de aporte teórico e metodológico para a pesquisa em questão. Portanto, para não tornar isso uma listagem longa, menciono algumas das pesquisas que trabalham diretamente com organizações que possuem forte atuação nas redes sociais.

CRISE E OFENSIVA BURGUESA NO BRASIL

como espaço onde esses sujeitos eram capazes de "se encontrar". É em tal momento que a articulação para a criação do Mises Brasil se insere.

Segundo a pesquisa de Edmilson Pereira dos Santos, o autor analisa os discursos do IMB sobre a educação[59]; o empresário Hélio Beltrão, desde o início, tinha como intenção a criação de uma instituição para "a formação de novas lideranças e novos intelectuais capazes de exercer influência e a fabricação de consensos em diversos espaços das instituições brasileiras e da sociedade civil" (Santos, 2021b, p. 25).

Em entrevista para o *Flow Podcast*[60] (2020), Beltrão detalha melhor o papel da rede Orkut na criação do Mises Brasil, ao ser interpelado sobre a acusação de antigos membros do IMB, de quem Beltrão teria "roubado" o Instituto:

> BELTRÃO: Não me surpreende porque foi o que eles fizeram [ex-membros do IMB e fundadores do Instituto Rothbard]. Mas a história é a seguinte: eu desde 1997, eu virei 'anarco'capitalista, que é um troço diferente... [...]
>
> IGOR 3K: 1997?!
>
> BELTRÃO: É, 1997, antes dessa turma toda ter nascido. E a partir daí eu comecei a usar essa filosofia para o meu negócio. Inclusive para investimento. E quando chegou em 2003/04 - na verdade 2003 - eu falei: cara, **eu preciso devolver tudo isso que eu aprendi e que lucrei.** Inclusive no mercado, usando as teorias de investimento da Escola Austríaca, e entrei no Orkut
>
> IGOR 3K: 2003/04, justamente na alvorada do Orkut.
>
> BELTRÃO: Na alvorada do Orkut. Mas aí já tinha uma comunidade lá chamada "Liberalismo". Que na verdade, esses sim eram "sossas" [risos IGOR 3K]. E aí eu entrei e fiz uma cisão disso. Fui influenciando as discussões do meu jeito, **porque eu estava com uma mentalidade de recrutar pessoas para fazer alguma coisa maior. Aí eu provoquei uma cisão e criei uma comunidade que se chamava "Liberalismo verdadeiro", entre parênteses "verdadeiro". E aí vieram umas 200 pessoas e a gente tinha um engajamento muito maior que essa comunidade que era grande para o Orkut.** A partir dali eu comecei a acompanhar. **A gente chamava isso de "A Kombi liberal".**

---

[59] Para mais detalhes, *Cf.* Santos (2021a).

[60] Para melhor compreender os chamados "silêncios" que possuem grande relevância ao se trabalhar com fontes orais, optou-se por se utilizar a entrevista filmada e postada no canal do YouTube do *Flow Podcast* (2020).

Era essa comunidade do Orkut de onde saíram, sei lá, **20/30 caras, na realidade 200, mas uns interagiam mais do que outros, que fundaram, vamos dizer, essa nova filosofia liberal mais moderna e tal, no Brasil.** E aí eu fui nutrindo esse grupo, e vendo o seguinte: quem que eu posso chamar para compor essa iniciativa que eu quero fazer, que era o Instituto Mises Brasil. E aí, quando chegou em 2007, que eu trabalho para caramba e trabalhava para caramba. **Quando chegou em 2007 que teve a... O início da crise que vinha a ser 2008, que eu me desfiz de algumas posições e tal, e tive um pouco mais de tempo, falei: é agora.** É agora que eu vou fazer. E aí eu me mandei para os EUA para falar com os caras. Eu sempre quando invisto, e vocês devem ter feito isso aqui [com o Flow], imagino, se quer saber qual é o *'benchmarking'* que eu acho bacana. Por que, se eu olhar o que esse cara faz de legal, eu posso replicar e ter mais sucesso do que começar do zero, não sei como que vocês fizeram... (Flow Podcast, 2020, grifo meu).

A afirmação de Beltrão sobre ter criado a comunidade de Orkut que organizou e "fundou a nova filosofia liberal no Brasil" pode soar um pouco exagerada; afinal, é quando os entrevistados se deparam com os questionamentos que vão atribuir sentido e significado aos processos vividos em retrospecto. Nesse processo de lembrar e "avaliar" o vivido, os entrevistados podem tender a supervalorizar determinados momentos para estabelecerem "marcos" importantes, momentos de "virada" que definiram suas trajetórias.

No entanto, partindo das demais entrevistas presentes na pesquisa de Camila Rocha, a criação da comunidade "Liberalismo (verdadeiro)" teve um papel central como espaço de arregimentação de sujeitos para a formação de APHs como o Mises Brasil e outras iniciativas (Rocha, 2021, p. 74). A importância desse momento parece estar "cravada" na memória libertarianista pela noção da "Kombi Liberal" — que seria uma referência à pequena quantia de "verdadeiros" liberais, segundo os libertarianistas. De acordo com eles[61], na época, todos os liberais brasileiros caberiam em uma Kombi. Essa imagem de um pequeno grupo que conseguiu "perseve-

---

[61] Para mais detalhes sobre a influência da "Kombi Liberal" no pensamento libertarianista, *Cf.* Shikida (2018) e Ferreira (2022). Apesar dos textos não explicarem em detalhes o uso da noção de "Kombi Liberal", nos exemplificam sobre o impacto que possui na memória dos libertarianistas, sendo até um jargão utilizado por Paulo Guedes: *Cf.* "Nós, liberais, cabíamos em uma kombi" (Sfredo, 2022). Inclusive, é importante destacar o uso do pronome "nós", por Guedes, em discurso proferido em Porto Alegre, indicando uma relação de pertencimento à corrente libertarianista.

rar" parece possuir um grande impacto na memória dos libertarianistas, como um elemento parecido com a noção de "Destino Manifesto", local em que, mesmo sob a égide da "hegemonia esquerdista", eles conseguiriam crescer e se estabelecer. Cabe frisar que o "mito da Kombi Liberal" não condiz com a realidade histórica do surgimento e disseminação do liberalismo no Brasil e seus intelectuais. Assim como é infundada a afirmação de Camila Rocha de que o "ultraliberalismo era praticamente inexiste no Brasil", discutido em linhas anteriores, o "mito da Kombi Liberal" torna-se infundado à luz da atuação de APHs ao longo dos anos 1980/90, sendo, portanto, muito mais um discurso triunfalista com o objetivo de agitação de massas do que parte de um processo bem-sucedido de operação "contra-hemônica" de um campo político e social no Brasil dominado por intelectuais e militantes de esquerda.

Também nota-se na entrevista de Beltrão cedida ao *Flow Podcast*, a clara intencionalidade em "provocar uma cisão" entre os membros de uma comunidade maior no intuito de arregimentar quadros para colocar em prática seu projeto de criar o Mises Brasil. Outro ponto importante no processo inicial de criação do IMB é o aparente desinteresse de Beltrão: sua iniciativa seria motivada apenas por um ímpeto voluntarista de "devolver" um pouco de seu sucesso como investidor e empresário, obscurecendo o fato de seu longo histórico no mercado financeiro, bem como ser sócio herdeiro de seu pai, no Grupo Ultra.

Em suma, mesmo que não seja possível precisar com exatidão qual o nível de importância desse momento inicial de organização dos libertarianistas pelo Orkut. É impossível deixar de perceber o papel central de Beltrão como o elo que irá centralizar tais sujeitos e procurar delinear "caminhos" aos quadros que ele passa a aglutinar na comunidade por criada; reforçando, assim, o caráter centralizador do IMB na formação/atualização de quadros, bem como APH formador de um "horizonte" ideológico libertarianista — e projetos mais práticos, como foi o caso da Declaração de Direitos de Liberdade Econômica.

Não é por acaso a confluência possível de se perceber entre vários intelectuais e outros APHs com o IMB. Desde antes de sua criação, ainda nos tempos em que Beltrão frequentava o Orkut com a intenção de criar um grupo de pessoas para colocar em prática a disseminação do pensamento libertarianista, já havia um processo de acumulação de forças para formação de uma corrente que viria a disputar espaço e construir um novo projeto de poder.

1.6.1 *Think tanks versus* aparelhos privados: contribuições gramscianas para uma análise dos aparelhos burgueses

Como foi levantado em linhas anteriores, o Mises Brasil tem papel-chave na organização da corrente libertarianista no Brasil, bem como em sua disseminação e conquista de importantes postos junto a alguns veículos midiáticos, postos na alta burocracia estatal, especificamente no Ministério da Economia e no legislativo, por meio da conquista de cadeiras no Congresso Nacional, por via eleitoral.

A presença de organizações dessa natureza — supostamente "apartidárias", que têm como único interesse a disseminação e produção de determinadas ideias sobre "liberdade", "livre-mercado", entre outros chavões — estão atuando no Brasil, pelos menos, desde o início dos anos 1960[62]. Comumente conhecidas atualmente como *think tanks*, essas organizações não apenas cresceram em tamanho, mas também em quantidade.

Segundo o relatório mais recente organizado pelo *Think Tanks and Civil Societies Program* (TTCSP), de 2020, da Universidade da Pennsylvania, intitulado *Global Go To Think Tank Index Report* (Mcgann, 2021)[63], o Brasil é apontado como nono colocado — um total de 190 organizações caracterizadas pelo índice como *think tanks* — no *ranking* de países com a maior quantidade de instituições desse tipo em operação, no mundo (Mcgann, 2021). Em 2014, o Brasil ocupava a 13.ª posição, com menos da metade de *think tanks* (82 organizações) (Mcgann, 2015).

Ao olhar brevemente as organizações listadas no relatório, é possível perceber uma abrangente variedade nos tipos de instituições, correspondente a uma compreensão bem ampla das características dos *think tanks* e suas categorias. Segundo o próprio relatório, os *think tanks* são

> [...] organizações de análise, pesquisa e engajamento em políticas públicas que geram pesquisas, análise e aconselhamento de orientação política em questões domésticas e internacionais, habilitando formuladores de políticas e o público a tomarem decisões informadas sobre política pública. Think tanks podem ser instituições com afiliação

---

[62] Faço referência à clássica obra de René Armand Dreifuss, resultado de sua tese de doutoramento, na qual o autor destaca a atuação de duas organizações do empresariado brasileiro, o Ipes (Instituto de Pesquisa e Estudos Sociais) e Ibad (Instituto de Ação Democrática) na construção do golpe que abriu caminho à Ditadura Civil-Militar no Brasil. Para mais detalhes, *Cf.* Dreifuss (1981).

[63] É relevante frisar que o índice é publicado um ano após a coleta de dados, isto é, apesar de ser publicado em 2021, o ano de referência é 2020.

ou independentes que são estruturadas como corpos permanentes, e não comissionadas *ad-hoc*. Estas instituições geralmente agem como pontes entre o conhecimento acadêmico e comunidades de formuladores de políticas; e entre Estados e sociedade civil, servindo ao interesse público como uma voz independente que traduz a pesquisa geral e aplicada a uma linguagem que é compreensível, confiável e acessível aos formuladores de políticas e o público (Mcgann, 2021, p. 15).[64]

É importante notar que, na definição do relatório, os TTs possuem o papel de mediador entre o conhecimento acadêmico, o público em geral e sujeitos que, muitas vezes, são chamados na ciência política de "tomadores de decisão" e "formuladores de políticas" (*policy makers*). Outro ponto que merece destaque é a afirmação de que os TTs são "independentes" — supostamente "neutros" com relação às agendas políticas e aos projetos em disputa — e fontes confiáveis de conhecimento em geral. Além disso, a definição pouco qualifica em substância a natureza e as formas de atuação dessas organizações. Ponto tal, que parece ser uma das grandes complicações com o seu uso: dado seu amplo escopo, o conceito acaba por abarcar uma miríade de organizações das mais diversas naturezas — públicas e privadas, por exemplo — e dos mais distintos campos de atuação. Apenas como breve exemplo, ao observar-se a listagem dos melhores TTs da América do Sul, encontramos: Instituto de Pesquisa Econômica Aplicada (Ipea) (11.ª posição), Fundação Fernando Henrique Cardoso (Fundação FHC) (15.ª posição), Instituto Millenium (33.ª posição) e Faculdade de Direito de Sul de Minas (FDSM) (53.ª posição), reunidos em uma mesma categoria (Mcgann, 2021).

Ou seja, em uma mesma categoria de análise, encontram-se uma instituição educacional de ensino superior (FDSM), o Ipea, que é um órgão ligado ao governo federal brasileiro; a Fundação FHC, além de ser repositório do acervo privado do ex-presidente da República, Fernando Henrique Cardoso (FHC), promove debates, encontros e publicações (Cardoso, 2024); e o Millenium, que promove ações similares aos da Fundação

---

[64] Traduzido de: "Think tanks are public policy research analysis and engagement organizations that generate policy-oriented research, analysis and advice on domestic and international issues, thereby enabling policymakers and the public to make informed decisions about public policy. Think tanks may be affiliated or independent institutions that are structured as permanent bodies, not ad-hoc commissions. These institutions often act as a bridge between the academic and policymaking communities and between states and civil society, serving in the public interest as an independent voice that translates applied and basic research into a language that is understandable, reliable and accessible for policymakers and the public".

FHC. Apesar da possibilidade de identificar outras ações similares que as quatro instituições realizam, elas divergem em natureza, financiamento, captação de recursos e mesmo em suas atividades principais.

Segundo estudo realizado pela cientista política Juliana Hauck (2017, p. 21),

> [...] a tradicional categoria analítica de think tanks tem se mostrado descolados da realidade da atividade dessas organizações e, ainda, como há pouca disputa conceitual nesse campo de estudo e muita discordância no meio social significado do termo. Para efeito do campo de estudo, as questões relativas às diretrizes dos casos e da comparabilidade inter e intracontextual dificultam a desenvolvimento do campo. Ao mesmo tempo, socialmente, os TTs são definidos de acordo com a conveniência dos interesses dos diferentes contextos e instâncias em que são encontrados.[65]

Ao revisar a bibliografia produzida sobre o tema, a autora destaca a falta de rigor que geralmente permeia o uso da categoria; aliás, aponta um distanciamento entre ela e as atividades das organizações que são caracterizadas como tal. Em sua dissertação sobre o tema, Hauck disserta que "o estado de indefinição e controvérsia conceitual" pouco avançou com relação a estudos sobre o tema na década de 1990 (Hauck, 2015). Ainda de acordo com a autora, o significado da categoria foi alargando-se com o tempo: *Think Tank* data originalmente da Segunda Guerra Mundial, sendo utilizado para se remeter aos ambientes seguros, nos quais

> [...] especialistas militares e civis se situavam para poder desenvolver planos de invasão e estratégias militares. Após a guerra, o termo foi aplicado a organizações que passaram a realizar pesquisas encomendadas sob regime de contrato, como a Rand Corporation. O uso do termo foi expandido nos anos 1960 para descrever outros grupos de especialistas que formulavam várias recomendações políticas e inclusive alguns institutos *quasi*-acadêmicos preocupados com o estudo de relações internacionais e questões estratégicas do Estado. Já por volta de 1970, segundo esses autores, o

---

[65] Traduzido de: "[...] how the traditional analytical category of think tanks has been shown to be detached from the reality of the activity of these organizations and, yet, how there is little conceptual dispute in this field of study and much disagreement in the social meaning of the term. For purposes of the field of study, issues regarding the guidelines of the cases and also of inter- and intra-contextual comparability hinder the development of the field. At the same time, socially, TTs are defined according to the convenience of the interests of the different contexts and instances in which they are found".

termo 'think tank' foi aplicado a instituições focadas não em política externa e estratégia de defesa, mas também em questões políticas, econômicas e sociais correntes (Hauck, 2015, p. 13).

Ao longo de sua breve análise sobre como a categoria vai passando por transformações, salta à percepção a menção de algumas décadas de grande importância no campo das lutas sociais — 1960, por exemplo — e da chamada Crise do Petróleo, na década de 1970. Nota-se que tais mudanças se relacionam fortemente às necessidades dos EUA no momento. Na década de 1960, apenas para citar dois exemplos, ocorre a Crise dos Mísseis, com a instalação de armamento atômico da ex-URSS em Cuba, momento esse em que URSS e EUA quase iniciam um conflito nuclear direto, bem como houve a intensificação dos protestos nos EUA e no mundo contra a continuidade da Guerra do Vietnã.

É importante mencionar que a bibliografia consultada (Hauck, 2015, 2016, 2017; Silva, 2007; Stone, 2007)[66] é uníssona quanto aos problemas na definição, bem como remete a origem dos *think tanks* às peculiaridades do desenvolvimento das sociedades Anglo-saxãs, isto é, Inglaterra e EUA, onde as instituições possuem papel central na configuração política estadunidense. Stone (2007) registra que, conforme o fenômeno dos *think tanks* passa a se espalhar por outros países, formas híbridas vão surgindo, o que torna a caracterização — moldada principalmente pela experiência estadunidense — insuficiente para abarcar essas mudanças. Nas palavras da autora:

> Em qualquer país em particular, é o tipo de arquitetura constitucional, as circunstâncias históricas de guerra ou estabilidade, cultura política e tradições jurídicas, juntamente com as características do regime em poder, que determinam a forma e extensão do desenvolvimento de think tanks. Consequentemente, o termo 'think tank' desafia uma definição exata. Eles variam consideravelmente em tamanho, forma jurídica, âmbito político, longevidade, estrutura organizacional, bases de investigação e significância política (Stone, 2007, p. 261).[67]

---

[66] Além da autora já mencionada anteriormente, por se tratar dos estudos mais recentes encontrados, merece destaque a obra de Tatiana Teixeira da Silva, resultante de sua pesquisa de mestrado: "Os think tanks e sua influência na política externa dos EUA: a arte de pensar o impensável" (Silva, 2007) e "Recycling bins, garbage cans or think tanks? Three myths regarding policy analysis institutes" Stone (2007).

[67] Traduzido de: "In any particular country, it is the type of constitutional architecture, the historical circumstances of war or stability, the political culture and legal traditions, alongside the character of the regime in

Os problemas na definição e categorização dos *think tanks* são indícios de um problema de ordem mais geral, uma vez que não são apenas dificuldades de definição. De acordo com a bibliografia consultada, essas dificuldades causam também problemas no desenvolvimento de uma metodologia adequada que permita quantificar a eficácia de tais organismos em intervir na tomada de decisões políticas (Hauck, 2015).

A partir do levantamento das variáveis que influenciam o desenvolvimento dos chamados *think tanks* é possível perceber uma carência teórica de fundo: os problemas de definição indicam sintomas de uma compreensão muito esquemática de Estado e as relações de poder que se estabelecem na sociedade capitalista. Sobressai uma noção de Estado entificado e separado, como o espaço delimitado da política — que, por sua vez, também é identificada como apartada da sociedade civil.

Hauck (2015, p. 27) compreende o Estado como "O tomador de decisões", nesta interpretação, ele acaba por assumir uma feição de espaço para onde convergem as demandas dos mais diversos sujeitos da sociedade civil. Tal quantidade imensa de demandas seria inversamente proporcional à escassez de recursos, o que exige priorizar a atenção e resolução das demandas da sociedade (Hauck, 2015). Frente à impossibilidade de conhecer todas as demandas e seu maior ou menor grau de "interesse público", cresceria a procura por *expertise*, informação e conhecimento sobre as diversas demandas, tanto no sentido de saber quais serem priorizadas, uma melhor formulação dessas demandas pelos seus grupos de interesse, como também seu conhecimento pela população geral (Hauck, 2015, p. 11-12).

Nessa abordagem, os chamados *think tanks* são concebidos como "organizações focadas em influenciar o processo político, direta ou indiretamente, com ideias afetas às políticas públicas" (Hauck, 2016, p. 2); algo não muito distante da noção de "pontes entre o conhecimento acadêmico e comunidades de formuladores de políticas; e entre Estados e sociedade civil", expressa na visão de Mcgann (2021), responsável pelo Global Go To Think Tank Index Report, citado em linhas anteriores. Escapam nessas abordagens as tensões, conflitos e disputas das quais emergem essas "demandas"; tal como o próprio processo de construção de um

---

power, that determine the shape and extent of think tank development. Consequently, the term 'think tank' defies exact definition. They vary considerably in size, legal form, policy ambit, longevity, organizational structure, standard of inquiry and political significance".

suposto "interesse público", isento de um complexo processo construção de hegemonia.

Consequentemente, a apreensão da totalidade do processo de construção de projetos de poder, assim como a eficácia — ou não — dos *think tanks*, seu papel e formas de atuação nesse mesmo processo vai apresentar "imprecisões". Nas palavras de Virgínia Fontes, apenas a categoria de aparelhos de hegemonia é capaz de abarcar a complexidade dessas instituições:

> Essas designações descritivas têm pouca serventia para compreender o fenômeno em toa a sua complexidade. Apenas a categoria de 'aparelho de hegemonia' tem alcance suficiente para abrigar as diferentes modalidades organizativas, as tendências diversas que se abrigam no âmbito da sociedade civil, os conflitos que expressam e seu papel nas lutas de classes e configuração do Estado capitalista. APHs são a expressão de lutas sociais, permeadas pelas condições e posições de classe, por tensões geradas entre sociabilidades diferentes e contrapostas. Os próprios APHs suscitam novas contradições, para além da inserção heterogênea no Estado. Todas as formas associativas – populares ou empresariais – nascem em terreno de lutas, intra e entre classes, e essa correlação é fundamental para identificar os fios que se entrelaçam no extenso novelo de APHs, que é profundamente desigual. Sociedade civil não é nem afastada do Estado, o que suporia seres angelicais e não contaminados nem pelo mercado nem pelo Estado nem, muito menos, apenas espaço de dominação, o que conduziria a compreendê-la de maneira maquiavélica (Fontes, 2020, p. 23-24).

É válido destacar que a abordagem de Fontes não é uma mera substituição de nomenclaturas. Partindo dos escritos carcerários de Gramsci, sua abordagem apresenta toda uma estrutura teórica e metodológica complexa de concepção do Estado, política e as relações de poder na sociedade capitalista. Isto é, iniciou-se este capítulo partindo de algumas reflexões de Gramsci sobre a atuação dos intelectuais e os aparelhos privados de hegemonia. Porém, compreender suas formas de ação no Estado e sociedade civil perpassa também entender como se relacionam com demais aparelhos, partido políticos e, logicamente, o chamado Estado estrito.

Obviamente, é possível classificar os aparelhos privados de acordo com sua atuação mais destacada, situação bastante evidente nas pesquisas de René Dreifuss sobre a relação entre a atuação de aparelhos privados e a luta política no Brasil desde o período que antecede a ditadura civil-militar[68]. Ao sistematizar o exercício do "poder de classe", Dreifuss procura apresentar uma tipologia complexa de atuação, apesar de breve:

> Sistematizando, o poder de classe estaria estruturado em três níveis de organização, complexidade, capacidade, área de atuação, base social e objetivos: as *Elites Orgânicas* propriamente ditas, as centrais ou laboratórios de ideias e de pesquisa, fundações e agências de planejamento e consultoria que servem à classe dominante (sem serem necessariamente parte dela ou participantes da ação política direta) e as *Unidades de Ação,* grupos táticos visando alvos específicos e fins limitados, no âmbito de uma estratégia encabeçada por elites orgânicas que as orientam para ações conjunturais e de curto alcance. As *centrais de ideias e Pesquisas* funcionam como segmentos auxiliares e de assessoria num leque limitado de questões, geralmente circunscritos à dimensão da formulação de políticas públicas, que respondem às necessidades do setor privado. Servem também como celeiro de recrutamento de quadros, tanto para instâncias de pesquisa e análise das elites orgânicas quanto para preencher as vagas da administração do Estado. Nesta última situação, servem como canais para projetos elaborados pelas elites orgânicas e como lobbies frente ao executivo e ao legislativo (Dreifuss, 1987, p. 28).

Nota-se, a partir de Dreifuss, que é complexa a função dos aparelhos dos quais dispõe a burguesia, tendo ao centro as chamadas "elites orgânicas", possuindo a função de transpor

> [...] as exigências da esfera da produção (necessidades econômicas) para o plano da ação política, onde busca a sua realização institucional. Essa mediação não se dá segunda uma tal de 'lógica do capital', já que o capital não é nem lógico nem ilógico, muito menos um sujeito da ação política. A 'articulação' entre produção e instituição, entre economia e Estado (ou no linguajar abstracionista, entre estrutura e superestrutura) se dá pela luta política dos interessados (Dreifuss, 1987, p. 24).

---

[68] Sobre a atuação de aparelhos privados e o golpe de 1964, é imprescindível a pesquisa de Elaine de Almeida Bortone sobre a atuação do Ipes. Seu trabalho evidencia que, além de papel central na construção de consenso sobre o Golpe de 64, bem como da disseminação de "ameaça comunista eminente" sob o governo de João Goulart, o Instituo contribuiu com projetos e intelectuais determinando políticas públicas e reformas no Estado brasileiro. Para mais detalhes, *Cf.* Bortone (2013).

É nítida que a forma de entendimento e da finalidade e atuação desses aparelhos ganham uma riqueza de detalhes muito maior. Se nas concepções mais pretensiosamente "neutras", por assim dizer, tais organismos eram compreendidos como "pontes entre o conhecimento acadêmico, população e 'tomadores de decisões'", na elaboração de Dreifuss — assim como de Fontes —, os chamados *think tanks* burgueses estão longe de serem instituições "independentes" que apenas produzem conhecimento e emitem opinião sobre uma determinada pauta da política pública.

Por isso, é impossível dissociar a noção de aparelhos privados de um entendimento do Estado que supere a visão "tradicional", que o separa da sociedade civil. Só assim é que a atuação do "conjunto de organismos designados vulgarmente como 'privados'" (Gramsci, 2010, p. 20) expressa toda a sua complexidade.

A concepção de Estado Ampliado elaborada por Gramsci — ou "Integral", como aparece nos escritos do cárcere — não apenas supera o entendimento do Estado como "ente" que se erige sob o conjunto da sociedade (Mendonça, 2014, p. 30), como avança na compreensão marxista. Antes de Gramsci, a interpretação corrente do Estado no marxismo se desdobrava das análises de Lenin (2007) sobre os escritos de Marx, nos quais o Estado, deixando de ser sujeito, passava a ser entendido como instrumento, isto é, objeto do qual dispõe a burguesia para o controle e dominação dos trabalhadores (Lenin, 2007).

As considerações de Gramsci sobre sua concepção de Estado não se encontram dispostas em apenas um "local" de seus escritos no cárcere. Porém, é possível marcar alguns momentos em que o marxista sardo delineia sua visão geral do Estado:

> [...] se deve notar que na noção geral de Estado entram elementos que devem ser remetidos à noção de sociedade civil (no sentido, seria possível dizer, de que Estado = sociedade política + sociedade civil, isto é, hegemonia couraçada de coerção) (Gramsci, 2016, p. 248).

Em outro momento, Gramsci faz semelhante observação: "Na política, o erro acontece por uma inexata compreensão do que é o Estado (no significado integral: ditadura + hegemonia)" (Gramsci, 2016, p. 261). Ditadura é entendida aqui como imposição pela força explícita. Partindo dessa noção, Sonia Mendonça sintetiza a noção de Estado Ampliado em Gramsci:

A marca peculiar ao Estado capitalista, desde sua época, reside no fato dele guardar, simultaneamente, um espaço de consenso e não apenas de violência, sendo o consenso – consentimento – obtido, segundo ele, através da ação dos aparelhos de hegemonia da sociedade civil, assim como através da ação do próprio Estado restrito, que promove e generaliza o projeto da fração de classe hegemônica em certo contexto historicamente dado. Logo, política e Estado são inseparáveis da cultura e, mesmo instituições da sociedade política tipicamente relacionadas com a coerção – como o Exército, por exemplo – respondem pela difusão de uma dada cultura (Mendonça, 2014, p. 37).

Nesse sentido, analisar um determinado aparelho se articula com uma cadeia de relações:

Todo Estado é ético na medida em que uma de suas funções mais importantes é elevar a grande massa da população a um determinado nível cultural e moral, nível (ou tipo) que corresponde às necessidades de desenvolvimento das forças produtivas e, portanto, aos interesses das classes dominantes. A escola como função educativa positiva e os tribunais como função educativa repressiva e negativa são as atividades estatais mais importantes neste sentido: mas, na realidade, para este fim tende uma multiplicidade de outras iniciativas e atividades chamadas privadas, que formam o aparelho da hegemonia política e cultural das classes dominantes (Gramsci, 2016, p. 288).

A noção de Estado Ampliado em Gramsci apresenta um alto refinamento. Não apenas relaciona força e convencimento, economia e política, mas apresenta como uma série de relações sociais se entrecruzam e fazem parte da luta de classe em vários níveis da vida social. Se, antes, pela tradição liberal, o Estado era compreendido como Sujeito, na tradição marxista como Objeto, com Gramsci há um salto na noção marxista: o Estado então é concebido como relação social: "[...] mais exatamente como a condensação material de uma relação de forças entre classes e frações de classe" (Poulantzas, 2015, p. 130).

Entender sociedade civil como o conjunto dos aparelhos "vulgarmente" entendidos como privados impõe-se a tarefa — e desafio — de compreender que a ação/atuação desses aparelhos não é isolada. Obviamente, pesquisar a totalidade de instituições em atuação seria uma tarefa individual impossível. No entanto, para melhor compreender como intelectuais de um determinado matiz teórico/ideológico — neste caso, os libertarianistas — propõe-se a tomar como objeto os aparelhos mais comumente ocupados por eles (mesmo que o libertarianismo não seja a única corrente destes aparelhos).

1.6.2 Ampliação seletiva e aparelhos privados

Ainda sobre a relação entre Estado e aparelhos privados na construção do convencimento, é importante problematizar alguns pontos sobre a natureza da atual profusão de aparelhos burgueses. Afinal, partimos da hipótese de que o aumento e intensidade de atuação desses aparelhos se articule diretamente com uma necessidade de realinhamento da dominação de classe com as exigências do capital após a crise financeira de 2007/08.

No entanto, não significa que se trate de um fenômeno sem precedentes, isto é, que irrompe na materialidade como sendo descolado de um processo histórico em desenvolvimento de antes.

Ao pesquisar sobre as mudanças e tendencias da seguridade social no Brasil, na década de 1980, Ana Elizabete Mota defende que "a crise brasileira dos anos 80, [...], é formadora de uma cultura política que expressa os modos e as formas como as classes sociais enfrentam a referida crise" (Mota, 1995, p. 23). Segundo a autora, a chamada "cultura da crise" teria dois pontos principais: defesa de privatizações e o estabelecimento da noção de "cidadão-consumidor" que, de sujeito possuidor de direitos — uma vez que o acesso a bens públicos é mediado pelo mercado —, passa a ser consumidor e não mais detentor desses direitos. Percebe-se que o fenômeno observado por ela trataria da forma como a defesa e implementação do programa neoliberal irá se desenvolver no Brasil.

A nova configuração de dominação política e estatal é intitulada pelo historiador Felipe Demier (2017) por "democracia blindada". Segundo o autor:

> Tais democracias apresentam estruturas de funcionamento hermeticamente fechadas às pressões populares, preservando seus núcleos institucionais decisórios como espaços exclusivos dos interesses da classe dominante. Impedindo, por meio de uma série de artifícios econômicos, políticos e culturais, que as demandas populares de cunho reformista possam adentrar a cena política institucional, essas **novas** democracias se definem pelo seu conteúdo essencialmente contra-reformista. Adequadas às necessidades da acu-

mulação capitalista em tempos do **tardo-capitalismo,** as **democracias blindadas** combinam retiradas de direitos sociais com a expansão (maior ou menor, a depender do momento do gestor de plantão) de políticas sociais compensatórias, carentes de universalidade, além de um aumento seletivo da repressão estatal voltada aos setores indômitos. Compõe ainda a estrutura dessas **democracias blindadas,** claro, a sua inexpugnável coluna de sustentação midiática, a qual responsável pelo fornecimento de altas dosagens ideológicas produtores de consenso (cada vez mais necessárias conforme os direitos são atacados), atua muitas vezes como o principal partido do capital (Demier, 2017, p. 33-34).

Nota-se, na caracterização feita por Demier (2017), pontos de íntima convergência com as pautas defendidas pelos libertarianistas, mesmo que as configurações das chamadas "democracias blindadas" ainda não sejam a (des)utopia "anarco"capitalista. Junto à intensificação da força, faz-se necessário também aumentar as "dosagens de ideológicas produtoras de consenso". Mas não apenas o aumento da repressão exige um processo de construção de "consenso ativo", mas, somado a isso, há um "esvaziamento" da política institucional, uma vez que os embates parlamentares não se apresentam como projetos de poder opostos, isto é, o Parlamento *"já não delibera sobre as bases da exploração de classe"* (Demier, 2017, p. 33-34).

Há, então, uma impermeabilização da política institucional às demandas da classe trabalhadora. Tais demandas, quando são postas em pauta, já passaram por um processo de "pasteurização" política, o qual retira seus pontos mais perigosos à ordem vigente, tendo-se, assim, uma "oposição dentro da ordem" que não oferece riscos à manutenção do capital:

Na **democracia blindada,** em função de aspectos como a força do poder econômico e midiático nos processos eletivos e de legislações eleitorais altamente restritivas (na prática) aos pequenos partidos (ditos 'ideológicos') que não aderem às grandes coalizões do pleito, os poderes Executivo e Legislativo – para não falar do Judiciário – parecem ter poucos poros pelos quais poderiam adentrar representações políticas genuinamente vinculadas aos trabalhadores. Assim, na maioria dos casos, essas **democracias blindadas** têm sua lógica de reprodução baseada em uma alternância (revezamento) no governo entre dois grandes blocos político-partidários, os quais comungam uma adesão (aberta ou tácita, dependendo do caso) aos pontos axiais da plataforma neoliberal (redução dos gastos públicos com a 'questão social', privatizações, pagamento religioso da dívida pública, cumprimento dos acordos e contratos internacionais, etc.), ainda que os graus, mecanismos e retóricas da aplicação destes pontos variem de acordo com o bloco político-partidário que momentaneamente se encontre à frente do Estado (Demier, 2017, p. 41).

Mais adiante na obra, Demier (2017, p. 47) conclui:

A novidade apresentada pelas últimas décadas, sobretudo nos últimos anos, é que, na quase totalidade das chamadas 'democracias representativas', já não há representação política alguma de amplas camadas da população e, por conseguinte, já não há sequer a chance de, pelos caminhos institucionais, impor limites aos desejos nada secretos do capital.

Obviamente, nesse cenário de ampliação seletiva do Estado — uma vez que amplia seus mecanismos de coerção, convencimento e aparelhos burgueses e procura travar todas as formas possíveis de associação e organização dos trabalhadores que "não consentem" —, há resistências e tentativas de criar formas de organização que permitam aos trabalhadores novos caminhos de inserção na política, apesar desse panorama.

Entretanto, o que interessa aqui é demonstrar que não apenas a escalada da repressão impulsiona a atuação dos aparelhos, mas que a formatação da política institucional também exige intensificação do convencimento.

Apesar de Demier referir-se à atuação dos aparelhos midiáticos como "o principal partido do capital", considera-se, aqui, que aparelhos como Mises Brasil, Students For Liberty e demais instituições e centros de pesquisas chamados de *think tanks*, por meio de seus intelectuais, vêm ampliando sua atuação partidária (no sentido de Gramsci) e galgando espaços tanto no Estado estrito como nos meios de comunicação para formar e cooptar novos quadros, intensificar o "convencimento ativo", com base em estudos e infiltração nos meios acadêmicos, participar de debates públicos como "organização da sociedade civil", também prestando assessoria para partidos políticos. Com isso, não se nega o importante papel midiático dos aparelhos aqui levantados, mas se evidencia que eles, sim, possam ser entendidos como os principais partidos do capital, uma vez que suas ações e intelectuais encampam uma série de iniciativas, que depois estruturam outras de incidência mais circunscrita.

Portanto, parte-se de que a implementação e desenvolvimento do programa neoliberal é o contexto geral que impulsiona o aumento da atuação destes aparelhos privados (institutos, as chamadas ONGs e demais) no final do século XX, que se considera aqui como um processo de ampliação seletiva do Estado, ao qual Demier (2017) define como "democracia blindada".

Por mais que o contexto geral auxilie na compreensão do aumento quantitativo e intensidade de atuação dos APHs, é preciso adentrar na particularidade do momento em questão a saber: a relação entre o crescimento da corrente libertarianista no Brasil (e seus principais APHs de disseminação) com as configurações e dinâmica da crise financeira de 2007/08 e seus impactos nas formas da dominação política no Brasil.

Retomando a noção de "cultura de crise" para uma análise do governo de Jair Messias Bolsonaro, Elizabete Mota defende que o enfrentamento burguês à atual crise se daria pela

> Financeirização da economia via apropriação do fundo público pelo capital rentista e banca internacional por meio da expropriação de direitos e pilhagem dos meios de vida dos trabalhadores (bens, serviços, salários e rendas), mercantilizando-os e financeirizando-os. Esse movimento, cuja centralidade é do mercado, inclusive do mercado de capitais, revela que o entendimento das necessidades materiais e sociais da população brasileira afasta-se cada vez mais da guarida dos direitos e aproxima-se da transformação dos bens e serviços públicos em mercadorias lucrativas (Mota, 2019, p. 137).

A esse conjunto de ações, teorizações e discursos que tem como objetivo a intensificação do programa neoliberal, Elizabete Mota chama de "ultraneoliberalismo". Mesmo possuindo desacordo com a terminologia, tem-se acordo com o processo observado. Esse entendimento da autora é perceptível nos discursos e posicionamentos que os intelectuais e aparelhos aqui estudados assumem.

Considerando que é com o estabelecimento da crise financeira de 2007/08 que se inaugura o "ultraneoliberalismo", a assistente social e pesquisadora sobre Seguridade Social, Juliana Cislaghi (2019), aponta que as políticas austeridade e demais reformas implementadas como resposta à crise têm como real objetivo a transferência de vultuosas somas do fundo público para o capital portador de juros, garantindo, assim, a manutenção e reprodução dos capitais fictícios:

> Para isso, impõem-se novas rodadas de privatização de bens públicos e expropriação de bens comuns, **mercantilizando e subsumindo ao capital todas as esferas da vida.** Impõe-se ainda, a limitação da utilização do fundo público para todas as políticas sociais – seguridade, educação, habitação –, que só podem ser financiadas pelo Estado se, ao lado do sistema da dívida pública, alimentarem o capital financeiro. é isso que aqui chamamos de ultraneoliberalismo, o qual, por sua perversidade, **precisa mais do que nunca, de grandes estruturas ideológicas para forjar o consenso necessário** e de uma coerção também cada vez maior, para quando as políticas de garantia de consenso não forem o suficiente para convencer os trabalhadores a abrirem mão de todos os direitos historicamente conquistados para garantia de condições mínimas de sobrevivência na sociedade capitalista (Cislaghi, 2019, p. 191, grifo meu).

Nota-se que é justamente a redução de todas as esferas da vida à lógica do capital, o grande objetivo das teorizações do "anarco"capitalismo. Também é importante frisar o entendimento da autora sobre a necessidade de se erigir "grandes estruturas ideológicas" para garantir não apenas o consenso, mas também que o uso da violência também tenha o consentimento de amplas massas, para a manutenção do exercício "normal" da hegemonia de classe (Gramsci, 2016, p. 96).

Para aprofundar na relação entre a necessidade de grandes estruturas ideológicas e a crise financeira, discorre-se em um dos pontos do próximo capítulo. Mesmo tendo afetado o Brasil de modo diverso que os países que estiveram em seu epicentro — como os EUA, por exemplo —, a crise serviu como alerta para a necessidade não apenas de pensar como "mudar tudo para que se permaneça como está" (Lampedusa, 2017), mas também adequar a dominação burguesa às novas exigências do capital, que, apresentando sinais de limites, precisa dar continuidade a sua reprodução sociometabólica.

Nesse sentido, os discursos defendidos pelos aparelhos aqui tomados com objetos de estudo, além de apresentar uma versão de como a corrente libertarianista interpretou a crise financeira, apresentam a disputa entre ela e as leituras que os oprimidos passam a fazer dela. Nesse processo, a burguesia não apenas lidou com as pressões internas, mas procurou elaborar um programa para a saída da crise, que não apenas intensifica seu controle sobre os subalternos, mas também a exploração de suas capacidades produtivas.

CAPÍTULO 2

"NÃO HÁ NADA DE LIVRE MERCADO NA IDÉIA DE QUE CADA UM TEM O DIREITO DE TER UM IMÓVEL": A GRANDE RECESSÃO E A INTERPRETAÇÃO LIBERTARIANISTA

O desejo governamental de que cada cidadão seja dono de um imóvel, independente dos meios utilizados para se atingir esse objetivo, só pode ser financiado através de um socialismo financeiro ou do roubo em massa. Não há nada de livre mercado na ideia de que cada um tem o direito de ter um imóvel. Livre mercado significa apenas que o seu direito como proprietário não pode ser infringido por criminosos públicos ou privados.

(Lew Rockwell, ao comentar sobre o salvamento de Fannie Mae e Freddie Mac, em 2008)

No intuito de compreender o papel da crise de 2007/08 para a burguesia brasileira, primeiramente, é preciso apresentar, mesmo que brevemente, suas determinações e possibilidades para a retomada do processo de reprodução sociometabólica do capital. É a partir de suas determinações e condicionantes que a burguesia irá se debruçar para compreender a crise, bem como elaborar alternativas.

O surgimento da ideologia libertarianista, como programa para o aprofundamento do neoliberalismo, procura ser uma resposta encontrada pela burguesia mundial para a nova dinâmica do capital. Dado o impacto global da crise e a necessidade de "mudar tudo para permanecer como está", isso significaria para as frações burguesas a emergência de um "azeitamento" das engrenagens da dominação para se adequarem a tais novas exigências. Isto é, um *aggiornamento,* atualização de suas formas de agir e construir consenso; tarefa que não ocorre rapidamente, tampouco sem tensões e enfrentamentos. São nos tempos de "paz" que se prepara para os futuros embates (Gramsci, 2016, p. 24).

Isso não significa que entre as frações burguesas não existissem desacordos sobre como prosseguir em um cenário pós-crise. Nesse sentido, o historiador Lucas Patschiki (2015) percebe, em sua pesquisa de douto-ramento sobre o Instituto Millenium (IMIL), um esforço dos intelectuais que dele fazem parte, em procurar compreender os sentidos da crise e quais os caminhos possíveis para prosseguir (Patschiki, 2015). Assim, a hipótese inicial de Patschiki era de que o Millenium interpretaria na crise um momento para aprofundamento do capitalismo; percebendo nela uma forma de promover "mais capitalismo", como acabou sendo o receituário corrente entre os libertarianistas. Porém, as primeiras análises que o IMIL produz sobre a crise surpreendem:

> Sendo a crise uma possibilidade para o aprofundamento das relações sociais capitalistas, para o aumento da taxa média de exploração e, via Estado, da sociabilização das perdas anteriores, tudo me levou a crer que o IMIL teria uma leitura senão positiva ao menos 'empreendedora' daquele momento, aos moldes shumpeterianos da 'destruição cria-dora' (que em 2014 vira verbete na página do 'IMIL explica', espécie de *Frequantly Asked Questions* [Perguntas Frequen-tes] do site. Mas não. Seja devido ao seu lugar subalterno no sistema de produção e financeiro global ou mesmo por receio do alcance daquela crise, há uma retração analítica, que fica explícita na retomada de John Maynardes Keynes em artigo de Gustavo Franco (20.11.08), chamado 'Keynes é nosso' (Patschiki, 2015, p. 8).

Mesmo sendo instigante buscar compreender melhor as deter-minações que levam os intelectuais do IMIL a buscarem no resgate do pensamento de Keynes — considerado "socialista", muitas vezes pelos libertarianistas — uma forma de interpretar a crise e pensar alternativas, o intuito é apenas demonstrar que, entre a emergência da crise e o decorrer do tempo de sua duração, a burguesia brasileira não tinha uma resposta de pronto a ser oferecida. Ou seja, houve um processo de construção de uma solução para a crise, de avaliação das ações futuras e como se orga-nizar, bem como de "alinhar as fileiras" burguesas e "acalmar as tropas", convencer internamente suas frações para, então, partir para a ofensiva, como o estudo de Patschiki mostra.

A iminência da crise exigiu de aparelhos como o IMIL e o IMB e seus intelectuais — alguns deles membro do Millenium também — um processo interno de disputas para a construção de uma saída dela. Ini-cialmente, o IMIL e alguns de seus intelectuais cogitam o pensamento de Keynes, mas não necessariamente seria o caminho a ser pavimentado, pois houve uma disputa de propostas e construção de alternativas. Ou melhor, como é pormenorizado adiante, a crítica ao pensamento de Keynes, para além da retórica, procura passar uma mensagem importante às frações burguesas: a alternativa é uma "fuga para frente", isto é, intensificação e aprofundamento de forma violenta do programa neoliberal.

A admiração de Patschiki é reveladora, pois demonstra a existência de um processo que, ao pesquisador, pode se mostrar como acabado ou, pelo menos, com suas bases já bem definidas, uma vez que a ele se mostra apenas o resultado; é a investigação que dará conta de desvelar o processo e dar movimento àquilo que se apresenta como estático, ou em termos de programa, consensual.

Ainda que se tenha ciência de que compreender as determinações da chamada "Grande Recessão" seja de grande importância, foca-se aqui na produção de sentidos e significados produzidos sobre ela, pelos libertarianistas. É a partir de seus efeitos no Brasil e no mundo que o processo de rearticulação burguesa no Brasil se torna urgente.

Apesar da natureza "cíclica" das crises econômicas do capitalismo, a Grande Recessão abalou a própria forma de reprodução do capital:

> A virada que ocorre no mundo com a bancarrota do bando de investimentos Lehman Brothres vai muito além de uma 'crise financeira' entendida como uma esfera deslocada da economia real; antes, inscreve-se nos limites de toda uma arquitetura na qual se baseia o capital internacional para sua reprodução e dinâmica. Assim, a crise desse modelo não é uma crise financeira isolada ou uma recessão parcial, mas um evento com consequências econômicas, políticas, sociais, geopolíticas e militares em um amplo arco de países, do Ocidente ao Oriente, das potências aos países dependentes. Dessa maneira, o colapso do Lehman Brothers indica mais do que o colapso de um enorme banco de investimentos norte-americano: trata-se de uma clivagem histórica na dinâmica do capitalismo internacional (Tonelo, 2021, p. 18).

Por tais motivações, o seguinte capítulo tem como proposta apresentar as determinações e efeitos da crise, em um primeiro momento; em sequência, compreender a construção discursiva que aponta o pensamento libertarianista como alternativa viável para a burguesia brasileira responder à nova dinâmica do capitalismo.

Se, antes, o liberalismo representava um ideário que representava a possibilidade de enriquecimento e liberdade a todos; em tempos de crise, essas noções tornam-se muito menos abrangentes. A possibilidade de todos terem acesso à propriedade, como diz a citação de epígrafe, altera-se para significar a garantia de que os proprietários não terão seus bens dilapidados.

Os escritos dos intelectuais orgânicos do "anarco"capitalismo são uníssonos: o direito à propriedade não é para todos. Sua verdadeira preocupação é de que a sua propriedade não seja alvo de nada que possa alterar sua capacidade de fazer uso dela como bem entender. Isto é, apenas garante que a situação de proprietários, da qual a burguesia necessita desesperadamente para permanecer enquanto tal, continue inalterada. Afinal, sem a propriedade, ou seja, deter o controle sobre o capital e seu processo de reprodução, o que restaria de propriamente "burguês" à burguesia? Crises como 2007/08 ameaçam diretamente isso.

Aliás, mesmo a epígrafe remetendo a uma suposta confusão de que livre mercado não representaria o direito de todos os cidadãos estadunidenses possuírem uma casa, é importante frisar que, como será possível observar pela própria dinâmica da crise ou, melhor, do processo de acumulação de capital pelo hiperendividamento, os financiamentos, na realidade, eram sustentados apenas pela ilusão da possibilidade futura da propriedade, em troca de uma dívida que se arrastaria por quase toda a vida (alguns contratos previam pagamentos em mais de trinta anos) de seus tomadores. De fato, livre mercado nunca foi sobre direitos, mas sobre a ilusão de direitos e espoliação daqueles que vivem do desgaste de seus cérebros, músculos e nervos.

A urbanista Raquel Rolnik (2016) faz observações muito importantes sobre a questão ao analisar os impactos globais da crise de 2007/08 sobre a moradia, bem como o processo de transformação da habitação em ativo financeiro:

> Através do financiamento imobiliário para a compra da casa própria, a expansão do mercado global de capitais apoiou-se no endividamento privado, estabelecendo um vínculo íntimo entre a vida biológica dos indivíduos e o processo global de extração de renda e especulação. A canalização dos fluxos de capital excedente sobre os imóveis residenciais tem também, portanto, uma dimensão vivida: **as vidas hipotecadas ou a geração de homens e mulheres**

> endividados, uma nova subjetividade produzida pelos mecanismos disciplinares que sujeitam a própria vida ao serviço da dívida. Isso ficou evidente quando a bolha estourou e os riscos e ônus recaíram sobre os endividados. Foram estes que, tendo sua existência exposta às oscilações do jogo especulativo das mercadorias fictícias, sofreram as consequências reais da crise: transformaram-se de endividados em sem-teto (Rolnik, 2016, p. 52, grifo meu).

O trágico cenário da crise, brevemente apresentado no fragmento anterior, permite vislumbrar a dimensão devastadora da sociabilidade neoliberal sobre as vidas humanas. Logo na introdução de sua obra, Rolnik (2016) traz breves relatos das dramáticas situações de milhões de pessoas ao redor do globo que, com a crise, perdem suas moradias e, ainda mais, acumulam dívidas que não impactam apenas sobre suas vidas, mas são famílias inteiras que mergulham na insegurança habitacional.

> A propriedade imobiliária (*real estate*) em geral e a habitação em particular configuram uma das mais novas e poderosas fronteiras da expansão do capital financeiro. a crença de que os mercados podem regular a alocação da terra urbana e da moradia como forma mais racional de distribuição de recursos, combinada com produtos financeiros experimentais e 'criativos' vinculados ao financiamento do espaço construído, levou as políticas públicas a abandonar conceitos de moradia como um bem social e de cidade como um artefato público. As políticas habitacionais e urbanas renunciaram ao papel de distribuição de riqueza, bem comum que a sociedade concorda em dividir ou prover para aqueles com menos recursos, para se transformarem em mecanismo de extração de renda, ganho financeiro e acumulação de riqueza. Esse processo resultou na despossessão massiva de territórios, na criação de pobres urbanos 'sem lugar', em novos processos de subjetivação estruturados pela lógica do endividamento, além de ter ampliado significativamente a segregação nas cidades (Rolnik, 2016, p. 18).

A epígrafe que abre este capítulo, portanto, sintetiza de forma extrema e cruel a realidade sobre a financeirização da habitação e moradia, isto é, sobre o capitalismo em sua forma neoliberal: nunca foi sobre a democratização da propriedade imobiliária ou o direito à habitação e à moradia para os "do andar de baixo", mas sobre a ampliação da espoliação via produção e acumulação de capital fictício que, ao atingir seus limites de funcionamento, o "andar de cima" precisa "lembrar" aos envolvidos nesse processo de que "não há nada de livre mercado na ideia de que cada um tem o direito de ter um imóvel. Livre mercado significa apenas que o seu direito como proprietário não pode ser infringido por criminosos públicos ou privados" (Rockwell, 2008).

Uma vez gerado o incrível montante de capital por meio da financeirização, a crise não será socializada. As perdas, uma vez mais, sofridas pelos trabalhadores serão socializadas apenas entre si, enquanto a burguesia irá realizar os ajustes necessários entre si — via recomposição das fatias de mais-valor que cada fração pode se apropriar; reconfiguração das posições políticas e econômicas que as frações ocupam; rearticulação das relações entre as burguesias mundiais e seus papéis no processo de reprodução ampliada do capital, entre outros — para não apenas permanecer hegemônica, mas podendo ampliar seus ganhos sem riscos.

2.1 A CRISE FINANCEIRA E O PROGRAMA LIBERTARIANISTA COMO ALTERNATIVA

Compreender a crise financeira perpassa retomar alguns conceitos básicos sobre a produção de mercadorias e o processo de (re)produção simples do capital. Portanto, como forma de introdução, primeiramente será revisado, de forma muito breve, o processo de produção de mercadorias e, ao final desse processo, como se dá o surgimento do mais-valor. A discussão tem como finalidade retomar a produção de capital sob a perspectiva de Marx, uma vez que, para compreender o papel do capital fictício na crise financeira de 2007/08, é importante fazer essa breve digressão.

A partir da teoria de Marx sobre a criação de mais-valor, é possível perceber alguns elementos que tornariam o capitalismo um modo de produção historicamente único. Marx destaca que a ampliação e geração de mais-valor acontecem apenas a partir da combinação da exploração de força de trabalho e meios de produção. Para ele, "*o característico não é que a mercadoria força de trabalho seja comprável, mas que a força de trabalho apareça como mercadoria*" (Marx, 2014, p. 112).

> O vendedor do trabalho apresenta-se perante o comprador como força de trabalho alheia que tem de passar a seu domínio, de incorporar-se a seu capital, a fim de que este funcione realmente como capital produtivo. [...] trata-se

CRISE E OFENSIVA BURGUESA NO BRASIL

> de compra e venda, de relação monetária, mas de com-
> pra e venda que tem por pressupostos o comprador como
> capitalista e o vendedor como assalariado, essa relação se
> estabelece quando as condições para a materialização da
> força de trabalho, os meios de subsistência e os meios de
> produção, estão separadas do detentor da força de trabalho,
> como propriedade alheia (Marx, 2014, p. 45).

Ou seja, mesmo durante os períodos históricos nos quais predomi-
nava a mão de obra escrava, não era a força de trabalho objeto de compra,
mas os homens e mulheres eram transformados em mercadorias (coisi-
ficados, tornados objetos). Até durante a chamada Idade Média, não se
compravam servos, pois eram considerados como anexados à terra e, então,
o trabalho era indissociável dos meios de produção — apesar dos servos
não serem donos dos meios. Porém, ao transformar força de trabalho em
mercadoria, ela não pertence mais ao trabalhador. Assim, os meios de
produção dos quais o trabalho não era dissociado; a força de trabalho se
torna algo alheio àquele que a dispende.

Ainda no mesmo raciocínio, toda mercadoria é composta por força
de trabalho combinada com os meios de produção ($M = F + Mp$). O que
possibilita a extração de mais-valor é o fato de que o valor da força de trabalho, representada pelo salário, nunca pode ser equivalente. Em outras
palavras, a soma de valor pelo *quantum* de trabalho despendido total não
é e não pode ser equivalente:

> O trabalho, como elemento que gera valor, não pode possuir
> valor; determinada quantidade de trabalho, portanto, não
> pode ter valor que se expresse em seu preço, em sua equi-
> valência com determinada quantidade de dinheiro. Mas
> sabemos que o salário é apenas uma forma dissimulante
> em que, por exemplo, **o preço diário da força de trabalho
> se apresenta como preço do trabalho por ela realizado
> durante uma jornada**, de modo que o valor produzido por
> essa força em 6 horas de trabalho se exprime como valor de
> seu funcionamento ou do trabalho durante 12 horas (Marx,
> 2014, p. 43, grifo meu).

Portanto, F contém quantidade de trabalho necessária para a criação de determinada mercadoria e quantidade de trabalho excedente. Tal
condição só pode ser alcançada a partir da exploração do trabalho assa-
lariado, configurando, assim, característica única do modo de produção
capitalista. Ao tornar o preço diário da força de trabalho e o preço do tra-

balho realizado em uma jornada em sinônimos, cria-se a ilusão de que o salário representa um valor igual ao preço do trabalho realizado durante uma jornada. Salário só pode existir a partir da separação entre trabalho e os meios de produção, pois impossibilita a existência de dispêndio de trabalho para a subsistência, o que impede a comercialização apenas de produto excedente. Nesse sentido, os meios de subsistência também precisam ser mercadoria, condição apenas possível a partir da separação do trabalhador dos meios de produção.

O processo de criação de uma massa de trabalhadores despossuídos dos meios necessários para a realização de processo produtivo os força para a única opção de vender sua força de trabalho, assim criando um mercado de compra e venda, tornando capacidade potencial de trabalho em mercadoria. Em outras palavras, *"a expropriação massiva é, portanto, condição social inicial, meio e resultado da exploração capitalista"* (Fontes, 2010, p. 22).

Até o momento, esse seria ainda o primeiro estágio de três, conforme a clássica fórmula de Marx do ciclo de reprodução simples do capital. Em suas palavras, o ciclo pode ser assim resumido:

> Primeiro estágio: O capitalista aparece no mercado de mercadorias e no mercado de trabalho como comprador; seu dinheiro se converte em mercadoria ou passa pelo ato de circulação D-M. Segundo Estágio: O capitalista consome produtivamente a mercadoria comprada. Ele atua como produtor capitalista de mercadorias; seu capital passa pelo processo de produção. O resultado é uma mercadoria de valor maior que seus elementos de produção. Terceiro estágio: o capitalista retorna ao mercado como vendedor; sua mercadoria é transformada em dinheiro ou passa pelo ato de circulação M-D (Marx, 2014, p. 107).

Porém, no estágio de produção, a mercadoria final é acrescida de um valor "a mais", correspondente ao trabalho não pago, quando uma parte do capital monetário (D) é adiantado para pagamento ao trabalhador pelo dispêndio futuro de sua força de trabalho. *"O preço da força de trabalho vendida pelo trabalhador, é pago a este na forma de salário, isto é, como preço de uma quantidade de trabalho que contém mais-trabalho"* (Marx, 2014, p. 108-109). Ao fim do ciclo, resta apenas a conversão da totalidade das mercadorias acrescidas de mais-valor em dinheiro. Por isso, Marx marca o resultado com ('): símbolo que denota o valor acrescido. Isto é, não se trata de uma mera inversão do momento inicial do ciclo (D-M).

Figura 2 – Ciclo de reprodução simples do capital

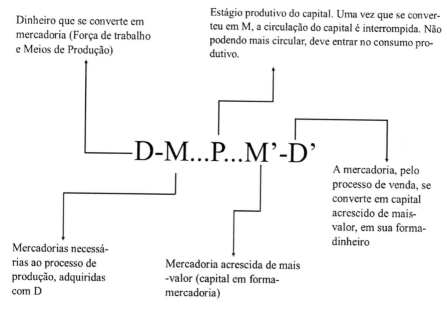

Fonte: elaborado a partir da obra *O capital*, de Karl Marx (2014)

É importante ressaltar que, para Marx, capital vai assumindo várias formas diferentes no ciclo, algumas evidenciadas no diagrama anterior, justamente para se compreender tais nuances. A forma-dinheiro, constante no início e fim do processo, é a aparência adotada pelo capital para realizar as conversões necessárias no ciclo, de acordo com o seu uso. Isto é, dependendo da finalidade que irá assumir.

Observa-se, também, como a cada ciclo produtivo, a quantidade de valor produzida vai aumentando. Afinal, uma vez finalizado o processo, a mercadoria retorna ao mercado, mantendo a aparência das demais mercadorias que lá se encontram. Ou seja, o acréscimo de mais-valor não é perceptível aos compradores ao se depararem com as mercadorias. A cada ciclo completado, a concentração de capital produzido vai tornando-se maior.

O processo de reprodução simples não dá conta de compreender como juros, crédito entre outros fatores contribuem para a produção, bem como não será abordado em suas minúcias dada a complexidade que, por si só, já é alvo de pesquisas. O objetivo, aqui, é apenas retomar alguns conceitos para facilitar a compreensão da relação entre a crise financeira e capital fictício.

Tal reflexão se faz necessária, pois, dentre a gama de interpretações sobre a crise e seus significados, o IMB e seus intelectuais teceram hipóteses que permitem perceber a relação entre teoria econômica e interesses políticos. Ao tratar a crise como um problema relacionado à inflação causada por intervenção estatal, os libertarianistas estão procurando construir um discurso sobre ela e suas determinações que estejam afinadas com seus interesses em avançar a desregulamentação de direitos e privatizações de sistemas públicos, por exemplo[69].

Até mesmo a defesa do "deixa quebrar", ou seja, de supostamente permitir a quebra completa do sistema financeiro e indústrias, possui como corpo de fundo a possibilidade de aquisições de massas falidas, de possibilidade em gerir fundos de investimentos que estavam nas mãos de financeiras agora entrando em falência; ou seja, de reconfigurar a posição dos sujeitos que estavam gerindo esses capitais, assim aumentando a concentração deles nas mãos de poucos. Afinal, lança-se aqui a hipótese de que a "Grande Recessão", de 2007/08, representa uma "virada histórica" para a burguesia mundial e brasileira. É a partir dela que "mais Mises, menos Marx" passa a ser palavra de ordem para uma reconfiguração do bloco no poder.

2.1.1 A crise e seus aspectos gerais

A importância da crise iniciada em 2007/08 e seus impactos no mundo são assuntos recorrentes. Desencadeada pelo "estouro" de uma "bolha" financeira e imobiliária nos EUA, resultou na maior queda do Produto Interno Bruto (PIB) mundial desde a Segunda Guerra Mundial (Tonelo, 2021, p. 26). Apesar de existir outras crises importantes — como a do petróleo na década de 1970 —, a crise financeira foi a única que levou o PIB mundial a taxas negativas de crescimento (Tonelo, 2021).

Outro aspecto mais geral e frequentemente característico da "Grande Recessão" é o papel do sistema de créditos e o processo de securitização que fez a bolha imobiliária crescer enormemente. É justamente tal carac-

---

[69] Em 2014, a Comitê Oxford para Alívio da Fome (Oxfam) publicou um relatório intitulado "Equilibre o jogo! É hora de acabar com a desigualdade extrema". No relatório, a entidade afirma que desde a Grande Recessão, o número de bilionários no mundo aumentou, bem como a desigualdade entre os 1% mais ricos e o restante da população mundial. Outra conclusão importante deste documento são as duas principais causas elencadas para este aumento da desigualdade: "fundamentalismo de mercado e captura da política pelas elites". Para maiores detalhes, *Cf.* Oxfam GB (2014).

terística que confere à crise nomenclaturas como "crise financeira" e "crise de especulação", por exemplo; porém, as denominações tomam o sintoma pela causa. Para além das determinações mais imediatas, é importante frisar que, embora tratemos dos efeitos mais "imediatos", ou seja, do "estouro da bolha" dos *subprimes*, sua lógica se insere em um contexto de crise estrutural do programa neoliberal que dava indícios de esgotamento em vários outros momentos, como a chamada "crise das empresas ponto. com" ou mesmo a crise econômica da América Latina nos anos 1990.

Essas sucessivas crises têm como marco zero as medidas que foram sendo tomadas buscando uma resolução — nunca atingida — da crise de superprodução da década de 1970:

> Durante a segunda metade da década de 1960, os produtores da Europa ocidental e do Japão exploraram os ganhos com o comércio para assegurar as taxas de expansão econômicas mais altas da época do pós-guerra. Ao mesmo tempo, entretanto, esses mesmos produtores começaram sem aviso a suprir frações ainda maiores do que antes do mercado mundial. Anteriormente haviam estado produzindo para os seus mercados internos de bens bastante similares àqueles que já eram produzidos pelos Estados Unidos. Assim, os bens que eles agora acabaram exportando tenderam a duplicar, em vez de complementar, os produtos dos titulares americanos nos mercados existentes, incitando a redundância, o excesso de capacidade e de produção (Brenner, 2003, p. 55).

Nesse contexto, os EUA começam a ter sua capacidade de exportação estrangulada. Os anos de bem-estar, baixos índices de desemprego, benefícios e alta remuneração da força de trabalho — comparada com outros países do mundo —, somados à manutenção de uma moeda forte garantida pela conversibilidade ao ouro (o chamado "padrão ouro"), resultarão na incapacidade estadunidense de competição por mercados, dado o seu alto custo de produção. Custo que, obviamente, além de incidir diretamente nos preços de suas mercadorias — quando comparadas aos demais países da Europa ocidental e Japão, por exemplo, com moedas menos valorizadas e custos de produção mais baixos —, inviabiliza a manutenção das taxas de lucros percebidas até o momento.

Nesse cenário, a saída implementada será a redução dos custos de produção — por meio de uma ofensiva contra os trabalhadores; a desvinculação do dólar ao ouro (isto é, fim do acordo de Breton Woods) e a adoção do câmbio flutuante; expansão monetária via déficit governamental na tentativa de, com uma moeda menos valorizada e custos de produção menores, retomar as exportações sem afetar as taxas de lucros.

As medidas irão surtir efeito em curto prazo. Porém, à medida que os setores produtivos concorrentes passam a diminuir suas taxas de lucro, preservando, assim, suas parcelas de exportação nos mercados mundiais, a capacidade de expansão estadunidense passa a atingir limites (Brenner, 2003). Mesmo sendo obrigados a reduzirem os lucros percebidos, os fabricantes concorrentes dos estadunidenses procuraram investir e melhorar suas linhas de produção:

> De fato, no Japão as empresas manufatureiras, com a colaboração de seus bancos associados e de outros membros de seus grupos industriais (*keiretsu*), desencadearam um extraordinário processo de reestruturação industrial de ponta a ponta, o qual conseguiu, antes de a década findar, transformar o enfoque da indústria japonesa, deslocando-a de 'pesadas' linhas de montagem, intensivas de energia e mão de obra, para linhas de alta tecnologia, eficientes em energia, que combinavam eletrônica e maquinaria ('mecatrônica') (Brenner, 2003, p. 74).[70]

Com efeito, o problema da superprodução não apenas perdurou, como intensificou-se. No início dos anos 1980, buscou-se, então, recorrer à financeirização como resolução da crise de superprodução:

> Os governos de todas as economias capitalistas avançadas buscaram facilitar o ingresso em atividades financeiras e pavimentar o caminho para retornos mais altos. Para fazê-lo, não só iniciaram uma guerra permanente contra a inflação como também encetaram um processo abrangente de desregulamentação financeira. Os tetos das taxas de juros e afins foram rejeitados. As restrições ao acesso aos mercados para as instituições financeiras, descartadas. Os controles de capitais, em quase toda a parte, finalmente eliminados. Mesmo assim, dado o nível baixo da taxa média de lucro na economia real, a obtenção de lucro, seja emprestando

---

[70] Alguns desses primeiros esforços para a compreensão da crise foram produzidos ainda muito próximos de seu começo, muitas vezes apontando tendências de possíveis desenvolvimentos: *Especulação e lucros fictícios* (Gomes, 2015); livro em questão apresenta um conjunto de artigos versam justamente sobre o capital fictício; Sampaio Júnior (2009), com *Capitalismo em crise: a natureza e dinâmica da crise econômica mundial*; e *Riqueza fictícia e a grande depressão do século XXI*, de (Carcanholo, 2013).

a entidades privadas, seja na especulação, não era tarefa fácil – e assegurar altos retornos em geral implicava altos riscos (Brenner, 2003, p. 86-87).

Nas considerações do historiador Robert Brenner, fica evidente que as medidas tomadas na tentativa de retomar as taxas de crescimento estadunidense no pós-guerra passam a compor o receituário neoliberal e o corpo de seu programa. Inclusive, o resultado da financeirização, segundo o autor, serão as sucessivas bolhas financeiras que surgem. Portanto, não é à toa que muitas das primeiras análises sobre a crise de 2007/08 tiveram como ponto de partida o papel do capital fictício, suas origens e composição, para compreender como essa forma do capital opera no processo de reprodução e acumulação.

Em sentido *lato*, o capital fictício seria resultante da generalização e expansão do capital portador de juros, que aparece quando o capital passa a operar como mercadoria:

> Suponhamos que a taxa média anual de lucro seja de 20%. Nesse caso, uma máquina no valor de £100 que fosse empregada como capital sob as condições médias e com uma quantidade média de inteligência e adequação aos fins geraria um lucro de £20. Digamos que um homem disponha de £100 e tenha em mãos o poder de converter essas £100 em £120, produzir um lucro de £20. Ele tem nas mãos um capital possível de £100. Se esse homem cede as £100 por um ano a outro, que as emprega realmente como capital, ele entrega e esse outro o poder de produzir um lucro de £20, isto é, um mais-valor que não lhe custa nada e pelo qual ele não paga equivalente nenhum. Se no final do ano esse, paga, digamos, £5 ao proprietário das £100, ou seja, uma parte do lucro produzido, ele paga, com isso, o valor de uso das £100, o valor de uso de sua função de capital, da função de produzir £20 de lucro. A parte do lucro que ele lhe paga chama-se jutos, que não é mais do que um nome especial, uma rubrica para designar uma parte do lucro que o capital ativo, em vez de colocar em seu próprio bolso, precisa pagar ao proprietário do capital (Marx, 2017b, p. 386).

No exemplo de Marx, as £100 operam como capital portador de juros. Porém, isso não significa que todo capital assume tal forma. É importante ressaltar que essa é uma configuração assumida quando, uma vez tornado mercadoria, o capital atua na produção, tendo como origem o empréstimo mediante à expectativa de compensação de £5. Nesse processo apenas, ele assume a função de capital portador de juros. Continua Marx em sua explanação:

> As £100 geram um lucro de £20 pelo fato de funcionarem como capital, seja industrial, seja comercial. Mas a condição *sine qua non* dessa função como capital é que elas sejam desembolsadas como capital, que, portanto, esse dinheiro seja despendido para comprar meios de produção (no caso do capital industrial) ou mercadoria (no caso do capital comercial) (Marx, 2017b, p. 387).

Nota-se que o capital portador de juros possui uma função e existência muito específicas no processo de produção, justamente por atuar como mercadoria, seu valor de uso passa a ser a produção de mais-valor:

> O possuidor de dinheiro, que quer valorizá-lo como capital portador de juros, aliena-o a um terceiro, lança-o na circulação, converte-o em mercadoria *como capital*; e não só como capital para ele mesmo, mas também para outros; ele não é capital apenas para quem o aliena, mas é desde o início transferido a um terceiro como capital, como valor que possui valor de uso de criar mais-valor, lucro; como um valor que conserva a si mesmo no movimento e que, depois de ter funcionado, retorna àquele que o desembolsou originalmente, no caso em questão, ao possuidor do dinheiro; portanto, um valor que só por algum tempo permanece distante de quem o desembolsou, que só transita temporariamente das mãos de seu proprietário para as mãos do capitalista em atividade e que, por conseguinte, não é pago nem vendido, mas apenas emprestado; um valor que só é alienado sob a condição de, em primeiro lugar, retornar ao seu ponto de partida após determinado prazo e, em segundo lugar, retornar como capital realizado, isto é, tendo cumprido seu valor de uso, que consiste em produzir mais-valor (Marx, 2017b, p. 390-391).

Entre aquele que empresta e aquele que toma o empréstimo, o capital, em sua forma-dinheiro, apresenta-se apenas como tal. É a partir do seu lançamento na circulação, tendo como valor de uso produzir mais-valor, é que assume a forma de capital portador de juros. Dado seu valor de uso, essa forma assumida possui relação com a produção:

> Com o desenvolvimento do sistema de crédito, com o objetivo primordial de financiar a produção, o capital a juros adquire grande importância e dimensão no sistema capitalista, ao estar **diretamente subordinado à lógica do capital industrial.** Ao mesmo tempo que se apropria de uma parte da mais-valia [mais-valor] gerada no setor produtivo, o capital a juros aumenta a eficiência da produção do excedente, assim como a velocidade de reprodução do ciclo do capital (Carcanholo; Sabadini, 2015, p. 128, grifo meu).

Ao contrário do que ocorre com o capital fictício, a ser apresentado mais adiante, o capital portador de juros possui função produtiva. Em sua valorização, isto é, ao retornar ao emprestador original, é acrescido de parte de mais-valor gerado pela função assumida no processo de produção. Ou seja, o valor acrescido é fruto de seu investimento produtivo, e não mera especulação.

Para adentrarmos no entendimento capital fictício, faz-se necessário compreender a relação entre os dois. A expansão e generalização do capital portador de juros cria uma ilusão social:

> No capitalismo, a existência generalizada do capital a juros, cujo significado é o fato de que toda soma considerável de dinheiro gera uma remuneração, produz a ilusão contrária, isto é, a que toda remuneração regular deve ter como origem a existência de um capital (Carcanholo; Sabadini, 2015, p. 127).

É nessa lógica que se insere a especulação. O acréscimo e/ou decréscimo de preço — que não deve ser confundido com valor — de um imóvel, por exemplo, quando não é resultante de materialização de trabalho não pago, ou seja, mais-valor, não possui materialidade. A valorização de um imóvel, por critérios especulativos, é resultante apenas de um entendimento subjetivo. É válido observar que, nesse caso, trata-se de uma alteração de preços que não está relaciona à variação de juros que pode incidir sobre dado imóvel, uma vez que possuem materialidade, na medida em que resultam de aumentos nos custos de produção.

Afinal, até mesmo uma quantidade de terras, localizada em uma determinada área urbana e/ou rural, passa por um processo de zoneamento e georreferenciamento, que tem como resultado delimitar uma área que pode ser objeto de compra e venda. A ressalva é necessária, na medida em que irá auxiliar na compreensão de como os chamados *subprimes* são operações de capital fictício.

Muito embora o processo de especulação imobiliária não seja suficiente para compreender a Grande Recessão, ele auxilia na compreensão de como o capital fictício se apresenta e opera cotidianamente. O economista Reinaldo Carcanholo elucida melhor tomando como exemplo a valorização de um determinado imóvel:

> A valorização especulativa e mais ou menos sustentada de um determinado apartamento, por exemplo, faz com que seu proprietário passe a ver-se, e também ser visto no mercado, como mais rico do que antes. Seu patrimônio incrementou-se na exata medida da valorização especulativa, e esse incremento se manterá enquanto a especulação mantiver o preço do imóvel elevado. Observe-se que, caso o seu proprietário venda esse imóvel e enquanto o preço de marcado seguir sem alteração, o comprador, a outra parte da operação comercial, não terá transferido valor ao vendedor, uma vez que seu patrimônio (o do comprador) continuará exatamente igual ao anterior à sua compra: antes em dinheiro, agora em imóvel valorizado pela especulação (Carcanholo, 2013, p. 143).

Em resumo, no cenário descrito anteriormente, o comprador não estaria transferindo valor, pois a valorização especulativa não tem como origem apropriação de trabalho. O patrimônio do comprador segue sem alteração, muito embora ele tenha desembolsado mais dinheiro na transação:

> Essa riqueza adicional, fruto da especulação e que passa a fazer parte do patrimônio daquele proprietário que teve o valor do seu imóvel elevado especulativamente é o que podemos chamar de *riqueza fictícia*. É parte riqueza patrimonial, mas não da riqueza real, substantiva (Carcanholo, 2013, p. 143, grifo do autor).

Observa-se que, ao comprador, seu patrimônio não é valorizado pela aquisição de um imóvel tornado mais caro pela especulação. Porém, o patrimônio do vendedor passa a ser acrescido, muito embora ele não tenha nenhuma relação — seja direta ou indiretamente — com capital produtivo. Para o mercado, bem como no nível das relações entre comprador e vendedor, ela é reconhecida como valor, muito embora "não tenha como origem nem a natureza, nem o trabalho" (Carcanholo, 2013, p. 143).

Em sua explanação, Carcanholo também relaciona o capital fictício com concessões de direito à utilização de frequências de rádio e canais de televisão concedidas pelo Estado. Muito embora elas se constituam como capital ilusório — uma vez que uma concessão não incorre valor originado por apropriação de trabalho — se tais concessões fossem convertidas em títulos que pudessem ser comercializados no mercado, o capital ilusório passaria a converter-se em capital fictício.

Outra questão importante nas considerações de Carcanholo se refere ao fato de que o capital fictício, muito embora não tenha relação alguma com o processo de produção de mais-valor, possui direitos de apropriação sobre o valor produzido.

> Qualquer capital real, na sua existência, possui substância real produzida anteriormente e direito de apropriação sobre a mais-valia que será produzida. O capital fictício não possui substância real, mas possui esse direito de apropriação (Carcanholo, 2013, p. 146).

Para compreender melhor como o capital fictício contribui para o estabelecimento de uma condição de crise econômica, é importante adentrar nos meandros da formação da bolha imobiliária, a começar pela importância que o setor imobiliário passa a ter nos anos que antecedem a crise.

Em estudo recente, o economista Iuri Tonelo (2021) levanta dados importantes sobre a economia estadunidense pré-crise de 2007/08. Segundo ele, o ramo imobiliário passa a ser objeto de investimento, pois representaria um meio mais seguro de valorização do capital, "[...] como resposta ao esgotamento ocorrido após uma série de crises ao longo das décadas anteriores, culminando, nos anos 2000, na crise das chamadas empresas ponto.com" (Tonelo, 2021, p. 19). O autor ainda escreve que o setor imobiliário começa a ganhar tamanha importância, a ponto de as novas operações imobiliárias chegarem a significar 35% do Produto Interno Bruto estadunidense, em 2003 (Tonelo, 2021).

Ainda de acordo com sua pesquisa, o processo de criação e crescimento da bolha imobiliária envolve dois elementos principais:

> 1) A expansão sem precedentes de financiamentos imobiliários, desregulamentando o setor de imóveis ao permitir a concessão de créditos para famílias que não tinham capacidade de pagamento comprovada, o que deu origem aos empréstimos conhecidos como *subprimes*; 2) a inovação

financeira pela via da securitização dos ativos de seguros (Tonelo, 2021, p. 19).

Embora esses dois elementos possuam efeitos separados, precisam ser compreendidos conjuntamente. O envolvimento dos bancos de investimentos na concessão de crédito é de suma importância para a desregulamentação e expansão da modalidade *subprime:*

> [...] podemos remarcar como aspecto central a importância da participação dos bancos de investimentos para a aceleração das vendas de imóveis a partir de volumosas concessões de crédito. Com isso, permitiu-se o superaquecimento das vendas no setor e foram oferecidas novas 'condições' para a criação de hipotecas, por meio de mecanismos financeiros inovadores. Em outras palavras, o que foi visto foi um processo de alavancagem (*leverage*) das vendas imobiliárias a tal nível que criou condições para o hiperendividamento das famílias até a asfixia, levando à inadimplência e à crise generalizada (Tonelo, 2021, p. 19).

São os bancos de investimentos que acelerarão a dinâmica do setor imobiliário, apesar do pagamento das dívidas de financiamento terem prazos quase maiores que o tempo de vida daqueles que as assumem[71]:

> Os bancos de investimento que realizavam esse processo, como Lehman Brothers, ganhavam uma parte dos juros, ao fornecer o crédito inicial, o que possibilitava a sua rentabilidade, e ao vender aos investidores extraindo uma porcentagem menor, mas segura. Em contrapartida, os investidores ganhavam com a maior rentabilidade desses ativos, na medida em que assumiam o contrato junto a todas as famílias alocadas no 'pacote-contrato' financeiro que aceitaram comprar do banco. Embora um ou outro pagador se tornasse inadimplente, a maioria do pacote lhe conferia rendimentos que compensavam as perdas. Era um risco, mas que na maioria dos casos, saía rentável (Tonelo, 2021, p. 21).

Compreender a dinâmica dos *subprimes* e o papel da securitização é complexo, pois elas funcionam concomitantemente e em dois níveis. A expansão dos *subprimes* está intimamente relacionada à compra do pacote de dívidas. Os investidores e os bancos de investimentos são quem

---

[71] Tonelo (2021) aponta que não era incomum empréstimos que atingissem parcelas que se estendessem por 30/40 anos.

CRISE E OFENSIVA BURGUESA NO BRASIL

forneceriam o "lastro" para o empréstimo às famílias que não possuem as mínimas condições de pagar por esses empréstimos ou mesmo bens que poderiam ser utilizados como garantia. Nesse aspecto, é possível afirmar que a aquisição de tais imóveis se basearia em uma ilusão, uma vez que bastava observar o prospecto das famílias que se "encaixavam"[72] na condição de empréstimo; aliás, a própria criação de uma linha de financiamento e hipoteca que liberava dinheiro para pessoas sem as mínimas de condições de pagamento, para perceber que inadimplência se tornaria regra.

As instituições que concedem o crédito inicial — bancos que possuem linhas de financiamento imobiliário, por meio das imobiliárias e corretores — começam a flexibilizar os empréstimos com base em uma dívida compartilhada entre os tomadores diretos — as famílias — e os investidores. Esses empréstimos são convertidos em títulos ainda nos bancos que concedem o empréstimo às famílias por meio da securitização: os empréstimos realizados eram agrupados em pacotes (com diferentes graus de risco e rentabilidade) e convertido em títulos a serem oferecidos aos bancos de investimentos (Tonelo, 2021).

> O objetivo desse processo de securitização era diluir as hipotecas consideradas de alto risco de inadimplência em outros ativos mais seguros, para que o novo ativo criado [...] pudesse ser bem avaliado pelas agências de avaliação de risco – como Standard & Poors, Moody's e Fitch – e dessa forma encontrasse mercado. Pela via desse processo, os bancos conseguiam que cerca de 75% das dívidas negociadas se transformassem em novos títulos, mais bem classificados, com *ratings* [avaliações] superiores. Assim o banco de investimento, ao vender o pacote financeiro para investidores, transferia-lhes o grosso dos rendimentos e dos riscos (Tonelo, 2021, p. 21).

A securitização acelera o setor imobiliário, na medida em que permite a ampliação da concessão de crédito para amplas camadas da população estadunidense que, de outra maneira, não poderiam tomar os empréstimos. Outro efeito importante é que a "ilusão" de que toda forma de juros devidos tem como origem o capital produtivo, vai gerar também um

---

[72] Lembrando que a modalidade *subprime* foi criada justamente para atender pessoas consideradas de risco ou mesmo *"NINJA: no income, no job, and no assets"* (sem renda, sem emprego e sem bens). Talvez "encaixar" seja uma palavra um pouco deslocada, uma vez que tal modalidade de empréstimo já era de grande alto risco de inadimplência. Em outras palavras, as agências sabiam do risco e mesmo assim cediam os empréstimos.

efeito de valorização dos imóveis por meio da especulação, pois estaria aumentando a demanda por imóveis. Do ponto de vista social, também se criará nos sujeitos uma ilusão de propriedade. Famílias irão organizar as suas vidas para a inclusão das dívidas em seus orçamentos na tentativa de efetuar pagamentos desses empréstimos que, na realidade, dada a própria lógica, não são possíveis de serem quitados.

A origem e crescimento da bolha, muito embora seja impulsionada pela securitização, têm como base elementar a "ilusão" de que a valorização dos imóveis possui lastro em trabalho materializado, muito embora ela seja um efeito criado pela própria retroalimentação do mercado. Do ponto das relações dos sujeitos envolvidos nesse processo, essa valorização se apresenta como resultado de crescimento de riqueza real, justamente pois nas relações do mercado, capital fictício e as suas demais formas se apresentam apenas como "forma-dinheiro". Porém, no conjunto do processo, ele não corresponde a nenhum excedente substantivo.

Embora pareça contraditório, perceber tal dinâmica não torna a "ilusão" algo similar a "não existente". Nesse sentido, é importante "relembrar também que a aparência não resulta de erro de observação, como muitas vezes se considera, mas constitui uma das duas dimensões verdadeiras do real" (Carcanholo, 2013, p. 146). Sua existência é fictícia/ real ao passo que possui efeitos e resultados reais, interferindo no processo de acumulação, circulação e valorização de capital.

Outro ponto importante entre a valorização dos imóveis com o crescimento da bolha imobiliária diz respeito ao arrolamento dos empréstimos inadimplentes. Nas palavras de Tonelo (2021, p. 20):

> [...] diante da inadimplência e tendo em vista as condições desfavoráveis de financiamento, permitia-se às famílias realizar a rolagem da dívida pela via da renegociação das hipotecas, o que parecia vantajoso já que as taxas de juros estavam em queda e os preços dos imóveis, em ascensão. Ou seja, aqueles que não conseguiam pagar suas prestações podiam renegociar o empréstimo – ainda que agora devendo mais, porque os preços dos imóveis estavam em alta – e voltar a pagar os valores menores das parcelas iniciais.

De acordo com o economista, nos primeiros anos dos empréstimos, as parcelas eram baixas e com juros menores que os praticados pelo mercado. Porém, após, os valores iam tornando-se flexíveis, sofrendo aumento e ajustes conforme a taxa corrente no mercado (Tonelo, 2021). Enquanto os bancos de investimentos e os investidores forneciam o lastro para esses empréstimos, os imóveis seguiram valorizando e as taxas de juros permaneceriam baixas, uma vez que os investidores forneciam garantia pela compra dos pacotes de títulos da dívida do empréstimo.

Esse sistema de rolagem da dívida vai causar o efeito de aumento da porção de mais-valor que o capital portador de juros reivindica para si. Isso significa, também, que os investidores e os bancos terão aumentadas as parcelas desses juros que poderão tomar, num efeito semelhante ao que ocorre com a valorização dos títulos públicos federais[73] no Brasil — o aumento de sua valorização corresponde a um risco maior de que o governo não consiga compensar o título no prazo firmado.

Em outras palavras, a especulação imobiliária irá gerar um processo de produção de riqueza fictícia, que aumentará cada vez mais, enquanto os investidores continuarem a consumir os títulos dos empréstimos imobiliários. Esses continuaram a fazê-lo enquanto o aumento no preço das casas continuasse a compensar o risco de comprar tais títulos. Porém, conforme a desregulamentação na concessão dos empréstimos seguia crescendo, o risco dos títulos também crescia, atingindo, assim, o limite da valorização dos imóveis ao ponto de não compensar o risco correspondente.

A crescente inadimplência também causará um aumento na quantidade de imóveis disponíveis no mercado, uma vez que o não pagamento leva, necessariamente, para execução da hipoteca. Ou seja, o banco toma o imóvel e o lança para venda novamente no mercado. A partir desse limite, as taxas de juros passam a crescer, pois os bancos tornar-se-ão mais "temerosos" em ceder empréstimos. Consequentemente, os imóveis passam a desvalorizar; por conseguinte, o risco para os investidores começa a ficar maior que a expectativa de ganhos. Essa desvalorização dos imóveis irá gerar outro movimento importante no "pacote" de títulos de dívidas.

Como dissertado anteriormente, os bancos que cediam empréstimos os reuniam em um pacote e os convertiam em títulos comercializáveis aos

---

[73] "O Sistema Especial de Liquidação e de Custódia (Selic) é o sistema em que se efetua a custódia e se registram as transações com a maioria dos títulos emitidos pelo Tesouro Nacional." Entre os títulos emitidos pelo Tesouro Nacional, estão Títulos públicos federais que "são promessas de pagamento emitidas pelo governo do Brasil, representado pelo Tesouro Nacional. Quando emite um título, o governo torna-se devedor; quem compra o título financia o governo" (Banco Central do Brasil, 2024). Portanto, conforme maior o risco do governo em não conseguir cumprir o pagamento do título, maior será a compensação do investidor que age como financiador do governo.

bancos de investimentos. Nesses pacotes, inseriam-se tanto os empréstimos de modalidade *subprime*, como outros mais seguros e de rentabilidade
certa. É esse processo de agrupamento que dilui o risco, fazendo com que
as agências que avaliam a segurança desses títulos — securitização – emi-
tissem pareceres de que eram seguros para a compra pelos investidores.
Ou seja, até certo ponto, os investidores não possuem pleno conhecimento
dos reais riscos que envolviam a compra desses pacotes.

No momento que os investidores começam a perceber os limites do
processo, bem como a possibilidade de "estouro da bolha", vão passar a
se desfazer dos títulos adquiridos, bem como cessar o investimento neste
tipo de operação.

> [...] além dos investidores deixarem de receber os juros
> dos *subprimes* daqueles que não conseguiam pagar, pouco
> a pouco foram também perdendo o valor de seus títulos
> (em alguns casos o conjunto dos contratos) pelos bons
> pagadores, os *safers*. À medida que muitas casas começam
> a ser colocadas à venda (tomadas pelos bancos dos ina-
> dimplentes) e o preço delas começa a cair, a família que
> pagava um valor mais alto em sua hipoteca deixa de ver
> sentido em continuar a pagá-lo. Para dar um exemplo, seria
> o mesmo que uma família começar a pagar 300 mil dóla-
> res por uma casa com prazo de 23 anos, depois encontrar
> uma casa similar por 100 mil dólares, posto que os preços
> despencaram (Tonelo, 2021, p. 24).

Todos esses fatores em conjunto tiveram como resultado no estabelecimento da maior crise econômica desde a Segunda Guerra Mundial.
Nesse contexto, o capital fictício, muito embora não tenha participação
alguma no processo de valorização de capital, agrava a crise na medida
em que busca converter titularidade em dinheiro:

> Num sistema de produção em que toda a rede de conexões
> do processo de reprodução se baseia no crédito, quando este
> cessa de repente e só se admitem pagamentos à vista, tem
> de se produzir evidentemente, uma demanda violenta de
> meios de pagamento. Á primeira vista, a crise se apresenta
> como uma simples crise de crédito e monetária. E, com
> efeito, trata-se apenas da conversibilidade das letras de
> câmbio em dinheiro. Mas a maioria dessas letras representa
> compras e vendas reais, cuja extensão, que vai muito além
> das necessidades sociais e acaba servindo de base a toda a

> crise. Ao mesmo tempo, há uma massa enorme dessas letras que representa apenas negócios fraudulentos, **que agora vêm a luz e estouram como bolhas de sabão**; além disso, há especulações feitas com capital alheio, porém malogradas; e, por fim, capitais-mercadorias desvalorizados, ou até mesmo invendáveis, ou refluxos de capitais que jamais se realizam (Marx, 2017b, p. 547, grifo meu).

É surpreendentemente vívida a breve descrição de Marx (2017b) sobre a aparência de uma crise financeira. Muito embora o capital fictício tenha uma origem "ilusória", seus efeitos são reais. Tratam-se de operações reais que ocorreram e exigem, em situação de crise, "conversibilidade das letras de câmbio em dinheiro". O hiperendividamento das famílias que tomaram empréstimos *subprime*, sem as mínimas condições de arcarem com as dívidas, emergem à superfície e a "bolha estoura".

Ainda que o cenário retratado por Marx se apresente caótico, a crise de 2007/08 possui um adicional, que o cenário descrito no fragmento anterior não está considerando. Marx constrói um panorama levando em conta apenas a dimensão da execução dos títulos que foram negociados e da corrida entre os agentes econômicos para transformá-los em dinheiro antes que a desvalorização atinja o total da riqueza representada no título (por exemplo, que a desvalorização do imóvel seja tão grande que torne o seu valor atual menor do que os custos de sua produção).

O processo colocado em movimento, dada a impressionante velocidade do setor financeiro, fez acumular também uma massa de títulos que ainda não haviam sido lançados no mercado:

> O problema, portanto, não se refere apenas aos títulos já vendidos, mas aos que ainda o seriam: no estourar da crise, os bancos e as seguradoras são surpreendidos com um volume imenso de vendas a serem repassadas aos investidores, mas estes, lendo na situação econômica que se tratam de condições extremas de risco (além do que estariam dispostos a aceitar), desistem de novas compras e, com isso, acumula-se nos bancos um imenso volume dos chamados *títulos podres*, o que pode afetar completamente sua saúde financeira e leva-los ao completo colapso (Tonelo, 2021, p. 24).

Pode-se dizer que o processo de corrida para a conversão de letras de câmbio em dinheiro causa o início de uma imensa "queima de capital", pois o não cumprimento da apropriação esperada — e da incrível massa de capital fictício — arrastará para o fundo todo o processo de valorização; que incidirá diretamente sobre o valor real das mercadorias e patrimônios envolvidos no conjunto global da produção.

Apenas como exercício de dimensionar a situação, importa levantar um dado da pesquisa de Iuri Tonelo, sobre o montante gasto pelo governo dos EUA para o salvamento de apenas uma das seguradoras envolvidas. O governo teria gastado cerca de 85 bilhões de dólares, em um único dia, para salvar da falência a seguradora American International Global (AIG). De acordo com Tonelo, o montante gasto seria semelhante à média do PIB, para o ano de 2008, entre a Líbia (71 milhões de dólares) e Bangladesh (103 bilhões de dólares) (Tonelo, 2021, p. 31).

É um dado muito sintomático da dimensão da desigualdade dos países em responderem aos efeitos da crise; ainda mais, da dinâmica cruel do capitalismo que normaliza uma mobilização bilionária de fundos para o salvamento de uma única empresa — e em uma velocidade impressionante —, enquanto países atravessados por inúmeros problemas de ordem econômica e social demoram um ano inteiro para obter equivalente montante.

Ainda sobre o impacto dos salvamentos, é importante frisar que, com a quebra da "ilusão" da propriedade com o estabelecimento da crise, o sonho da casa própria se torna pesadelo para milhares de famílias. De acordo com relatório produzido pela organização não governamental Center on Budget and Policy Priorities (Centro de Orçamento e Políticas Prioritárias), em 2009, o número de pessoas à procura por albergues e abrigos nos EUA havia crescido[74]. Mesmo existindo medidas tomadas pelo governo estadunidense para deter o avanço de famílias sem ter onde morar, é extremamente desproporcional ante o montante gasto com o salvamento do sistema financeiro. Nesse contexto, não é de se admirar que discursos à direita contra os salvamentos, criticando as ações do governo — lembrando que Barack Obama havia sido eleito pelo Partido Democrata, partido mais "à esquerda" na política institucional estadunidense —, bem como levantando antigos "fantasmas" da política ("ameaça de comunismo", por exemplo), enfim, toda a sorte de discursos conspiracionistas, irão ganhar força neste processo.

---

[74] A forma como o relatório detalha a situação para algumas das principais cidades do país varia muito, provavelmente por conta da inexistência de um indicador unificado para observar tal aumento, por vezes citando dados de cidades, condados ou Estados da federação como um todo. Para mais detalhes, *Cf.* Sard (2009).

Em linhas gerais, de acordo com as pesquisas sobre a temática da crise, os elementos brevemente apresentados aqui seriam as principais determinações de suas causas e dinâmica. Há, porém, um importante apontamento a ser feito: alguns dos autores analisados — por exemplo, Iuri Tonelo — consideram que a "Grande Recessão", de 2007/08, estenda-se até, pelo menos, 2016; data que marcaria o delineamento de uma nova dinâmica no capitalismo (Tonelo, 2021).

Portanto, é a partir desse cenário que a burguesia brasileira, por meio de seus aparelhos privados e intelectuais, irá buscar "decifrar a esfinge" da crise, antes que ela acabe por devorá-la[75]. Assim sendo, para avançar nos sentidos e significados que os libertarianistas irão construir sobre ela, era necessário minimamente apresentá-la em suas múltiplas determinações.

2.1.2 Aspectos gerais sobre as fontes analisadas

Dentre os aparelhos tomados aqui como objeto, o Mises Brasil é, surpreendentemente, aquele que mais publicou material sobre a crise financeira. Já em seus primeiros anos de existência, a temática de seus impactos, as medidas tomadas pelo governo estadunidense, bem como a apresentação de alternativa para sua superação, são alguns dos assuntos recorrentes no material publicado pelo IMB.

Como forma de procurar seguir as preferências de conteúdo do instituto, bem como "filtrar" todo o material produzido, optou-se por focar na análise nas publicações separadas em uma seção do site intitulada: "artigos para se entender a crise"[76], dividida em "teoria" e "a realidade (em ordem de publicação)", conforme as tabelas a seguir. Devido ao volume de material, para melhor expor um "quadro geral" das publicações, os separamos, conforme a divisão feita pela equipe do Mises Brasil:

---

[75] Alusão à peça Édipo Rei de Sófocles e o mito da Esfinge de Tebas.

[76] Disponível em: https://www.mises.org.br/Ebook.aspx?id=8. Acesso em: 5 maio 2022. Em recente visita ao site (maio de 2023), nota-se que o link que encaminhava para a seção na qual os artigos estavam separados não está mais ativa. Além disso, apresenta o problema em dificultar o acesso para a conferência dos textos, é possível que alguns deles tenham sido retirados dos servidores do IMB. Temendo que algo assim pudesse continuar acontecendo, todos os artigos da seção foram baixados e armazenados em um HD Externo.

Quadro 1 – Material da seção "artigos para se entender a crise ('A teoria')"

AUTOR	TÍTULO	DATA DE PUBLICAÇÃO
Ron Paul	O colapso da Enron	30 jan. 2008
Murray N. Rothbard	Como ocorrem os ciclos econômicos	17 mar. 2008
Ron Paul	Será que o capitalismo falhou?	15 mai. 2008
Thomas DiLorenzo	O New Deal ridicularizado (novamente)	16 mai. 2008
Ludwig von Mises	A verdade sobre a inflação	27 mai. 2008
Henry Hazlitt	O que você deve saber sobre a inflação	07 jul. 2008
Murray N. Rothbard	Crise Bancária	08 jul. 2008
Robert Higgs	Como Franklin Roosevelt piorou a Depressão	05 ago. 2008
Dan Mahoney	A Teoria Austríaca dos Ciclos Econômicos: Uma Breve Explanação	27 ago. 2008
Ludwig von Mises	A teoria austríaca dos ciclos econômicos	27 ago. 2008
Robert P. Murphy	Paul Krugman, a atual crise, sushis e a importância da teoria do capital	23 out. 2008
Frank Shostak	O problema do crédito: o que fazer para recuperar os mercados?	27 out. 2008
Benjamin Powell	Explicando a recessão japonesa	31 out. 2008
Frank Shostak	Será que precisamos de mais Keynes agora?	03 nov. 2008
Ron Paul	O risco moral criado pelas regulamentações	05 nov. 2008
Robert P. Murphy	Consumidores não provocam recessões	16 nov. 2008
Larry J. Sechrest	Alan Greenspan e os ciclos econômicos	18 nov. 2008
Frank Shostak	O padrão-ouro e a regra monetária de Friedman: qual de fato pode estabilizar a economia?	21 nov. 2008
Helio Beltrão	Palestra do IMB sobre a crise financeira	28 nov. 2008
Lew Rockwell	Agora são os empregos	05 dez. 2008
Robert P. Murphy	Carta aberta a Gary Becker: Depressões	11 dez. 2008

AUTOR	TÍTULO	DATA DE PUBLICAÇÃO
Leandro Augusto Gomes Roque Roger W. Garrison	Os triângulos hayekianos e a estrutura do capital	06 jan. 2009
Robert P. Murphy	A SEC torna Wall Street ainda mais fraudulenta	07 jan. 2009
Lew Rockwell	À espera de um novo New Deal	20 jan. 2009
Ron Paul	Estimulando a economia até o colapso	23 jan. 2009
Murray N. Rothbard	Depressões econômicas: a causa e a cura	03 fev. 2009
Robert P. Murphy	Será que durante uma depressão as regras econômicas se alteram?	23 fev. 2009
Frank Shostak	Por que estímulos fiscais não acabam com recessões	24 fev. 2009
Robert P. Murphy	Por que os bancos devem aumentar os juros em uma recessão	04 mar. 2009
Thomas Woods	A economia da tragédia	10 mar. 2009
Leandro Roque	Ascensão e queda da economia brasileira	21 mar. 2009
Peter Schiff	Dicas de investimento e análise da economia mundial – com Peter Schiff	20 abr. 2009
Robert P. Murphy	Hoover e a fraudulenta história da Grande Depressão	25 abr. 2009
Thomas Woods	O desastre não é natural	02 mai. 2009
Mark Thornton	O mundo confuso e invertido de John Maynard Keynes	06 mai. 2009
Mario Rizzo	Por que o gasto governamental piora uma recessão	23 mai. 2009
Peter Schiff	Palestra definitiva sobre a crise americana	19 jun. 2009
Lew Rockwell	Os planos obâmicos são uma negação da realidade	26 jun. 2009
Frank Shostak	Expectativas e a Teoria Austríaca dos Ciclos Econômicos	19 set. 2009

AUTOR	TÍTULO	DATA DE PUBLICAÇÃO
Robert Blumen	Salvar ou deixar falir?	09 out. 2009
Frank Shostak	A atual crise financeira confirma as teorias de Hyman Minsky?	03 nov. 2009
Leandro Roque	Juros, preferência temporal e ciclos econômicos	17 dez. 2009
Joseph Salerno	Rothbard, Friedman e a Grande Depressão – quem afinal estava certo	02 jan. 2010
Murray N. Rothbard	As crises monetárias mundiais	07 jun. 2010
Hans F. Sennholz	A Grande Depressão – uma análise das causas e consequências	21 jun. 2010
Ron Paul	Um Banco Central é incompatível com uma economia livre	28 jul. 2010
Gary North	O que um país deve fazer para substituir o dólar como moeda de reserva mundial	08 out. 2010
Total		**48 publicações**

Fonte: Instituto Ludwig von Mises Brasil (2015). Adaptado pelo autor

Como forma de organizar o material, optou-se por dispô-lo em ordem cronológica, uma vez que apenas o material agrupado no tópico "A realidade" possui uma intenção do administrador da página em preservar a ordem em que eles foram originalmente publicados no site. Na impossibilidade de perceber alguma intencionalidade, por parte do administrador da página, em apresentar o material do campo "A teoria" sob uma forma de disposição específica, adota-se aqui a disposição em ordem cronológica.

Já no primeiro apanhado geral do material, é possível fazer algumas considerações. Quanto ao período em que o IMB publiciza material relacionado à crise de 2007/08, inicia-se em 2008, ano em que o site oficial vai ao ar, estendendo-se até 2010. Outra informação possível de se observar é a frequência de certos autores traduzidos, bem como algumas das temáticas mais recorrentes.

Quanto à origem dos artigos, a imensa maioria deles são traduções de intelectuais do Mises Institute, situado no Estado do Alabama, nos EUA. Um pouco antes do IMB ser criado, Beltrão vai aos EUA pedir "benção" para criar um instituto homônimo ao sediado na cidade Auburn, como já explicitado no capítulo anterior. Junto à autorização, Beltrão consegue também a autorização para a tradução dos textos e livros dos intelectuais membros do Mises Institute; que lhe forneceu a possibilidade de produzir conteúdo para o site, bem como relançar alguns livros há tempos sem nova edição — a obra Liberalismo, de Mises (2010b), é um bom exemplo — e traduzir obras ainda inéditas em língua portuguesa. Isso irá permitir dar os passos iniciais para a estruturação do IMB e suas futuras ações.

Entre os autores constantes na lista, apenas dois são membros de fato do Mises Brasil: Anthony Mueller[77] e Leandro Roque, editor e tradutor do instituto desde sua fundação. O alto volume de traduções, ao invés de análises próprias de intelectuais do IMB, pode decorrer da condição de aparelho recém-formado, dispondo de material para publicizar autores ainda desconhecidos no Brasil, construindo, assim, uma base de cientificidade para o instituto, ainda em seus primeiros meses de existência, ou simplesmente pelo fato de que, para o IMB, emitir posições próprias sobre a crise ainda demandaria tempo de estudo por parte de seus membros, bem como uma "falta", naquele momento inicial, de "cérebros" com autoridade suficiente para escrever sobre a crise. Afinal, demanda tempo, organização, divisão e estabelecimento de tarefas para que o instituto passe a operar uma produção intelectual constante e minimamente sólida. Portanto, nesse ínterim, pode ter se demonstrado mais prática a tradução e publicação de textos do Mises Institute, enquanto lidavam com tarefas de mais "longo prazo" — tradução, publicação e disseminação de livros, organização de palestras e cursos para formação de mais quadros, entre outras atividades, por exemplo —, do que uma produção constante de publicações sobre a crise.

É importante destacar, por fim, que, além das razões aventadas, o grande volume de traduções indica também uma forte adesão do Mises Brasil e seus membros ao pensamento do aparelho que deu inspiração para sua criação. Isso resultará na participação de alguns desses intelectuais

---

[77] Mueller é natural da Alemanha. É professor da Universidade Federal de Sergipe (UFS); pesquisador associado do Instituto Ludwig von Mises nos Estados Unidos, membro distinto do Instituto Mises Brasil e também do Conselho Editorial da Revista Mises (IMB) e membro sênior do Instituto Americano de Pesquisa Econômica (AIER); consultor científico do partido Die Libertären da Alemanha (Currículo Lattes, 2023; Amazon, 2024).

nos eventos do IMB. Não é o objetivo aqui aprofundar em uma discussão sobre as motivações que levam o Mises Brasil a traduzir mais textos do que realizar suas próprias análises, porém é perceptível muita estreiteza entre o Mises Institute e os membros do IMB.

Dando prosseguimento à exposição de textos publicados, é importante elencar também o material reunido na segunda parte, "A realidade", sugerido na seção em questão:

Quadro 2 – Material da seção "artigos para se entender a crise ('A realidade')"

AUTOR	TÍTULO	DATA DE PUBLICAÇÃO
A realidade		
Ron Paul	A crise imobiliária e a política monetária do Federal Reserve	30 jan. 2008
Jim Bradley	Não culpem os emprestadores Subprime!	30 jan. 2008
Art Carden	Expansão do crédito e investimentos improdutivos	30 jan. 2008
Christopher Westley	Loucuras fiscais	30 jan. 2008
Gary Danelishen	A Economia Austríaca vs. a Economia de Bernanke	30 jan. 2008
Robert P. Murphy	A pior recessão dos últimos 25 anos?	18 mar. 2008
Frank Shostak	Os novos truques do Fed estão criando um desastre	24 mar. 2008
Robert P. Murphy	O banco central não pode planejar	11 abr. 2008
Lew Rockwell	A guerra contra a recessão	10 jun. 2008
William L. Anderson	Friedman e o Fed: será que liquidez é a solução?	14 jul. 2008
Mateusz Machaj	Oh, keynesianos, onde estais vós?	30 jul. 2008
Mark Thornton	A guerra do Fed contra a classe média	07 ago. 2008
Thomas DiLorenzo	As raízes da crise imobiliária	08 set. 2008
Lew Rockwell	Freddie + Fannie = Fascismo	09 set. 2008

CRISE E OFENSIVA BURGUESA NO BRASIL

AUTOR	TÍTULO	DATA DE PUBLICAÇÃO
Lew Rockwell	O governo destroça a economia – um estudo de caso	09 set. 2008
Mark Thornton	Como evitar uma outra Depressão	15 set. 2008
Lew Rockwell	Parem os resgates!	17 set. 2008
Jeffrey Tucker	A glória das mudanças	19 set. 2008
Michael Rozeff	Por que a proibição das vendas a descoberto será um fracasso	23 set. 2008
Antony Mueller	O que está por trás da crise do mercado financeiro?	25 set. 2008
Lew Rockwell	A (quase) morte do estado	30 set. 2008
Leandro Roque	Exemplo Clássico	01 out. 2008
Mark Thornton	A bolha imobiliária em 4 etapas	03 out. 2008
Michael Rozeff	O resumo da encrenca	07 out. 2008
Mark Thornton	Um problema de regulamentação?	09 out. 2008
Robert P. Murphy	O governo não promove a estabilidade	12 out. 2008
Michael Rozeff	A estabilização gera o caos	15 out. 2008
Jesús Huerta de Soto	Crise financeira e recessão	20 out. 2008
George Reisman	O mito de que o laissez faire é o responsável pela crise atual	10 nov. 2008
Mark Thornton	Perguntas e respostas sobre a crise	25 nov. 2008
Lew Rockwell	O prodígio que é o mercado	05 dez. 2008
Robert P. Murphy	Haverá hiperinflação?	09 jan. 2009
Gary North	A febre keynesiana e o mercado financeiro	15 jan. 2009
Gary North	Um giro pela tragédia	17 fev. 2009
Leandro Roque	Exemplo clássico – parte II	09 mar. 2009
Peter Schiff	Isso pode até chocar alguns...	16 mar. 2009

AUTOR	TÍTULO	DATA DE PUBLICAÇÃO
Gerald Celente	A grande catástrofe de 2009	24 mar. 2009
Ron Paul	As falências são o verdadeiro estímulo econômico	03 jun. 2009
Jim Rogers	Invista em commodities ou vire um fazendeiro	10 jun. 2009
Philipp Bagus	A crise bancária da Islândia: o colapso de um sistema financeiro intervencionista	15 jun. 2009
Gary North	Demissões em massa: por que os EUA ainda estão longe da recuperação	30 jul. 2009
Peter Schiff	Os bons tempos não voltaram	03 ago. 2009
Peter Schiff	Os "especialistas" nunca aprendem	10 ago. 2009
Peter Schiff	Menos governo ou menores salários – essa é a escolha	18 ago. 2009
Peter Schiff	EUA – não há recuperação sem empregos	08 out. 2009
Peter Schiff	As delícias da ignorância	20 out. 2009
Douglas French	Por que apenas a escola austríaca explica a bolha imobiliária	25 fev. 2010
George Reisman	A geração e o estouro da bolha imobiliária nos EUA – e suas lições para o Brasil	22 set. 2010
George Reisman	A mecânica de um ciclo econômico – abreviadamente	10 nov. 2010
Total		49 publicações

Fonte: Instituto Ludwig von Mises Brasil (2015). Adaptado pelo autor

A partir dos quadros anteriores, é possível perceber uma certa inconstância no fluxo de publicações do IMB. Em alguns momentos, há um grande volume de textos publicados em um único dia, como em 30 de janeiro de 2008, enquanto o mês de julho do mesmo ano conta com o mesmo número de publicação para todo o período. O motivo da instabilidade pode estar relacionado ao fato de que, em seus primeiros anos de funcionamento, o Mises Brasil contava com uma equipe muito menor do que atualmente, funcionando dentro do escritório de seu presidente, Hélio Beltrão.

Entre os autores mais publicados — acima de quatro textos, somada a totalidade do material constante na seção —, temos o seguinte quadro:

Quadro 3 – Autores mais citados da seção sobre crise financeira

AUTOR	A TEORIA	A REALIDADE	TOTAL
Frank Shostak	6	1	7
Lew Rockwell	3	6	9
Mark Thornton	1	5	6
Murray N. Rothbard	4	0	4
Peter Schiff	2	6	8
Robert P. Murphy	7	4	11
Ron Paul	5	2	7
Total			**52 Publicações**

Fonte: Instituto Ludwig von Mises Brasil (2015). Adaptado pelo autor

Somando a quantidade total de publicações da seção — 100, desconsiderando algumas exceções em que o mesmo material foi publicado duas vezes —, é possível perceber que esses sete autores concentram um pouco mais da metade de todas as publicações sobre a crise. Isso importa, pois pode ser um indicativo das principais influências na construção de uma interpretação sobre a crise financeira. Mesmo Mises sendo o intelectual que dá nome ao IMB, o volume de textos traduzidos dele é bem pequeno dentro do universo de publicações, possuindo apenas dois textos no tópico "a teoria". Mesmo tendo o dobro, Rothbard também não possui uma quantidade muito expressiva.

Entre os sete nomes mais citados, é preciso frisar que Ron Paul, na época da iminência da crise, era senador dos EUA pelo Partido Republicano, bem como membro de sua ala mais "à direita", a chamada "Tea Party". Outro ponto importante é que Paul já se candidatou algumas vezes à presidência dos EUA. Em 1988, lançou-se candidato ao cargo pelo

Partido Libertário — fundado ainda na década de 1970, do qual Rothbard, considerado o "pai" do "anarco"capitalismo, é um de seus fundadores.

Mais um elemento possível de ser percebido ao analisar e comparar as tabelas do material publicado diz respeito aos enunciados desses materiais. Algumas temáticas se mostram mais recorrentes na construção de uma interpretação da crise pelo IMB, sendo possível relacioná-las. Talvez, o caso saliente seja o papel do Estado na economia ou como costuma aparecer nos títulos, "intervencionismo". Nesse sentido, é possível perceber que as críticas relacionadas ao pensamento do economista John Maynard Keynes e a chamada escola "keynesiana" de pensamento econômico fazem parte de uma afirmação maior: a suposta não intervenção do Estado nas relações econômicas. Essa forma de abordagem é também perceptível ao tomarmos, por exemplo, textos que procuram fazer um paralelo com a Grande Depressão de 1929.

Partindo dessa lógica, pode-se perceber que o artigo de Robert Higgs, publicado em 5 de agosto de 2008, sob o título de "Como Franklin Roosevelt piorou a Depressão", age justamente como reforço da máxima neoliberal de "Estado mínimo". A partir do enunciado, é possível inferir que o autor se propõe a usar uma interpretação da Grande Depressão como "atestado histórico" de que a política de intervenção na crise para a sua superação teria piorado a situação, assim como o salvamento de empresas e injeção monetária por parte do governo estadunidense, em 2008, na interpretação de Higgs, também o fizera.

A partir dos títulos, é possível perceber uma certa repetição nos assuntos. Por conta disso, optou-se por analisar os seguintes textos, de acordo com a ordem a seguir:

Quadro 4 – Material analisado da seção "artigos para se entender a crise"

AUTOR	TÍTULO	DATA DE PUBLICAÇÃO
Ron Paul	A crise imobiliária e a política monetária do Federal Reserve	30 jan. 2008
Jim Bradley	Não culpem os emprestadores Subprime!	30 jan. 2008
Art Carden	Expansão do crédito e investimentos improdutivos	30 jan. 2008

CRISE E OFENSIVA BURGUESA NO BRASIL

AUTOR	TÍTULO	DATA DE PUBLICAÇÃO
Christopher Westley	Loucuras fiscais	30 jan. 2008
Gary Danelishen	A Economia Austríaca vs. a Economia de Bernanke	30 jan. 2008
Ron Paul	O colapso da Enron	30 jan. 2008
Ludwig von Mises	A verdade sobre a inflação	27 mai. 2008
Mark Thornton	A guerra do Fed contra a classe média	07 ago. 2008
Ludwig von Mises	A teoria austríaca dos ciclos econômicos	27 ago. 2008
Thomas DiLorenzo	As raízes da crise imobiliária	08 set. 2008
Lew Rockwell	Freddie + Fannie = Fascismo	09 set. 2008
Lew Rockwell	Parem os resgates!	17 set. 2008
Leandro Roque	Exemplo Clássico	01 out. 2008
Robert P. Murphy	Consumidores não provocam recessões	16 nov. 2008
Frank Shostak	O padrão-ouro e a regra monetária de Friedman: qual de fato pode estabilizar a economia?	21 nov. 2008
Robert P. Murphy	A SEC torna Wall Street ainda mais fraudulenta	07 jan. 2009
Murray N. Rothbard	Depressões econômicas: a causa e a cura	03 fev. 2009
Robert P. Murphy	Por que os bancos devem aumentar os juros em uma recessão	04 mar. 2009
Leandro Roque	Exemplo clássico – parte II	09 mar. 2009
Leandro Roque	Ascensão e queda da economia brasileira	21 mar. 2009
Gerald Celente	A grande catástrofe de 2009	24 mar. 2009
Gary North	Demissões em massa: por que os EUA ainda estão longe da recuperação	30 jul. 2009
Peter Schiff	Menos governo ou menores salários – essa é a escolha	18 ago. 2009
George Reisman	A geração e o estouro da bolha imobiliária nos EUA – e suas lições para o Brasil	22 set. 2010

Fonte: Instituto Ludwig von Mises Brasil (2015). Adaptado pelo autor

Ainda antes de entrar em questões específicas que aparecem nas fontes, é necessário fazer uma primeira observação daquilo que atravessa todas elas e envolve algumas particularidades acerca de sua própria produção e suas intencionalidades.

Nesse sentido, os textos aqui analisados são produzidos por aparelhos privados que buscam, em suas publicações, apresentarem-se "técnicos", "científicos" e, portanto, "verdadeiros" em suas conclusões e interpretações. Em outras palavras, o IMB, em suas publicações, procura evocar o pensamento da Escola Austríaca de Economia para conceder um "crivo de argumentação — supostamente — científica e isenta" às opiniões e interpretações difundidas sobre os assuntos que trata.

Portanto, seus discursos são marcados por uma interpretação de postulados de um tipo de teoria e metodologia sobre as chamadas "Ciências Econômicas", que é justamente a noção de que "o mercado" é retratado quase como um fenômeno natural, que possui um ordenamento harmônico dado, no qual os sujeitos não podem interferir. Caso o façam — via ação do Estado, por exemplo —, sua forma natural de funcionamento é "corrompida" e deixa de operar de forma correta.

Isso é central para compreender que a interpretação feita da crise e seus fenômenos vão além do discurso dos autores, mas se baseia em um método e teoria problemáticos que limitam a percepção desses sujeitos. Há que se notar, também, um comportamento discursivo muito típico da teoria econômica neoliberal com base na prerrogativa de *"There is no alternative"* (não existe alternativa), também chamada de *"Tina"*[78], que, após o colapso da União Soviética na década de 1990, assume um discurso de "triunfo absoluto do capitalismo", estabelecendo-se, assim, como único sistema funcional de organização socioeconômica.

Leda Paulani discorre que um dos sustentáculos da *Tina* é a perspectiva de que existiria apenas uma teoria macroeconômica correta:

> Repetido hoje de A a Z, ou seja, por economistas das mais variadas filiações ideológicas, o argumento reza que não há política econômica de direita, de esquerda, ou de centro. Existe a política certa, tecnicamente (*sic*) fundamentada,

---

[78] O termo teria sido proferido por Margareth Tatcher à época em que foi eleita primeira-ministra da Inglaterra. O *"slogan"* teria sido utilizado em defesa da implementação do programa neoliberal britânico. Para mais detalhes, *Cf.* "Realismo capitalista: é mais fácil imaginar o fim do mundo do que o fim do capitalismo" (Fisher, 2020); "'There is no alternative': ataque ao bem viver, morte da alteridade e fim da história na atopia neoliberal" (Schons, 2020).

neutra; e existe a política errada, irresponsável, utópica, ingênua, populista. [...] São intocáveis o ajuste fiscal 'duro', o juro real elevado, a política monetária contracionista, o câmbio flutuante, a livre movimentação de capitais (Paulani, 2008, p. 61).

O caráter de "verdade única", "irrefutável", é um dos traços mais elementares do discurso neoliberal (Guilbert, 2020, p. 53); e, portanto, constantemente presente nas formulações das fontes analisadas. Talvez, aqui, resida a importância da constante repetição e "comprovação" de certas máximas: com o tempo, elas começam a ser naturalizadas, transfiguram-se em senso comum por conta da repetição exaustiva e sistemática. Não é possível inferir se no caso dos textos do IMB essa seja uma abordagem pensada de forma consciente; porém, dada a constante recorrência das argumentações, deve ser levada em consideração como um dispositivo auxiliar no convencimento do leitor ao discurso.

2.2 A CRISE NA INTERPRETAÇÃO "LIBERTARIANISTA"

Como já exposto anteriormente, o ponto principal na interpretação da crise é representá-la como um problema da intervenção do Estado no funcionamento "harmônico" do mercado. Mais especificamente, a política de juros adotada pelo Federal Reserve estadunidense que, ao impor uma taxa mais baixa do que ela "naturalmente" seria caso fosse resultante apenas das "trocas voluntárias" entre "indivíduos" em um mercado livre, leva os empreendedores a não conseguirem "prever" o comportamento do mercado, levando a más escolhas de investimentos, ao invés de estimular a poupança entre os agentes econômicos.

Cabe ressaltar que, embora a abordagem libertarianista da Grande Recessão de 2008 tenha uma aparência "simplista", no breve resumo de seus principais tópicos, há também de se observar tal facilidade de síntese como uma poderosa vantagem para a sua capilarização. Afinal, levando em consideração que as fontes aqui analisadas possuem a intenção de serem divulgadas e compartilhadas pela internet e redes sociais, tanto a repetição quanto a capacidade de sintetizar de forma assertiva e rápida o conteúdo que se pretende veicular são ferramentas importantes na construção de uma narrativa predominante sobre um dado assunto.

Isto é, uma mensagem simples e direta acaba circulando com muito mais facilidade do que explicações complexas. Aliás, no campo das redes sociais e do discurso de forma geral, é muito mais trabalhoso descontruir interpretações equivocadas ou até mesmo apontar suas limitações e problemas do que disseminá-las entre a população em geral.

Outro elemento importante é a concepção das crises econômicas no pensamento da Escola Austríaca de Economia. A interpretação austríaca perpassa a construção de uma nova compreensão sobre as crises como um "fechamento" de ciclos produtivos. Daí o enfoque na noção de "ciclos econômicos". O que muda na abordagem? Um dos principais ganhos teóricos reside em tomar as crises econômicas como parte de um processo de constante transformação do capitalismo e suas formas de produção de riqueza. De "problema", as crises econômicas no capitalismo, agora, são assimiladas às características que possuem, bem como parte de sua natureza.

Um dos efeitos mais "visíveis" da abordagem é a capacidade dos economistas (neo)liberais de "esquivarem-se" de uma das críticas mais candentes em momentos de crises do capitalismo: o fato de que ele, como modo de produção, é inerentemente disfuncional, na medida em que suas próprias contradições internas atingem situações limites, estabelecendo, assim, uma situação de "queima" de capital — isto é, destruição da própria riqueza criada — para poder retomar a acumulação, enquanto aqueles que produzem valor, os trabalhadores, veem-se, no tempos de crise, em situação ainda pior, uma vez que os efeitos dessa "queima" os afetam com muito mais vigor do que a burguesia em geral.

Se, antes, os economistas e demais intelectuais burgueses possuíam dificuldade em rebater esses tipos de críticas, principalmente advindas de teorias que evidenciavam as limitações do capitalismo e a necessidade de sua superação, ao naturalizar suas contradições, o capitalismo recebia uma nova "couraça" para refratar essas críticas.

Dos intelectuais da Escola Austríaca, a interpretação de Shumpeter talvez possa ser considerada a que se tornou mais conhecida dada a noção de "destruição criativa":

> O capitalismo é, por natureza, uma forma ou método de transformação econômica e não só não é, como não pode ser estacionário. [...] O impulso fundamental que põe e mantém em movimento a máquina capitalista é dado pelos novos bens de consumo, os novos métodos de produção ou transporte, os novos mercados e as novas formas de

organização industrial criadas pela empresa capitalista (Schumpeter, 2017, p. 119).

O economista austríaco ilustra bem como essa nova abordagem sobre as crises vai sendo incorporada na teoria econômica (neo)liberal, sendo considerada parte da dinâmica e evolução do capitalismo:

> A abertura de novos mercados, estrangeiros ou nacionais, e o desenvolvimento organizacional da oficina de artesão e da manufatura para os conglomerados como a U.S. Steel ilustram o mesmo processo de mutação industrial que revoluciona incessantemente a estrutura econômica *de dentro para fora*, destruindo incessantemente a antiga, criando incessantemente a nova. Esse processo de destruição criativa é o fato essencial do capitalismo (Schumpeter, 2017, p. 120).

Mesmo Shumpeter (2017) não tratando sobre a crise econômica diretamente, suas reflexões procuram abordá-la sob a perspectiva de um sistema de acumulação que está em permanente mudança. Tratando as crises econômicas como uma questão de ciclos que atingem um ponto de "destruição", sendo seguido por outro em que o capitalismo se renova; a crise e a consequente "queima" de capital são percebidas como uma renovação de cadeias, novas formas de organização do processo produtivo, entre outros.

Assim, o olhar sobre processos problemáticos como a securitização de hipotecas, o cenário de hiperendividamento das famílias ou mesmo os novos produtos financeiros que uniam dívidas seguras de serem quitadas pelos tomadores de empréstimos, com os chamados empréstimos *subprime*, são elementos de menor importância ao se analisar crises.

Inclusive, nesta interpretação, nota-se que os desastres sociais causados pelas crises nem mesmo são mencionados. A crise é vista apenas da perspectiva do capital e seu processo de (re)valorização, como ela afeta os trabalhadores, as relações entre seres humanos e as perdas em termos de desemprego, piora nas condições de vida e trabalho, entre outras, nem ao menos são mencionadas.

Observa-se, também no pensamento de Shumpeter, uma visão muito "estreita" e "classista" sobre as crises econômicas. "Estreita", pois se mostra como "oportunidade", "mudança" ou mesmo "renovação" para aqueles que, nesse cenário, possuem capital para ser reordenado. Mesmo empresas indo à bancarrota, não significa que seus grandes acionistas são afetados de maneira a perderem tudo. É "classista", porque o cenário é diametralmente oposto para os trabalhadores. A Grande Recessão é, também, social: uma quantidade enorme de pessoas ficara desempregada, com dívidas de hipotecas impagáveis e, ainda mais, sem ter moradia. Afinal, a execução de hipotecas e tomada dos imóveis pelos bancos vai incidir sobre famílias que alugavam tais imóveis de terceiros inadimplentes em efeito cascata.

É importante frisar que, mesmo levando em consideração que as crises são parte indissociável do capitalismo, as recessões passam — a partir da noção de "ciclos econômicos" — a serem uma condição "aceita", da qual, embora trágica, não há como escapar.

É a partir dessa interpretação sobre a "destruição criativa" do capital que se encontram os elementos para compreender a postura do "deixa quebrar" por parte dos libertarianistas em seus escritos sobre a crise de 2008. Em um dos poucos textos produzidos por membros do IMB agrupado na sessão sobre a crise financeira, Leandro Roque[79] defende que recessões econômicas não deveriam ser interpretadas como algo negativo:

> Os governos, em todos os lugares, sempre partem do princípio de que recessões são coisas infaustas que devem ser evitadas a todo custo – quando, na verdade, recessões nada mais são do que desejáveis correções em uma economia que foi artificialmente inflada por injeções monetárias do banco central (Roque, 2008).

No trecho em questão, Roque vê as crises como um "desejável" momento de ajuste da economia, que teria sido "corrompida" pela ação do Estado, para quem uma situação de recessão é "infausta" e deve ser "evitada a todo custo". A intervenção, supostamente, externa do Estado nas questões econômicas representa um distúrbio da ordem "natural" da economia. Dito de outro modo, é concebida como possuindo um tipo ideal de existência, dada pela relação de "trocas voluntárias" e livres entre um conjunto de indivíduos e, assim, dando origem ao "mercado".

O texto de Roque (2008) é bem evidente sobre como as noções e conceitos mobilizados se relacionam. Falar de "crise" perpassa também compreender outro sujeito neste processo: o mercado.

---

[79] Segundo o IMB, Roque continua na posição de editor e tradutor do site (Instituto Ludwig Von Mises Brasil, 2024). Destaca-se que as primeiras edições de livros publicados pelo Instituto também o apresentam como responsável pela tradução, o que faz dele um dos membros mais antigos da equipe, exercendo funções que vão além da manutenção do site do IMB.

[...] o que os EUA estão vivenciando agora é uma autocorreção do mercado a toda violência e distorção que lhe foi imposta pelo estado. O mercado pode ser enganado por algum tempo, mas, no final, sua realidade sempre prevalecerá. E o mercado está dizendo que os preços atuais dos imóveis e de todos os ativos baseados em imóveis estão artificialmente sobrevalorizados (artificialmente porque foi essa injeção monetária do Fed que causou esse fenômeno). Por isso, o mercado está demandando a correção desses preços (Roque, 2008).

Observa-se no texto uma profunda personificação dos sujeitos envolvidos. "Estado" é um agressor autoritário que impõe e "violenta" o "Mercado" ao ponto de provocar a reação tal que demande "correção" dos preços. Na relação, o "Mercado" não "age", mas "reage" ao seu inimigo em forma de crise econômica. Dardot e Laval (2016) relatam que tal noção sobre o intervencionismo já está presente no pensamento de Mises, ainda no congresso colóquio Walter Lippmann:

Durante o Colóquio Walter Lippmann, Von Mises foi um dos que mais vilipendiaram qualquer nova legitimação da intervenção do Estado, a ponto de ser vistos por outros participantes como um *old liberal* bastante deslocado no encontro. [...] A interferência do Estado pode destruir a economia de mercado e arruinar a prosperidade, alterando a informação transmitida pelo mercado. Os preços orientam temporalmente os projetos individuais e permitem coordenar suas ações. A manipulação dos preços ou da moeda perturba o conhecimento dos desejos dos consumidores e impede que as empresas deem uma resposta conveniente e a tempo. esses efeitos negativos, resultado dos entraves à adaptação, desencadeiam um processo cada vez mais nefasto. Quanto mais o Estado intervém, mais provoca perturbações e mais intervém para eliminá-las, e assim sucessivamente até se instaurar um socialismo totalitário (Dardot; Laval, 2016, p. 136-137).

Desde Mises — alguns intelectuais libertarianistas diriam que ainda antes dele[80] —, o Estado e sua ação na economia são compreendidos como

---

[80] Registra-se que, de acordo com alguns intelectuais da Escola Austríaca de Economia, seria possível datar seu surgimento, ainda que de muito elementar (chamados de "proto-austríacos"), na chamada Escolástica Tardia, composta por intelectuais membros da Igreja Católica — em sua maioria jesuítas — estudiosos ou formados na Universidade de Salamanca. Porém, esta é uma interpretação com pouco reconhecimento pela comunidade acadêmica fora da Escola Austríaca, bem como sem comprovação precisa. Para mais detalhes,

um grande perigo para o ideal funcionamento do mercado e, portanto, dos negócios; como em última instância, sua constante intervenção levará fatalmente a imposição de um regime socialista. É possível notar, não por acaso, com o resgate dos escritos de Mises e seus discípulos, que se assiste a um crescimento no uso da "ameaça comunista/socialista" como o grande "inimigo" que ronda o Brasil no início do século XXI. Isso opera um efeito que congrega várias tendências políticas de direita e extrema-direita: defender o livre mercado e a não intervenção do Estado é combater ao comunismo/socialismo.

Seis meses após seu texto inicial, Leandro Roque retorna mais uma vez, em março de 2009, reafirmando a interpretação da crise como uma fase de "correções necessárias" do mercado para o restabelecimento do crescimento econômico. Porém, no novo texto, Roque acrescenta mais um "culpado" para a ocorrência da crise: Keynes e sua política econômica:

> Keynes dizia que recessões são causadas por uma queda na demanda agregada. [...] Para evitar isso, o governo deveria entrar gastando para suprir a ausência do consumo privado. Keynes chegou a dizer que não importava em que o governo gastasse; o importante era gastar. Caso não tivesse dinheiro em caixa, ele deveria se endividar ou imprimir dinheiro, sem se preocupar com o aumento da dívida e/ou inflação. O governo tinha de gastar igual a um marinheiro bêbado (Roque, 2008).

A inserção do pensamento de Keynes nas considerações de Roque sobre a crise, inicialmente, mostra-se descolada (e, no mínimo, rasa); uma vez que, como exposto ao sintetizar as principais determinações da crise de 2008, percebe-se que ela é resultante de um processo de hiperendividamento e financeirização que já estava em curso com a implementação do neoliberalismo no mundo. Nesse contexto, as privatizações dos serviços públicos e o esfacelamento de direitos dos trabalhadores, ações comuns na história da implementação do receituário neoliberal por uma série de países do globo, vão na contramão das políticas econômicas keynesianas. Ou seja, o pensamento de Keynes é eleito "O Grande Culpado"; porém, a Grande Recessão significou uma crise do capitalismo sob a batuta do pensamento neoliberal, e não da teoria keynesiana. Assim sendo, como é possível, então, imputar culpabilidade em algo que não faz parte do contexto em pauta?

Cf. Ricardo (2000). Uma síntese dos principais autores e intelectuais que, supostamente, teriam relação com a tradição da Escola Austríaca, com base nos escritos do IMB, pode ser encontrada a partir de Dal Pai (2017).

Para uma compreensão desse movimento discursivo, é importante retomar a pesquisa de Lucas Patschiki (2015) sobre como membros do Instituto Millenium irão se mobilizar para debater e pensar políticas econômicas para o Brasil, que começava a sofrer os efeitos iniciais da Grande Recessão. Para além de mostrar um processo de construção de um posicionamento sobre a crise, a pesquisa de Patschiki (2015) relembra que os pacotes de salvamento de empresas consideradas "grandes demais para quebrar", bem como as injeções de dinheiro pelo governo americano, já nos primeiros meses da administração de Barack Obama, trazem ao debate público a questão da intervenção do governo para a resolução de crises, assim como sua validade — ou não — no estabelecimento de uma situação de recessão econômica (Patschiki, 2015, p. 6).

A economista Patricia Arienti (2017) observa as medidas anticíclicas que o governo Obama vai tomando causaram tensão até entre o Partido Democrata e Republicano nos EUA. Após uma breve apresentação das medidas tomadas pelo governo, a autora conclui que:

> [...] o conjunto de políticas macroeconômicas (fiscais e monetárias) implementadas pelo governo Obama demonstra a opção de resolver problemas de curto e longo prazo da economia dos Estados Unidos por médio **de uma estratégia ao estilo keynesiano**, adotando políticas anticíclicas. Essa opção marca um ponto de inflexão em relação à falta de esforço significativo da administração Bush em lidar com a crise econômica. Embora durante a administração Bush tenha ocorrido uma forte intervenção governamental em 2008, essa foi destinada, fundamentalmente, a impedir o colapso do sistema financeiro (Arienti, 2017, p. 107, grifo meu).

Embora a autora caracterize as medidas tomadas por Obama e sua equipe econômica de "ao estilo keynesiana", e não "propriamente keynesiana", ou mesmo de "inspiração keynesiana", houve tensão envolvendo o pensamento do economista inglês nos rumos da política econômica estadunidense. Segundo Arienti (2017), esse seria um motivo para o acirramento das disputas entre Democratas e Republicanos naquele momento:

> A inflexão na condução das políticas econômicas pelo governo Obama gerou uma intensa luta política em relação à implementação de várias dessas medidas, o que trouxe à tona o acirramento de posições históricas divergentes da sociedade norte-americana, refletidas no aumento das tensões entre os partidos Democrata e Republicano (Arienti, 2017, p. 107-108).

Eduardo Costa Pinto, em artigo publicado em 2011 para um boletim produzido pelo Ipea, também observa tal acirramento das tensões no parlamento estadunidense, bem como algumas de suas possíveis motivações (Pinto, 2010). Para o autor, a construção do *American Way Of Life* (modo de vida americano) — brevemente resumido como uma cultura do consumo de massa — teria mantido uma certa coesão social entre as classes sociais estadunidenses, uma vez que teria "amortecido" as tensões entre "os de cima e os de baixo", ao permitir acesso ao consumo (Pinto, 2010, p. 17). Porém,

> [...] a depressão econômica gerou mudanças significativas nos fluxos e estoque de riqueza em diferentes grupos na sociedade, provocando aumento das tensões – associadas ao debate sobre o tamanho do Estado, os conflitos entre os governos local e federal, ao papel dos programas sociais etc. – que foram levadas para a arena política por meio do acirramento de posições entre os partidos Democrata e Republicano (Pinto, 2010, p. 17).

O texto de Costa Pinto permite notar pontos importantes que aparecem de forma um tanto sutil nas fontes analisadas. Uma delas é a radicalização do discurso burguês em momentos de crise, ao considerar os programas sociais do governo — nesse caso, os programas de habitação, que supostamente fornecem "crédito fácil" — como um desperdício e, até mesmo, uma interpretação errada do que pode ser considerado como ideal de liberdade capitalista, como trazido nas palavras de epígrafe deste capítulo. As tensões por conta das mudanças nos "fluxos e estoques de riqueza", que o autor comenta, são causadas pela incapacidade da burguesia e suas frações em manter a divisão do mais-valor nos patamares que eram, de um lado e, de outro, uma massa de trabalhadores que percebem uma piora radical de seu poder de compra, bem como a ameaça do desemprego com as falências.

Para tentar manter os patamares de acumulação em níveis "aceitáveis", a burguesia busca diminuir o já minguado padrão de vida dos trabalhadores, por meio de cortes salariais, redução de direitos e serviços garantidos pelo Estado. Afinal, esses cortes permitem ampliar os fluxos de capital destinados ao pagamento de dívida contraída com pacotes de salvamento, incentivos fiscais para a iniciativa privada, estabelecimento de contratos entre público e privado, entre outros.

CRISE E OFENSIVA BURGUESA NO BRASIL

Outro elemento importante trazido por Costa Pinto é o surgimento — e crescimento — do *Tea Party,* ala dentro do Partido Republicano, que congrega conservadores e libertarianistas, em meio às tensões. No entanto, o autor não apresenta maiores detalhes.

Surgido ainda em 2009 como um movimento descentralizado de massa nos EUA, o *Tea Party* cresceu ao longo dos governos de Obama, sendo uma vigorosa força de oposição contra as medidas tomadas pelo governo em conter os efeitos da crise (Botelho, 2010)[81]. Atuando no Congresso estadunidense, galgando posições dentro do Partido Republicano, o *Tea Party,* por vezes, causou o "travamento" das pautas do governo no Congresso (Folha de São Paulo, 2013). A tendência parece ter atingido seu pico de maior influência no Partido Republicano por volta dos anos de 2010-2012, nas prévias do partido, quando candidatos ligados à tendência se mostravam mais propensos a saíres vitoriosos contra quadros mais estabelecidos dentro do Partido Republicano (Paters, 2019).

A grande capacidade que o *Tea Party* teve em desgastar o governo Obama parece ter servido de inspiração para intelectuais brasileiros, tanto na forma como o movimento procurou taxar o presidente dos EUA de comunista quanto na possibilidade de criar uma versão brasileira do movimento (Melo, 2015).

É nesse contexto que a crítica ao keynesianismo se insere, bem como sua naturalização: na falta de alternativas aos limites do capitalismo, é necessário atacar qualquer proposta que possa apresentar um "retrocesso" na capacidade de ação do capital sob áreas que foram abertas para sua atuação nas últimas décadas. Ele representa um dispositivo discursivo para afirmar que não há uma alternativa além da intensificação do neoliberalismo e que qualquer coisa que "desvie" disso será descartada e considerada contrária aos interesses e necessidades do momento.

Então, como forma de dar "sustentação" ao discurso e vice-versa, os libertarianistas "reavivam" o pensamento de seus grandes teóricos que, no passado, haviam sido grandes críticos do keynesianismo nas décadas de 1960/70 — contexto justamente da crise do sistema de *welfare* — e que durante as décadas seguintes produziram uma série de obras, palestras e textos em defesa do programa neoliberal que vinha sendo implementado nas décadas de 1980 e 1990.

---

[81] Para mais detalhes sobre o movimento, *Cf.* Rholinger e Bunnage (2017), Arceneaux e Nicholson (2012) e Lepore (2011).

Obviamente, não há como precisar — pelo menos não é esse o objetivo que se propõe — o que veio primeiro: a crítica ao governo de Obama por meio de um suposto keynesianismo ou o resgate de teóricos do neoliberalismo, como Murray Rothbard e Von Mises. Afinal, de certa forma, os postulados da teoria neoliberal já estavam presentes no cotidiano da população estadunidense, dadas as décadas de implementação e propaganda neoliberal. Nesse cenário, a ideologia já seria aceita naturalmente, uma vez que a sociedade havia sido balizada sob a sociabilidade do neoliberalismo.

Como já mencionado, a concepção de "ciclos econômicos" é intimamente relacionada à interpretação que a Escola Austríaca faz do mercado. Este é tomado como um agente econômico praticamente independente, possuindo suas próprias "leis naturais" de ordenamento, quase como um fenômeno exógeno às relações sociais. Mesmo admitindo que sua origem reside na "ação humana", isto é, as trocas (não) "voluntárias" entre indivíduos livres, sua ação prática, de acordo com os intelectuais austríacos, estrutura-se sobre um ordenamento natural que, ao ser alvo de intervenções "externas" — curiosamente, mesmo assumindo que bancos também interferem na economia, é apenas a ação do Estado que causa "danos" severos —, sua forma ideal de funcionamento é corrompida, resultando em disfunções e crises.

No fundamento dessa interpretação sobre o mercado está noção elaborada por Mises (2010a) de "ação humana". Segundo ele, os seres humanos agem visando a satisfação de seus desejos/necessidades:

> O incentivo que impele o homem à ação é sempre algum desconforto. Um homem perfeitamente satisfeito com sua situação não teria incentivo para mudar as coisas. Não teria nem aspirações nem desejos; seria perfeitamente feliz. Não agiria; viveria simplesmente livre de preocupações (Mises, 2010a, p. 38).

Mises (2010a) realiza toda uma reflexão sobre os condicionantes do agir procurando chegar a elementos irredutíveis da ação. Nesse contexto, ele remete ao juízo de valor considerar a ação racional ou irracional, bem como a felicidade:

> O objetivo final da ação humana é, sempre, a satisfação do desejo do agente homem. Não há outra medida de maior ou menor satisfação, a não ser o julgamento individual de

valor, diferente de uma pessoa para outra, e para a mesma pessoa em diferentes momentos. O que faz alguém sentir-se desconfortável, ou menos desconfortável, é estabelecido a partir de critérios decorrentes de sua própria vontade e julgamento, de sua avaliação pessoal e subjetiva. Ninguém tem condições de determinar o que faria alguém mais feliz (Mises, 2010a, p. 38).

Sendo apenas a satisfação o condicionante da ação humana, Mises (2010a) insere o tempo como um fator importante. Segundo ele, a satisfação presente é sempre preferível à satisfação futura:

Mantidas inalteradas as demais circunstâncias, satisfazer uma necessidade no futuro mais próximo é preferível a satisfazê-la no futuro mais remoto. Os bens presentes têm mais valor que os bens futuros. [...]. É impossível imaginar uma ação na qual a satisfação mais próxima não seja preferida – desde que sejam iguais as demais circunstâncias – à satisfação mais distante (Mises, 2010a, p. 560).

Nota-se no fragmento supracitado o fundamento também da noção de valor e preço na teoria econômica austríaca: uma vez que, supostamente, é sempre preferível a satisfação no presente que no futuro, o consumo presente tende a ser mais caro. A privação do consumo, isto é, a poupança, segundo a teoria austríaca, levaria ao estabelecimento dos juros; compreendidos como um valor pelo qual os sujeitos estariam dispostos a não consumir no presente. Leandro Roque sintetiza a questão da seguinte maneira:

É esse **fenômeno natural** que explica por que os bens presentes possuem um valor maior, um prêmio, em relação aos bens futuros – e é esse fenômeno que fornece a origem e a justificativa para o pagamento de juros. O fenômeno da preferência temporal, que é observável em inúmeros aspectos da vida humana, é na verdade uma simples questão de bom senso: o homem prefere uma dada quantia de um bem no presente à mesma quantia desse bem no futuro. Mais ainda: somente uma maior quantia desse bem no futuro pode persuadir o homem a abrir mão desse bem no presente (Roque, 2009).

Ainda sobre a chamada "preferência temporal", percebe-se uma grande semelhança com determinadas peças publicitárias sobre a "importância do momento", como forma de impulsionar o consumo de mercadorias. Há uma certa noção de "presentismo" em como Mises concebe a noção de "ação humana", bem como sua utilização por seus seguidores. Essa noção parece estar no cerne do que Lipovetsky considera como "sociedade do hiperconsumo":

> A verdade é que, a partir dos anos 1950-60, ter acesso a um modo de vida mais fácil e mais confortável, mais livre e mais hedonista constituía uma motivação muito importante dos consumidores. Exaltando os ideais da felicidade privada, os lazeres, as publicidades e as mídias favoreceram condutas de consumo menos sujeitas ao primado do julgamento do outro. Viver melhor, gozar os prazeres da vida, não se privar, dispor do 'supérfluo' apareceram cada vez mais como comportamentos legítimos, finalidades em si (Lipovetsky, 2007, p. 39).

Observa-se como a noção de "hiperconsumo" se mostra profundamente enraizada nos desejos e satisfações individuais, tal qual a "ação humana", de Mises. "Os prazeres elitistas não se evaporaram, foram reestruturados pela lógica subjetiva do neo-individualismo, criando satisfações para si que com vista à admiração e à estima de outrem" (Lipovetsky, 2007, p. 47-48). Com isso, procura-se ressaltar que produção e consumo possuem íntima relação com construção ideológica e de sentido.

Ademais, a situação também ocorre com a interpretação libertarianista da crise. Ao mobilizar noções e conceitos, procura-se construir consenso sobre a origem da recessão. Portanto, a forma como o IMB, por meio de seus textos e intelectuais mobilizados, aponta os sujeitos envolvidos e seus papéis no processo faze parte de um esforço lento e sistemático de convencimento.

O economista Art Carden[82], procurando explicar o papel da expansão artificial do crédito na economia, inicia seu texto publicado em junho de 2008, no site do IMB da seguinte maneira:

> Os mercados são cruelmente eficientes, o que em grande parte significa que as pessoas não irão se aventurar em projetos de investimentos arriscados que não estejam alinhados

---

[82] Segundo breve biografia junto ao site da Samford University, Carden é professor de economia na Brock School of Business da Samford University. Ele também é membro sênior do American Institute for Economic Research e do Fraser Institute; pesquisador do Independent Institute; membro sênior do Beacon Center do Tennessee; pesquisador sênior do Institute for Faith, Work, and Economics; e coeditor do *Southern Economic Journal*. Contribui também com a Revista Forbes. Seus comentário e outros artigos também haviam aparecido na *USA Today, Productive!, Black Belt* e vários outros periódicos (Samford University, 2024).

às preferências dos poupadores. Todas as oportunidades de lucro serão exploradas em equilíbrio, e nenhum projeto potencialmente lucrativo será deixado de lado (Carden, 2008).

Logo de início, Carden atribui características de sentimento (crueldade) a como os mercados agem. Ao mesmo tempo, procura positivar esse comportamento insinuando que a característica negativa do mercado, significando que ele age para tudo e todos de forma igual. Há nisso um fundo de transformar o mercado em algo muito semelhante à uma "força da natureza", que deve ser explorada de forma equilibrada, e a intervenção humana em seus desígnios — tal como ocorre com o meio ambiente e ecossistemas —, quando feita de forma "incorreta", corrompe sua forma de agir.

É importante frisar que a "ação humana" é sempre pensada apenas no âmbito das "trocas voluntárias". Como brevemente exposto, Mises procurar limar da noção de "ação humana" qualquer consideração sobre as condições materiais objetivas que limitam e condicionam de tal ação.

Apesar do "mercado" ser considerado fruto dessa ação — e, uma vez operando, age como sendo descolado da ação que o criou, uma vez que possui "vontades", "humores" e "sentimentos" —, o mesmo não ocorre com o Estado. Quando aparece nas fontes, sua ação é sempre retratada negativamente:

A intervenção governamental é como um frasco de veneno mutante derramado na rede fornecedora de água. Podemos beber essa água por um bom tempo sem que ninguém realmente pareça pior. Até que um dia acordamos e todos estão desesperadoramente doentes – e culpando não o veneno, mas a água. O mesmo ocorre com a atual crise imobiliária (Rockwell, 2008).

Nesse fragmento, Lew Rocwell se utiliza uma analogia em que "água" seria representada pelo mercado ou capitalismo, enquanto "veneno" seria a intervenção do Estado no funcionamento do mercado. Porém, ainda mais importante é notar que nessa metáfora o Estado é o agente que despeja veneno. Ou seja, como uma espécie de "vilão diabólico" saído diretamente das páginas dos quadrinhos. Aliás, a metáfora não parece ser usada ao acaso.

No filme *Batman Begins*, de 2005, dirigido por Christopher Nolan, "O Espantalho", personagem dos quadrinhos de "Batman" procura envenenar a população de Gotham City usando o sistema de fornecimento de água da cidade. Isso ocorre também em um episódio da série animada de "Batman" que foi ao ar de 1992 a 1995, produzida pelos estúdios Warner Bros. No episódio 28 da primeira temporada, intitulado no Brasil como "Sonhos na Escuridão" (Rede Canais, 2024), Batman procura impedir "O Espantalho" de espalhar veneno no sistema de fornecimento de água da cidade.

Não pode ser compreendido como coincidência o uso da metáfora escolhida por Rockwell. Claramente retirada de elementos da cultura de super-heróis, sua intenção é dar ao suposto combate "contra as investidas do Estado" como uma batalha épica entre bem e mal, caricaturizando o Estado como um vilão maléfico que está sempre causando toda a sorte de "maldades" aos inocentes apenas por ser "criminalmente insano"[83]. Para além disso, é possível ver na metáfora uma estratégia de engajar leitores, principalmente jovens, ao utilizar desse recurso.

Retornando a questão de como a noção de preferência temporal é compreendida na regulamentação do mercado, Leandro Roque procura dar um exemplo hipotético de cenários nos quais a preferência temporal, em uma dada cidade, seria baixa, havendo, então, mais poupança — uma vez que seus habitantes prefeririam consumir futuramente e não no presente — e outra, na qual a preferência temporal seria alta, isto é, seus habitantes teriam um alto nível de consumo de mercadorias no presente. A partir dos exemplos, Roque faz uma breve conclusão:

> Assim, em um livre mercado, a taxa de juros – que é formada pela preferência temporal das pessoas – coordena automaticamente a alocação de recursos na economia. Não haveria como haver investimentos errôneos simplesmente porque estes seriam caros demais para ser iniciados. Um investimento de longo prazo só seria empreendido se os juros vigentes indicassem haver uma possibilidade de lucros futuros (Roque, 2009).

Segundo tal interpretação, o uso de recursos estaria atrelado à preferência dos consumidores. Logo, o desperdício ou mesmo a produção de

---

[83] O asilo para onde encarceram os vilões dos quadrinhos de *Batman*, o Asilo Arkham, tem como lema "para os criminalmente insanos".

CRISE E OFENSIVA BURGUESA NO BRASIL

mercadorias "supérfluas" estaria unicamente determinado pela demanda gerada para essas mercadorias. Portanto, tomando por exemplo a indústria de cosméticos, se determinado produto consome recursos que poderiam ser mais bem distribuídos no combate à insegurança alimentar — como o leite, por exemplo — não considerada prioritária, uma vez que é a preferência temporal que determina o que pode ser considerado mau uso de recursos ou mesmo "desperdício".

Outro ponto importante é a própria noção de mercado como um meio para a satisfação dos desejos dos indivíduos. Tomando como norte as considerações de Lipovetsky (2007) sobre a chamada "sociedade do hiperconsumo", isto é, uma lógica de cada vez consumir mais, o momento de satisfação das vontades, desde as mais elementais relacionadas à própria manutenção da vida de um indivíduo, como de seus desejos mais íntimos e subjetivos, nunca se realiza, uma vez que a real intenção é a criação de supostos desejos a serem satisfeitos para o estímulo do consumo incessante e contínuo.

Por fim, é importante notar uma contradição na lógica da chamada "preferência temporal". Primeiro, os intelectuais da Escola Austríaca — desde a formulação de Mises, como foi exposto em linhas anteriores — consideram que os indivíduos **sempre** preferirão o consumo presente ao futuro, desde que os sujeitos estejam em **condições ideais**. Isto é, sem pressões externas que alterem sua concepção de satisfação e os meios necessários para alcançar tal satisfação subjetiva. Ou seja, existe, nessa lógica, o estabelecimento de imperativo categórico que baliza toda a noção de preferência temporal. Porém, o imperativo nunca se efetiva na materialidade da vida.

Afinal, se a humanidade é constituída de seres sociais e históricos, os sujeitos humanos estão constantemente em contato com condições objetivas e concretas de sociabilidade, que alteram suas necessidades e os meios para alcançar a satisfação delas. Portanto, a noção de "ação humana" e "preferência temporal" não possuem parâmetros adequados para estabelecer suas próprias definições. O "agir" da Escola Austríaca apenas existe como idealização, tanto no sentido estabelecimento de um "tipo ideal", como existente apenas em pensamento. Em outras palavras, é uma forma de agir que nunca se efetiva no real e concreto das ações dos sujeitos.

Tomemos como exemplo a situação hipotética em que Roque constrói suas reflexões sobre a operacionalidade da noção de "preferência temporal", em uma cidade em que o consumo presente é preponderante:

> Agora imagine que essa cidade, contrariamente ao exemplo anterior, seja povoada por pessoas com alta preferência temporal - ou seja, voltadas para o presente. São pessoas consumistas, avessas à poupança. Querem o máximo possível para hoje. Nesse caso, o capital disponível foi quase todo exaurido (quase todos os tijolos e cimentos já foram usados, os tratores e as escavadeiras estão gastos, os caminhões estão dilapidados, há poucos laptops disponíveis para rodar os programas de cálculo estrutural etc.). É óbvio que, nesse cenário, não há capital disponível para sustentar um investimento vultoso como a construção de um shopping. A empresa que fosse fazer tal empreendimento rapidamente seria demovida da ideia ao ver a escassez de capital disponível. Essa escassez de capital – consequência natural da alta preferência temporal das pessoas – se traduziria em um alto preço (juros) cobrado pelo uso do pouco capital que ainda resta, pois a empresa estaria disputando o uso desse escasso capital com os moradores consumistas, que cobram um preço muito alto para deixar de usá-los (Roque, 2009).

Nota-se que Roque estabelece relações de causa e efeito em seu exemplo que são impossíveis de existirem como casos reais, mesmo que pensado em situações-limite em que a noção é compreendida até atingir seus desdobramentos últimos. Ora, na cidade hipotética em questão, Roque estabelece que o alto consumo generalizado levaria ao esgotamento de todas as mercadorias disponíveis na cidade. Desde tijolos a tratores, escavadeiras e laptops.

Levando em consideração que, nesse cenário irreal de consumo máximo real, em outras palavras, de consumo em que não haveriam fatores externos estimulando os sujeitos a consumir, como oferta "artificial" de crédito por meio de emissão de moeda — para utilizar o grande "gatilho" que desencadeia "bolhas", segundo as fontes aqui analisadas —, aumentar a oferta de mercadorias, quaisquer que fossem, uma vez que o cenário de Roque considera que tudo o que for produzido ou posto à disposição de consumo dos habitantes da cidade hipotética será adquirido, seria extremamente desejável. Reiterando, trata-se de consumo máximo real, isto é, que se mantém constante no presente e futuro, caso as condições não se alterem por "distorções externas", para citar os termos utilizados pelos intelectuais da Escola Austríaca.

Seria impossível, portanto, que as taxas de juros continuassem altas para empréstimos. Mesmo que não exista moeda suficiente em estoque para fazer um empréstimo — é importante lembrar que moeda-dinheiro também é uma espécie de mercadoria estabelecida como base-padrão de trocas entre mercadorias —, não significa que ela seria a única forma de financiar a construção de um shopping, para utilizar o exemplo de Roque. Ou seja, de acordo com os próprios padrões desses intelectuais, em um cenário de oportunidade de lucro, alguém daria um jeito de se aproveitar dessa oportunidade.

Para além disso, existe uma falha fundamental na argumentação de Roque, bem como na maioria das teorizações construídas e analisadas até o momento. O recurso a situações hipotéticas, ao invés da análise de situações reais ou estudos de casos, é um forte indicativo de que as conclusões extraídas e elaboradas só existem como idealizações determinadas por parâmetros estabelecidos apenas pelos sujeitos que as criaram, com base apenas em dedução. Isto é, não passam de um grande exercício de imaginação de seus criadores. E, portanto, suas conclusões são altamente duvidosas cientificamente. Afinal, se "O grande objeto" são os fenômenos econômicos e suas dinâmicas **reais** de funcionamento para a compreensão de como eles ocorrem na materialidade, não há como tirar conclusões sólidas apenas deduzindo como determinado objeto se comportaria, caso não tome minimante situações concretas. Por isso, a importância da análise concreta de situação concreta.

Para encerrar as considerações sobre como os libertarianistas interpretam a crise financeira de 2007/08, ainda resta um sujeito a ser analisado. De acordo com as fontes aqui disponíveis, "o mercado", na concepção libertarianista, é fruto das trocas voluntárias realizadas pelos indivíduos, de acordo com suas preferências temporais. Assim, daria origem também à taxa de juros, que regularia os níveis de empréstimo e poupança na sociedade capitalista. Portanto, as oscilações do mercado seriam apenas reflexo de alterações nas preferências temporais dos indivíduos em sociedade. São nesses termos que Mises e seus discípulos compreendem a ação do empreendedor na sociedade e seu (não)papel no surgimento das crises econômicas.

Segundo a interpretação libertarianista, as "distorções" causadas pela intervenção no Estado nas relações econômicas desencadeiam uma série de maus investimentos, pois uma maior oferta de moeda no mercado, por meio da expansão do crédito, passaria uma falsa impressão de que as preferências temporais dos sujeitos estariam apontando para uma perspectiva de poupança, ao invés de consumo presente. Situação que "perverteria" a ação do empreendedor na sociedade:

> Na economia de mercado, uma das funções vitais do empresário é ser um 'empreendedor', um homem que investe em métodos produtivos, que compra equipamentos e emprega mão-de-obra para produzir algo que ele não sabe ao certo se irá lhe trazer qualquer retorno (Rothbard, 2009).

Mais adiante no texto, Rothbard (2009) aponta a habilidade de "prever o futuro", como essencial para atividade do empreendedor:

> Em resumo, a função empreendedorial é a função de prever o futuro incerto. Antes de embarcar em qualquer investimento, o empreendedor deve estimar os custos presentes e futuros, bem como a renda futura; e dessa forma estimar se haverá, e quanto haverá, de lucro com este investimento. Se ele previr bem e significativamente melhor que seus concorrentes, ele terá lucros com seu investimento. Quanto melhor a sua previsão, maiores os lucros que ele irá obter. Se, por outro lado, ele for um prognosticador ruim e superestimar a demanda pelo seu produto, ele irá sofrer perdas e será rapidamente forçado a sair de seu ramo (Rothbard, 2009).

É imprescindível observar que a "ação" inicial do empreendedor em relação ao mercado é apenas de "prever" seus comportamentos. Para Rothbard (2009), essa habilidade de fazer previsões sobre os desígnios futuros do mercado é o que determina o sucesso ou o fracasso de um empreendimento. Nota-se o desdobramento da "coisificação" do mercado no pensamento libertarianista. Apenas os indivíduos que realizam "trocas voluntárias" exercem ações deliberadas. O Estado atua sem levar em consideração a forma natural do mercado e, por isso, causa distorções que pervertem seu funcionamento, ocasionando, assim, crises, desemprego e toda a sorte de malefícios. Já o empreendedor, primeiro, analisa e faz previsões sobre o futuro do mercado. Isto é, uma vez que observa o ordenamento "natural" do mercado, age nos seus limites; caso contrário, fracassará em seu empreendimento e será "forçado a sair de seu ramo".

Portanto, segundo Rothbard (2009), o mercado teria um mecanismo que impede a permanência de maus investimentos e má alocação de recursos, em uma economia de "livre mercado".

> A economia de mercado, portanto, é um **sistema de perdas e ganhos**, no qual a perspicácia e a habilidade dos empreendedores são medidas pelos lucros e prejuízos que acumulam. A economia de mercado, além do mais, contém um mecanismo intrínseco, **um tipo de seleção natural que assegura a sobrevivência e a prosperidade dos melhores prognosticadores e, consequentemente, a extinção dos piores.** Pois quanto maiores os lucros coletados pelos bons prognosticadores, maiores serão suas responsabilidades gerenciais, e mais recursos eles terão disponíveis para investir no sistema produtivo. Por outro lado, alguns anos de prejuízos irão empurrar os maus prognosticadores para fora do mercado, colocando-os na categoria de empregados assalariados (Rothbard, 2009, grifo meu).

Em tal percepção, os empreendedores — e, quiçá, economistas e demais agentes, também — agem apenas com base em previsões e "prognósticos" sobre o futuro que "o mercado" lhes reserva. Portanto, não teria como considerar operadores financeiros, bancos de investimentos e demais agentes envolvidos no mercado financeiro como responsáveis pelo colapso econômico de 2007/08. Afinal, "o mercado" seleciona e premia os melhores. Aqueles que enriquecem merecem, por se mostrarem os mais sagazes em compreender os anseios do mercado. Difícil não perceber uma estrutura discursiva muito próxima das ideias meritocráticos, bem como uma interpretação que entifica "o mercado" como um ser dado pela natureza e impossível de ser controlado. As interferências em seus "desígnios" resultam em desfechos trágicos como recessão, desemprego, falências e outros.

Ademais, é difícil não perceber que tal interpretação do mercado, bem como da burguesia como uma "elite natural"[84], ou seja, de transformar sua posição de classe dominante em "direito natural", é fruto de um processo violento de dominação e espoliação sobre os trabalhadores, tal qual os monarcas absolutistas consideravam sua posição relegada ao "direito divino" de governar. Porém, ao invés de terem sido "escolhidos por Deus", foram testados pelo "processo de seleção natural do mercado". Seu constante enriquecimento é apenas prova de que "o mercado" continua a considerá-los "aptos" a merecerem a posição de classe dominante.

---

[84] É possível encontrar uma análise pormenorizada da noção de "elite natural" construída pelos libertarianistas em Dal Pai (2017).

Ora, se a burguesia, por meio da ação empreendedora, é resultado de um cruel processo de seleção natural — ou, nas palavras de Art Carden, "cruelmente eficiente" (Carden, 2008) —, no qual apenas os capazes permanecem, como se compreendem, então, os momentos de profundas crises e recessões econômicas?

Rothbard explica que a partir da emissão de moeda pelos bancos, para além de suas reservas:

> Quando os bancos expandem o crédito, isso significa que eles estão expandindo a oferta monetária na forma de depósitos que teoricamente são redimíveis em espécie, mas que na prática não são. [...]. Mas enquanto não houver uma "corrida" aos bancos em que todos convertem em dinheiro seus recibos de depósito, estes continuarão funcionando no mercado como o equivalente ao ouro (Rothbard, 2009).

Porém, em um sistema no qual a concorrência entre os bancos não é mediada por um banco central,

> Consequentemente, chegará um momento em que os bancos irão perder a tranquilidade, encerrar sua expansão creditícia e, para evitar que quebrem, quitar seus empréstimos pendentes. Geralmente, este recuo é precipitado por corridas bancárias desencadeadas pelo público temeroso da falência dos bancos, uma vez que estes estão em condições extremamente instáveis (Rothbard, 2009).

Ainda segundo ele, nesse momento, estabelecer-se-ia uma crise, haja vista que, na medida em que os bancos forem expandindo sua oferta de moeda sem reservas de ouro — para citar o exemplo utilizado por Rothbard —, haverá uma "queima" dos títulos emitidos — dinheiro —, que não podem ser validados. No entanto, quando o fluxo de ouro começa a regularizar, o cenário de recessão vai passando e dando início a um novo ciclo de acumulação (Rothbard, 2009). Nota-se que seria o cenário de funcionamento "natural" do mercado, de acordo com Rothbard, que só é perturbado com o surgimento de um banco central:

> [...] torna-se claro que os bancos só podem expandir o crédito confortavelmente em uníssono quando existe um Banco Central, que é essencialmente um banco do governo, que goza um monopólio dado pelo governo e que possui uma posição privilegiada imposta pelo governo sobre todo o sistema bancário. Somente quando um banco central é ins-

tituído é que os demais bancos se tornam aptos a expandir o crédito indefinidamente. E foi somente após a existência de bancos centrais que as economias se tornaram familiarizadas com fenômeno dos ciclos econômicos (Rothbard, 2009).

Ao obrigar o uso de uma moeda de curso forçado a todo sistema bancário, o monopólio da emissão de moeda, bem como obrigando o depósito no banco central de parte do dinheiro depositado nos bancos (compulsórios), o governo estaria criando condições para a expansão do crédito "artificialmente" e de forma ilimitada (Rothbard, 2009). Apensar de Rothbard (2009) elencar alguns dos elementos utilizados pelo banco central para "controlar" o sistema bancário, sua explicação não é coerente. Foge à análise o sentido de uma moeda unificada em todo território como forma de facilitar e simplificar a circulação e comércio de mercadorias, sendo, aliás, uma importante mudança para o desenvolvimento da incipiente burguesia e da formação dos Estados Nacionais. Quanto ao recolhimento de compulsórios, serve como reserva em caso de uma eventual insolvência, por conta de uma crise financeira, digamos.

Obviamente, esse é um recurso que pode ser utilizado para alterar a taxa de juros, na medida em que o banco central poderia repassar os compulsórios recolhidos aos bancos, aumentando, assim, a oferta monetária. Porém, isso incorreria em duas considerações: 1) os bancos privados, tendo posse desses compulsórios, são necessariamente obrigados a colocar à disposição de seus correntistas esse valor? Afinal, se os bancos naturalmente já operam expandindo o consumo de moeda por meio do crédito, isso apenas adiaria temporariamente o "ajuste" por meio de uma recessão. Se os bancos forem desobrigados de repassar esse valor aos seus correntistas, poderiam utilizar para outros tipos de produtos e ativos financeiros (aquisição de títulos da dívida pública, criação de fundos de investimentos, especulação financeira, entre outros); 2) o recolhimento de compulsório é sobre o valor depositado, isto é, gerado na economia; logo, não seria "artificial", pois estaria vinculado a um volume de dinheiro que os bancos receberam de seus correntistas. Portanto, não há emissão de mais dinheiro, uma vez que representa apenas uma parcela do montante disponível que foi reservado pelo banco central. O único "distúrbio" que o Estado estaria gerando ao intervir por meio do recolhimento dos compulsórios seria suavizar flutuações inflacionárias, mas não as evitar. Ou seja, em algum momento, o "ajuste" ocorreria independente de sua existência.

É importante notar que, quando os intelectuais libertarianistas precisam demonstrar o funcionamento do mercado, o funcionamento "natural" da economia e demais pontos que permitam a construção de um discurso positivo a manutenção do capitalismo, recorrem a várias explanações complexas, construções de situações hipotéticas elaboradas e se debruçam vigorosamente na construção de uma teoria da ação humana que sirva como base para sustentação de uma série de noções e conceitos.

Porém, no momento de explicar como a intervenção do Estado é nefasta, que "perverte" a ação dos empreendedores e dos bancos, fazem--no de forma muito superficial e caricata. Um dos motivos para a fácil aderência do discurso "antiEstado"/"antigoverno" pode estar relacionada à construção de uma visão negativa da política institucional, do funcionalismo público e da ação do Estado na sociedade, desde, pelo menos, a transição democrática no Brasil. Sem mencionar as referências a altos impostos e suspeições das ações do governo e do Estado presentes em filmes, desenhos animados e outras expressões da chamada "cultura pop" internacional. Em outras palavras, dado o estabelecimento de um discurso negativo sobre a atuação do Estado nas sociedades — resultado de décadas de construção de consenso e convencimento —, é possível "ativar" o senso comum estabelecido e construir uma narrativa pretensamente "séria", que poucos leitores perceberão problemas.

Dando seguimento à interpretação de Rothbard (2009) sobre as origens das recessões econômicas, a intervenção do Estado no mercado vai armar as condições para o estabelecimento de uma dinâmica de recessão. Quando o Estado passa a agir,

> O que acontece é uma enorme encrenca. **Os empresários, percebendo a queda na taxa de juros, reagem exatamente como deveriam agir diante de tais sinais do mercado:** investem mais em bens de capital. Investimentos, particularmente em projetos longos e demorados, que antes pareciam financeiramente inviáveis, agora parecem lucrativos por causa da queda dos juros cobrados. Ou seja, os empresários reagem como reagiriam se a poupança tivesse aumentado genuinamente: eles expandem seus investimentos em equipamentos duráveis, em bens de capital, em matérias primas industriais e em construção civil, em detrimento da produção direta de bens de consumo (Rothbard, 2009, grifo meu).

É válido perceber que, tanto nos textos de autores libertarianistas mais "canônicos" como Mises e Rothbard, o sujeito empreendedor possui uma postura "passiva" em sua relação com o mercado: ele não "age", mas "reage" aos "sinais" que "o mercado" demonstra. Apenas tendo isso como base é que ele atua para auferir lucros. Faz-se mister lembrar que a produção de Mises e Rothbard não ocorre na época da Grande Recessão de 2007/08.

Mises constrói as bases do pensamento neoliberal que, posteriormente, Rothbard radicaliza e erige o "anarco"capitalismo. Ou seja, suas interpretações sobre a atuação dos empresários e do mercado possuíam outro significado na época; muito mais relacionado à necessidade de se construir uma imagem positiva sobre a ação burguesa e o desenvolvimento do capitalismo na sociedade. Para Mises, em um contexto de pós-Primeira Guerra Mundial (cenário da produção de sua obra *Liberalismo*) e pós-Segunda Guerra (a obra *Ação humana* é publicada pela primeira vez, em 1949). Já Rothbard lança as bases do "anarco"capitalismo, na década de 1970 (época de publicação e escrita do *Manifesto Libertário*[85]), momento de grande pressão interna e externa sobre a política estadunidense, com movimentos de contestação efervescendo por todo país, guerras (Vietnã e das Coreias) e a chamada crise econômica dos anos 1970. Em outras palavras, são contextos de grande contestação da ordem vigente, cada qual em sua época, em que a necessidade de reforçar as paliçadas do capitalismo e dos interesses burgueses se fazia de suma importância.

Para além de ser uma necessidade também presente no estopim da crise de 2007/08, a forma de interpretar a atuação a ação burguesa como "empreendedorismo", claramente tem, no mínimo, três efeitos: 1) construir uma noção de que a atuação do empreendedor na sociedade é vital para o desenvolvimento desta; 2) transformar o enriquecimento como "prova de sucesso" e "merecimento" pelo supostamente vital serviço prestado à prosperidade de todos; 3) desonerar a burguesia — por meio da figura do "empreendedor"; "homem de negócios" — de qualquer responsabilidade

---

[85] Segundo Lew Rockwell, que escreve a introdução para a primeira edição da obra publicada no Brasil, "o libertarianismo moderno não nasceu em reação ao socialismo ou ao esquerdismo – embora ele seguramente seja antiesquerdista (da maneira com que o termo é comumente definido) e antissocialista. [...] o libertarianismo, no contexto histórico americano, surgiu como uma resposta ao estatismo do conservadorismo e sua celebração seletiva de um planejador central de estilo conservador. [...] E foi para defender uma liberdade pura contra as concessões e corrupções do conservadorismo – iniciando-se com o período de Nixon, porém continuando ao longo das presidências de Reagan e Bush – que inspiraram o nascimento da economia política rothbardiana" (Rothbard, 2013, p. 12). Para maiores detalhes, *Cf.* Rothbard (2013).

o que suas ações futuras gerem. Afinal, eles apenas **reagem**, ao tentar prever os anseios do mercado, partindo dos próprios indícios que esse lhes permite perceber; quem de fato **age**, interrompendo o curso supostamente natural das relações econômicas, é o Estado.

Retomando a descrição de Rothbard, os empresários passam a receber "sinais errados" do mercado e, a partir deles, irão interpretar que o momento de baixa nas taxas de juros é ideal para realizares grandes e demorados investimentos. Com isso, passariam a pagar mais caro por meios de produção e força de trabalho — em alta por conta da recente demanda —, pois o lucro futuro, em tese, compensaria o risco.

Para além das observações já feitas sobre como os libertarianistas concebem a crise e a atuação dos sujeitos envolvidos, a atuação do empreendedor no mercado é emblemática. Esses supostos empresários, constantemente postos à prova e selecionados pelo mercado, que possuem justamente como função vital a "previsão do futuro", não conseguem distinguir "crescimento genuíno" de "crescimento artificial", quando tal habilidade é de suma importância?

Partindo da compreensão de que um ambiente de mercado com forte intervenção estatal é ruim, os empresários que, mesmo assim, teriam conseguido prosperar, foram aqueles que melhor conseguiram compreender os anseios do mercado, apesar das condições desfavoráveis, o que significaria dizer que estariam mais do que capacitados para preverem a armação de uma crise econômica e tomarem as medidas necessárias para, ainda assim, lucrar com isso.

Outrossim, seria possível declarar que, justamente por isso, existem os "maus empresários" que gozam de privilégios com o Estado — assim como Fannie Mae e Freddie Mac foram retratados pelos libertarianistas durante a crise, como "empresas apadrinhadas pelo governo" (Rockwell, 2008) —, impedindo que os "bons" se destaquem. No entanto, seria um juízo de valor sobre a ação do empreendedor, no qual não cabe "bom" ou "mau", uma vez que o que determina a ação é a satisfação da necessidade dos indivíduos no mercado. Nas palavras de Mises:

> A crítica ao lucro feita pelos moralistas e pregadores erra o alvo. Não é culpa dos empresários se o consumidor – o povo, o homem comum – prefere bebidas alcoólicas à bíblia e romances policiais a livros sérios, e se o governo prefere canhões à manteiga. O empresário não lucros maiores por

vender coisas 'más' em vez de vender coisas 'boas'. Seus lucros são tanto maiores quanto mais consiga prover os consumidores com aquilo que eles mais desejam. As pessoas não bebem bebidas fortes para satisfazer os 'capitalistas do álcool', nem vão à guerra para aumentar os lucros dos 'mercadores da morte'. A existência de uma indústria de armamentos é consequência do espírito beligerante, não sua causa (Mises, 2010a, p. 360).

O mesmo princípio vale, portanto, aos "maus empreendedores". Ao passo que sua única preocupação é com sua capacidade de "prover os consumidores com aqueles que eles mais desejam", os meios pouco importam. Aliás, se a própria existência do Estado e sua ação intervencionista no mercado for um "desejo" dos indivíduos, não há motivo algum, então, para considerar os sujeitos que sabem se utilizar do Estado ao seu favor como "mal-intencionados".

Por fim, a partir das próprias noções sobre como os libertarianistas compreendem a dinâmica do capitalismo e suas crises, como também a atuação dos sujeitos nelas — em especial na Grande Recessão de 2007/08 —, a conclusão possível de se tomar é de que tanto investidores como empresários, bancos e demais sujeitos envolvidos — raramente os textos tratam das famílias que tomaram os empréstimos *subprime* e, quando mencionam, é de forma breve e como passivos ao longo do processo — agiram sem levar em consideração elementos acerca da moral e ética de seus atos; apenas atuaram visando a maximização de seus lucros aos limites que fossem possíveis, independentemente de estarem vendendo armas, bebidas ou negociando apólices sem lastro algum, cedendo empréstimos para famílias que não possuem as mínimas condições de pagar.

Mesmo sendo possível relegar ao Estado sua parcela de culpa — o que de fato existe, por desregulamentar o mercado financeiro, permitindo as relações de securitização e demais dispositivos criados —, é inegável, até mesmo seguindo a própria lógica da "ação humana" libertarianista, de que a crise é consequência da uma lógica posta em movimento há décadas pela implementação do neoliberalismo — e não das teorias keynesianas —, baseada na financeirização e hiperendividamento do Estado e população — duplamente endividada: primeiro, pois são os trabalhadores os principais alvos dos financiamentos e hipotecas; segundo, pois o Estado, ao se endividar para salvar as empresas "grandes demais para quebrar", o faz a partir da arrecadação de impostos, cortes dos serviços públicos de saneamento, saúde, segurança e, não menos importante, habitação; abrindo o caminho, assim, para novas expropriações da classe trabalhadora, privatizações e a entrega desses serviços ao setor privado.

Nesse sentido, é importante notar que não se trata apenas de uma interpretação sobre a mais recente crise econômica mundial e de como lidar com ela. Isto é, o que está posto não se trata apenas de definir estratégias e ações conjunturais, mas também da continuidade ou, melhor, de levar o programa neoliberal aos seus limites. Primeiramente, alinhando as frações burguesas e as tarefas que lhe são colocadas, mas também as atualizando sobre o surgimento de uma nova dinâmica sobre a qual é preciso construir consenso. Em um segundo momento, capilarizar seus interesses, bem como convencer — agora de forma mais ampla — o conjunto da sociedade.

Um importante passo nesse processo é justamente "apontar culpados" ("O Estado" e "keynesianos", por exemplo), o que parece agir em dois sentidos: alinhar as frações burguesas de que o momento pode ser utilizado para intensificar o avanço sobre áreas de gestão do Estado, considerados "bens públicos", sinalizar que não existirão "recuos", isto é, que não cederão às pressões por mais direitos aos trabalhadores; e, na outra ponta do convencimento — entre os dominados —, "ativar" pressuposições e noções de senso comum, que permitem aderência ao projeto posto em movimento, por meio de convencimento da população sobre os "verdadeiros culpados" da crise atual, como também aceitação das medidas duras, porém supostamente "necessárias". Não apenas, mas a construção de consenso ativo e "espontâneo" entre o conjunto da sociedade, tanto no que diz respeito aos interesses que pretendem levar a cabo quanto na identificação de determinados intelectuais e ideologias como "as melhores".

Em seus escritos no cárcere, Gramsci faz algumas distinções entre três tipos de consenso: passivo, que ocorre pela participação dos governados apenas nos ritos institucionais do Estado (eleições, por exemplo); ativo: quando há maior engajamento/participação dos governados (comícios, passeatas, por exemplo); e o "espontâneo", fruto da ação dos intelectuais orgânicos e aparelhos privados na sociedade civil, que *"nasce 'historicamente' do prestígio (e, portanto, confiança) obtida pelo grupo dominante por causa de sua posição e de sua função no mundo da produção"* (Gramsci, 2010, p. 21). É importante observar que Gramsci sempre usa "espontâneo" entre aspas, justamente por ser apenas no nível da aparência, que é a ação constante dos intelectuais — por isso também "historicamente", entre aspas — que esse consenso se constrói.

Ao tecer comentários sobre o conceito de legislador, Gramsci (2016) elabora um pouco mais detidamente a noção de consenso "espontâneo":

> [...] a capacidade máxima do legislador pode se deduzir do fato de que, à perfeita elaboração das diretrizes, corresponde uma perfeita predisposição dos organismos de execução e de controle e uma perfeita preparação do consenso 'espontâneo' das massas, que devem 'viver' aquelas diretrizes, modificando seus hábitos, sua vontade e suas convicções de acordo com aquelas diretrizes e com os objetivos que elas se propõem a atingir (Gramsci, 2016, p. 306).

É a partir desse consenso "espontâneo" que a capilarização dos interesses burgueses se efetiva de maneira mais eficiente. Na medida em que parcelas da sociedade civil passam a modificar hábitos e vontades, também irão operar para transformar o conjunto do tecido social:

> Se cada um é legislador no sentido mais amplo do termo, continua a ser legislador ainda que aceite diretrizes de outros; executando-as, controla sua execução também por parte dos outros, compreendendo-as em seu espírito, divulga-as, quase **transformando-as em regulamentos de aplicação particular a zonas da vida restrita e individualizada** (Gramsci, 2016, p. 306, grifo meu).

A partir dessas considerações, torna-se evidente que a construção do consenso "espontâneo" é de vital importância para penetração, quase molecular, dos interesses de classe particulares na sociedade civil, que "nasce 'historicamente'", justamente porque é necessário um trabalho constante, sistemático e de longo prazo para surtir efeitos.

A exemplo das interpretações sobre a crise de 2007/08 disseminadas pelo Mises Brasil e seus intelectuais orgânicos, compreende-se a necessidade da grande repetição de argumentos e premissas ao longo de uma volumosa disseminação de textos em um intervalo de dois anos (2008-2010, que se verifica o maior número de publicações sobre a crise no site, como já apresentado nos Quadros 1 e 2). A estratégia de disfarçar o discurso ideológico — portanto, político — como imbuído de cientificidade — como uma autoridade sempre neutra, isolada e sem relação com os interesses e projetos políticos, que atravessam a sociedade da qual emerge, também lhe atribuindo sentido e significado — é de suma importância: há construção de "prestígio" e "autoridade" para si e seus intelectuais no processo de construção do consenso "espontâneo".

A própria projeção sobre si, como classe, que os textos publicados pelo IMB possuem, bem como as noções e conceitos mobilizados neles procuram retratar a figura do "empreendedor" como vítima da crise e a chamada "população comum"; porém mantendo um especificidade: seu *status* social, bem como a riqueza acumulada e propriedades não podem ser alvo de distribuições em momentos de crise, uma vez que se tratam de um "direito natural" adquirido por sua capacidade de "prever o futuro" das vontades do mercado.

A forma como os libertarianistas compreendem a atuação do "empresário" — que, de acordo com as descrições que fazem, pode ser considerado sinônimo de "capitalista" — na sociedade civil se assemelha muito com a noção de "despotismo burguês" elaborada por Florestan Fernandes.

Talvez, um dos esforços mais sistemáticos para se estudar e compreender o desenvolvimento da burguesia brasileira tenha sido do sociólogo Florestan Fernandes. Em sua obra, *A revolução burguesa no Brasil* (Fernandes, 2020), ele se debruçou sobre a questão de como países que não passam por uma revolução burguesa "tradicional" acabam por desenvolver uma burguesia:

> A extrema concentração social da riqueza, a drenagem para fora de grande parte do excedente econômico nacional, a consequente persistência de formas pré ou subcapitalistas de trabalho e a depressão medular do valor do trabalho assalariado, em contraste com altos níveis de aspiração ou com pressões compensadoras à democratização da participação econômica, sociocultural e política produzem, isoladamente e em conjunto, consequências que sobrecarregam e ingurgitam as funções especificamente políticas da dominação burguesa (quer em sentido autodefensivo, quer numa direção puramente repressiva) (Fernandes, 2020, p. 359).

Florestan parte das peculiaridades do capitalismo brasileiro que tornam o desenvolvimento de uma burguesia diferente do modelo "clássico", denominado por ele de "democrático-burguês". "O capitalismo dependente e subdesenvolvido é um capitalismo selvagem e difícil, cuja viabilidade se decide, com frequência, por meios políticos e no terreno político" (Fernandes, 2020, p. 359). Então, continua:

> É falso que as burguesias e os governos das nações capitalistas hegemônicas tenham qualquer interesse em inibir ou perturbar tal fluxo do elemento político, pelo enfraquecimento provocado das burguesias dependentes ou por outros meios. Se fizessem isso, estariam fomentando a formação de burguesias de espírito nacionalista revolucionário (dentro do capitalismo privado) ou incentivando transições para o capitalismo de Estado e para o socialismo (Fernandes, 2020, p. 359-360).

Ou seja, não há interesse, por parte das nações hegemônicas, em alterar as configurações do capitalismo em países de desenvolvimento "tardio", justamente porque, se assim o fizerem, perdem o controle sobre eles; assim, ao invés de terem "parceiros", tais países se tornariam competidores ou, ainda, poderiam romper totalmente e buscar um modelo alternativo, que tenha como mote a superação do capitalismo:

> Se as burguesias nacionais da periferia falharem nessa missão política, não haverá nem capitalismo, nem regime de classes, nem hegemonia burguesa sobre o Estado. O que sugere que a revolução burguesa na periferia é, por excelência, um fenômeno essencialmente político, de criação, consolidação e preservação de estruturas do poder predominantemente políticas, submetidas ao controle da burguesia ou por ela controláveis em quaisquer circunstâncias (Fernandes, 2020, p. 361).

Nesse trecho, já é possível identificar uma característica é essencial à compreensão de como Florestan Fernandes interpreta o desenvolvimento da burguesia brasileira: a importância da preservação de estruturas de poder que estejam submetidas ao controle da burguesia. Ainda,

> Não estamos na era das 'burguesias conquistadoras'. Tanto as burguesias nacionais da periferia quanto as burguesias das nações capitalistas centrais e hegemônicas possuem interesses e orientações que vão noutra direção. **Elas querem: manter a ordem, salvar e fortalecer o capitalismo, impedir que a dominação burguesa e o controle burguês sobre o Estado nacional se deteriorem** (Fernandes, 2020, p. 361, grifo meu).

Não apenas a burguesia chamada de "periférica", mesmo aquelas "hegemônicas" não possuem o interesse pela "tomada do Estado", como nos casos "clássicos", mas conservar sua dominação. Nesses termos, o caráter autoritário e conservador da burguesia — não apenas a brasileira — não é exceção, mas uma condição para sua manutenção como classe dominante, uma vez que esteja em pauta a manutenção do próprio capitalismo.

Nessas condições, de acordo com Fernandes (2020), a revolução nacional estaria limitada sobre dois condicionantes inescapáveis:

> A revolução nacional continuaria a ser dimensionada pela infausta conjugação orgânica de desenvolvimento desigual interno e dominação imperialista externa. [...] as classes burguesas procuraram compatibilizar revolução nacional com capitalismo dependente e subdesenvolvimento relativo, tomando diante da dupla articulação uma atitude política 'realista' e 'pragmática', o que é, em suma, uma demonstração de racionalidade burguesa (Fernandes, 2020, p. 368).

O desenvolvimento desigual interno ainda traz os desafios relacionados às pressões internas da própria burguesia e suas frações, mas também das classes subalternas: uma vez que a revolução nacional em países ditos "periféricos"

> [...] visa a assegurar a consolidação da dominação burguesa no nível político, de modo a criar a base política necessária à continuidade da transformação capitalista, o que nunca constitui um processo simples (por causa dos conflitos faccionais, no bloco burguês; e da pressão de baixo para cima, visível ou não, das classes operárias destituídas). [...] a revolução nacional sob o capitalismo dependente engendra uma variedade especial de dominação burguesa: a que resiste organizada e institucionalmente às pressões igualitárias das estruturas nacionais da ordem estabelecida (Fernandes, 2020, p. 370).

É, então, partindo dessa realidade de difícil equilíbrio, que Fernandes (2020) considera o despotismo burguês seu resultado:

> Configura-se, assim, um despotismo burguês e uma clara separação entre sociedade civil e nação. Daí resulta, por sua vez, que **as classes burguesas tendem a identificar a dominação burguesa como um direito natural**, 'revolucionário' de mando absoluto, que deve beneficiar a parte 'ativa' e 'esclarecida' da sociedade civil (todos os que se classificam em e participam da ordem social competitiva); e, simetricamente, que elas tendem a reduzir a nação a um ente abstrato (ou a ficção legal útil), ao qual só atribuem

> realidade em situações nas quais ela encarne a vontade
> política da referida minoria 'ativa' e 'esclarecida' (Fernandes,
> 2020, p. 370, grifo meu).

Não se encontra ao longo das obras de Florestan Fernandes maiores definições sobre o conceito de despotismo burguês. No entanto, é possível perceber em suas breves considerações alguns elementos muito presentes nas construções discursivas da burguesia brasileira; também na própria construção do papel dessa burguesia no capitalismo, feitas primeiramente por Mises, sendo retomada e radicalizada, depois, por Rothbard e demais intelectuais libertarianistas.

É possível, inclusive, apontar nos textos de Mises e outros pensadores da Escola Austríaca de Economia discurso semelhante[86]. Segundo o economista, a burguesia é considerada a classe dominante, pois, na competição pelos mercados e por quem melhor conseguisse satisfazer as necessidades do consumidor, teriam passado por uma espécie de "seleção natural" do mercado. Portanto, sendo as pessoas mais aptas para compreender seus desígnios:

> É verdade que, no mercado, os vários consumidores não têm
> o mesmo direito de voto. Os ricos dispõem de mais votos
> que os cidadãos mais pobres. Mas essa desigualdade é em
> si mesma, o resultado de um processo eleitoral anterior.
> **Ser rico, numa autêntica economia de mercado, é o**
> **resultado do sucesso em conseguir atender melhor os**
> **desejos do consumidor.** Um homem rico só pode preservar
> sua fortuna se continuar a servir (Mises, 2010a, p. 330).

Nota-se que, embora Rothbard costume pensar a ação do empreendedor como resultante de uma constante "seleção natural" do mercado, o enriquecimento apenas evidencia que esses empreendedores são considerados "melhores". Mises fala em "ricos" de forma geral. Isto é, não há uma verdadeira distinção — na interpretação libertarianista — entre burguesia e empresariado[87], daí a compreensão expressa, aqui, de que os intelectuais libertarianistas compreendem a existência da burguesia e sua dominação sobre as demais classes como um direito natural.

---

[86] Para não tornar a explanação repetitiva e longa, faz-se aqui um breve resumo de como o termo é construído. Para maiores detalhes, *Cf.* Dal Pai (2017).

[87] É possível encontrar uma breve distinção entre burguesia e empresariado em Cruz (2019). Vale frisar que o conjunto de textos e autores que compõem a obra partem da noção de empresariado em suas análises.

Já estava contido no pensamento de Mises a noção de "direito natural de dominação burguesa". É importante perceber que todos os teóricos do neoliberalismo, de Hayek até Milton Friedman, bem como os mais contemporâneos, têm sua raiz filosófica no pensamento de Ludwig Von Mises. Em tal fato reside um elemento de extrema importância à compreensão do despotismo burguês, não apenas como uma condição dos países ditos "periféricos", mas com a disseminação e implementação do programa neoliberal: a dominação burguesa despótica se espraia por todo o globo, justamente por, nas próprias palavras de Fernandes, não haver mais "burguesias conquistadoras".

Muito embora Florestan Fernandes se remeta à atuação da direita e configuração do Estado brasileiro ainda nos tempos que antecederam o golpe de 1964, bem como durante a ditadura civil-militar, é possível perceber as semelhanças com o pensamento neoliberal. Além de naturalizar a desigualdade — que, de fato, é resultado de uma série de determinações do próprio desenvolvimento da luta de classes —, a condição de classe dominante é concebida não como privilégio, mas resultante da competição, também compreendida como natural entre os sujeitos no mercado.

Partindo do pressuposto de que "a pobreza sempre foi a condição natural e permanente do homem ao longo da história do mundo" (Soto, 2016), o texto de Jesús Huerta de Soto (2016), publicado no site do IMB, em 2016, aponta o empreendedorismo como agente transformador da pobreza:

> As causas da pobreza são bem simples e diretas. Em qualquer lugar em que não haja empreendedorismo, respeito à propriedade privada, segurança jurídica, acumulação de capital e investimento, a pobreza será a condição predominante. Isole um grupo de pessoas em uma ilha, peça para que elas não tenham nenhuma livre iniciativa, proíba a propriedade de bens escassos, e você verá que a pobreza será a condição geral e permanente dessas pessoas (Soto, 2016).

Entre os textos selecionados para publicação no site do IMB, o assunto é um tanto recorrente. O assunto é trazido novamente à tona em dois textos publicados em 2021, sendo um deles de autoria de Ludwig von Mises. No subtítulo sugestivamente intitulado de "No livre mercado, a propriedade privada dos fatores de produção já é uma função social", o "direito natural burguês" aparece como condição resultante do mercado:

> **O processo de mercado torna-se um plebiscito que é repetido diariamente**, e que inevitavelmente expulsa da

categoria dos eficazes e rentáveis aquelas pessoas que não empregam sua propriedade de acordo com as ordens dadas pelo público. Consequentemente, em um mercado livre de protecionismos e privilégios concedidos pelo governo, as grandes empresas – sempre o alvo do ódio fanático de todos os governantes e de pretensos intelectuais – adquirem e mantêm seu tamanho unicamente pelo fato de elas atenderem aos desejos das massas (Mises, 2021, grifo meu).

Nota-se, também, como o uso de certas palavras e termos procuram introjetar outras ideias relacionadas. O processo idealizado no texto sobre o funcionamento da concorrência de mercado é tido como um "plebiscito"; ou seja, como um processo de escolha da sociedade, daqueles que consideram como os mais "justos" de ocuparem as posições sociais que possuem. Logo, aqueles que consideram injusta a existência de grandes empresas e — consequentemente — da alta burguesia são taxados de fanáticos odiosos e falsos intelectuais. Isto é, enquanto o mercado é "democrático", quem diverge da interpretação de Mises é autoritariamente desconsiderado.

Em outro texto publicado no mesmo ano, a lógica é posta sob outra perspectiva: quanto mais o mercado opere sem intervenção estatal, mais ele poderá corrigir supostas imperfeições:

Nenhum defensor do livre mercado nega a existência de empreendedores salafrários. Apenas acreditamos – e para isto baseamo-nos na sólida teoria econômica – que, quanto mais livre e concorrencial for o mercado, mais restritas serão as chances de sucesso de vigaristas, e mais honestas as pessoas serão forçadas a se manter. E elas terão de ser honestas não por benevolência ou moral religiosa, mas sim por puro temor de que, uma vez descobertas suas trapaças, elas serão devoradas pela concorrência, podendo nunca mais recuperar sua fatia de mercado e indo a uma irrecuperável falência (Read, 2021).

A partir dos textos publicados no IMB, é possível indicar algumas questões importantes. Percebe-se que a defesa do "direito natural burguês" é constantemente apresentada sob várias perspectivas. Desde a justificativa para a existência de lucros que tendam ao crescimento infinito, até soluções que tomam a desregulamentação do mercado como sua própria forma de correção. Assim sendo, ele se apresenta como um elemento constante no pensamento burguês dos teóricos do neoliberalismo.

Para além disso, as publicações sobre a temática e sua frequência são indícios de um esforço permanente ao convencimento de que a saída para as crises do capitalismo, causadas por suas próprias contradições, é justamente mais desregulamentação e menos intervenção. Fechando, assim, o "ciclo autoimune" neoliberal em que, para resolver as disfunções do capitalismo, basta intensificar seus dispositivos.

É mister destacar que, a partir da divulgação de sua interpretação sobre a Grande Recessão e seus sujeitos, os libertarianistas foram capazes de mobilizar uma série de noções extremamente importantes para a disseminação de sua visão de mundo. Publicizar via internet e redes sociais os textos sobre como compreender a crise de 2007/08 e seus ensinamentos foi também uma forma de construir consenso "espontâneo" aos poucos — muito eficaz, dado o rápido crescimento de adeptos, do surgimento de outros aparelhos com a mesma orientação teórica e no posicionamento de intelectuais vistos como "especialistas", que passam a possuir colunas em grandes jornais, exercendo função de comentaristas em jornais televisivos, para citar alguns exemplos.

A elaboração, pelos libertarianistas, de uma análise sobre a crise de 2007/08 possui múltiplos significados. Algumas análises abordadas aqui não apenas para a compreensão de como ela passa a ser assimilada pela corrente libertarianista no Brasil, mas como tal interpretação permite o início de um processo mais sistemático de construção de consenso acerca da intensificação do programa neoliberal.

Dos aparelhos burgueses em atividade no Brasil, o Mises Brasil parece ter sido o primeiro a divulgar análises sobre a crise no Brasil, desde seu funcionamento "oficial", em 2008[88]. Apesar da grande maioria de seu material ser fruto de traduções de textos em circulação entre libertarianistas nos EUA (uma vez que são originários de produções do Mises Institute estadunidense), o material replicado no site do IMB e suas redes sociais é simplista apenas em aparência.

Os textos, mesmo sendo curtos, quando tomados em conjunto, servem como porta de entrada ao leitor interessado para uma série de noções e conceitos fundamentais da teoria libertarianista. Juntamente à replicação dos textos, foram somadas gradativamente outras ações que

---

[88] Toma-se como referência o ano em que a página do Instituto Ludwig von Mises Brasil passou a existir. Porém, outros autores apontam que o IMB passou a existir em 2007 (Rocha, 2021, p. 74) ou ainda em 2009 (Casimiro, 2020, p. 48). Para mais detalhes, *Cf.* Rocha (2021) e Casimiro (2020).

passaram, com o tempo, a se retroalimentarem, inclusive desencadeando uma demanda por tradução e produção de livros, organização de cursos, palestras, eventos e demais formas de iniciativas que aparelhos como o Mises Brasil seguem desenvolvendo. Obviamente, para que o IMB tivesse o êxito que alcançou, não bastou apenas a capacidade de replicar no Brasil análises sobre a Grande Recessão, antes de outros; mas certamente foi um esforço inicial que lentamente teve sua parcela de contribuição. Portanto, é possível supor, com pouca margem para dúvidas, que a replicação de tais textos sobre a crise possuíam a intenção de servirem como base para o desenvolvimento de outras ações.

Dado que a interpretação libertarianista da crise mobiliza uma série de noções e conceitos que a precedem, faz-se necessário também apresentar uma outra interpretação em contraponto, capaz de servir como base teórica e metodológica que permitisse desnudar as fissuras, contradições e interesses mais ou menos ocultos no discurso das fontes.

Nesse sentido e em direção oposta à concepção libertarianista da crise, apenas uma análise robusta da situação concreta poderia fornecer o suporte necessário. Tendo, portanto, como referência os escritos de Marx sobre o processo de (re)produção do capital, o papel do chamado "capital fictício" e suas características neste processo, bem como os estudos críticos sobre a crise e sua dinâmica, constata-se que as interpretações produzidas pelos libertarianistas sobre a crise de 2007/08 não possuíam a real intenção de apresentar explicações e processos capazes de compreendê-la.

O foco na expansão, supostamente, "artificial" do crédito, desencadeando inflação e "más escolhas" de investimentos, possui pouca relação com a própria dinâmica de desenvolvimento da crise; a conjuntura concreta da lógica de acumulação, implementada após a crise de 1970, levando a uma progressiva desregulamentação do mercado financeiro que, por meio da criação de uma série de dispositivos — como a securitização, derivativos, dentre outros —, abriu caminho ao processo de hiperendividamento da classe trabalhadora e consequente acumulação de lucros fictícios por vários setores da economia mundial, dada a internacionalização das finanças globais.

Em resumo, à luz de toda a discussão realizada, também partindo das fontes de matérias consultadas e analisadas, conclui-se que o real interesse do IMB, em apresentar uma interpretação da Grande Recessão, é muito mais orientado por uma necessidade de capilarizar o pensamento e postulados libertarianistas, tendo como motivação realinhar os interesses intraburgueses e as tarefas necessárias para a manutenção do capitalismo — via intensificação do programa neoliberal —, ante uma conjuntura de crise, do que, de fato, apresentar uma interpretação dela que leve em conta elementos concretos de sua dinâmica.

Nos textos republicados junto ao site do IMB, nota-se pouca atenção a processos e dispositivos do mercado financeiro — securitização, criação de novos "produtos" financeiros que permitiam a junção de títulos *subprime* com outros de maior possibilidade de pagamento, para citar alguns — que são centrais no processo de formação e crescimento da "bolha" financeira.

Remetendo-se à chamada "Teoria Austríaca dos Ciclos Econômicos", os textos, seus autores e o Mises Brasil buscam tornar a crise algo semelhante a um "desastre natural", no qual o mercado sofre interferências "externas" que lhe alteram o funcionamento "natural", "reagindo" aos desequilíbrios — causados pela ação do Estado —, por meio da inflação, alta de juros, falências e desemprego, tal como instabilidades climáticas são causadas pela ação humana (desmatamentos, poluição em geral, por exemplo) que interfere no ordenamento da natureza.

Mesmo que a noção de "ação humana", desenvolvida por Mises, seja a pedra angular que fornece sustentação para o surgimento do mercado e da economia, logo, fruto de uma relação indivíduos em sociedade — por mais que a noção reduz o agir humano à mera "busca por satisfação" —, qualquer outra forma de intervenção humana que extrapole relações de compra e venda é considerada "artificial" e causará "corrupção" do estado "ideal" do mercado.

Por fim, o mantra do "deixa quebrar" e sua aderência no conjunto da sociedade em crise funciona em três níveis: o primeiro nível, ao conjunto dos trabalhadores que sofrem os efeitos mais deletérios e imediatos da crise, age como uma palavra de ordem por "vingança" contra o sistema financeiro e as empresas que lhes causam sofrimento, numa ilusão de que equalizaria "as regras do jogo", em contraste com os salvamentos e *bail outs* bilionários oferecidos aos bancos, indústria e outras instituições financeiras; causando, assim, aderência dos ideais libertarianistas por mais desregulamentação e privatizações entre a população mais afetada.

Afinal, os mais atingidos pela crise são justamente aqueles que, em termos práticos, dadas as condições de marginalidade, tanto por acesso extremamente precário às condições mínimas de saúde, segurança e moradia, para citar alguns — ou nenhum, no caso de países onde inexistem políticas de Estado para a garantia de mínimas condições de acesso à saúde pública —, formas extremamente precárias de trabalho que remuneram esses trabalhadores no limite da sobrevivência e sem perspectivas de melhoria, numa sociedade que individualiza o "sucesso" por meio da ideologia do "empreendedorismo", como se a pobreza fosse resultado de falta de "perseverança", "resiliência" ou mesmo "trabalhar mais duro", entre outros chavões da "meritocracia". Repito, em termos práticos de suas vivências cotidianas, eles já estariam vivendo "sem Estado", portanto, o "deixa quebrar" e os ideais "anarco"capitalistas a ele relacionados ganham aderência pela ilusão de que isso representaria uma forma de acabar com "os privilégios dos ricos", pois agora as regras de sobrevivência seriam as mesmas.

Em um segundo nível, o "deixa quebrar", relacionado ao discurso de ódio dirigido ao keynesianismo, passa duas mensagens às frações burguesas mundiais do "centro" do capitalismo e, em um terceiro nível, uma tarefa para as frações burguesas "periféricas". Com a crise, abre-se um processo de "queima" de capital fictício, no qual se inicia uma corrida para valorização do capital antes de sua queima. Isto é, esse capital acumulado de forma fictícia demanda novas formas de valorização sob o risco de não poder se efetivar como mais-valor, uma vez que exige uma fatia do mais-valor produzido, muito embora não tenha participado de sua geração.

A outra mensagem é de que não se recuará, como escreve Plínio de Arruda Sampaio Jr., ainda quando os efeitos mais devastadores da crise não haviam atingido o Brasil, *"os aparelhos ideológicos do grande capital têm sido inequívocos na advertência de que não se pode utilizar o "pretexto" da crise para reverter o movimento de liberalização econômica das últimas décadas"* (Sampaio Júnior, 2017, p. 96). O economista ainda enfatiza que não existem condições objetivas e subjetivas para uma suposta volta de políticas econômicas baseadas no keynesianismo, bem como observa os salvamentos como indício de medidas à la Keynes:

> Os que confundem a pseudo-estatização do sistema financeiro em curso com a volta da regulação de tipo keynesiana tomam a nuvem por Juno. Não é o Estado que está impondo limites ao capital; o capital financeiro é que está aprofundando ainda mais sua conquista do Estado. Sob o pretexto de evitar uma crise sistêmica de efeitos potenciais catastróficos, a política econômica está promovendo o maior ataque à

> economia popular de que se tem notícia na história. Sob a avassaladora pressão dos maiores grupos econômicos do planeta, os recursos que até ontem faltavam para financiar as políticas públicas agora sobram para socorrer os bancos e as grandes corporações falidas, sem que nada garanta, diga-se de passagem, que os problemas sejam resolvidos (Sampaio Júnior, 2017, p. 97).

Por fim, o terceiro nível se refere à tarefa de que essa orientação impõe para as frações burguesas de países como o Brasil. Dada a forma de inserção brasileira no processo de (re)produção ampliada do capital, como uma perspectiva de continuidade do programa neoliberal sem a construção de saídas que permitam um desenvolvimento mais autônomo das intempéries da financeirização global, restará ao Brasil "surfar na crise" por meio de austeridade fiscal, reforçando, assim, as garantias de pagamento da dívida pública e demais dispositivos que atraiam essa massa de capital fictício sedento por valorização, por um lado, e as condições favoráveis para a exportação de *commodities* dada a situação de ascenso econômico chinês (Corsi; Santos; Camargo, 2019).

São os limites dessa política econômica por volta de 2011/2012, somados às convulsões sociais internas dado o esgotamento dos dominados após décadas de imposição do programa neoliberal e a precarização das condições de vida e trabalho dele resultantes, que estipulam os elementos principais para o estabelecimento da crise orgânica no Brasil e a ofensiva burguesa. Tema final deste capítulo.

CAPÍTULO 3

A CRISE NO BRASIL E OFENSIVA BURGUESA

Finalizou-se o primeiro capítulo apresentando uma breve discussão sobre o papel dos aparelhos privados num processo de ampliação seletiva do Estado, caracterizada pela escalada da repressão estatal, retirada de direitos sociais, intensificação da atuação de APHs para a produção de consenso, em que as estruturas de funcionamento e núcleos institucionais decisórios são "espaços exclusivos dos interesses da classe dominante" (Demier, 2017, p. 33).

Ao longo do segundo capítulo, buscou-se apresentar a crise de 2007/08 e a interpretação libertarianista feita de seus efeitos e causas, como momento preparatório de alinhamento das frações burguesas ante as tarefas necessárias, em vista do cenário de crise econômica iminente, como também um processo de construção de consenso ativo e "espontâneo" que permitisse a organização e ação prática para a execução destas tarefas.

Organizar a ação prática demanda da corrente libertarianista a abertura de várias frentes de atuação, bem como a formação de quadros capazes de levarem a cabo tais tarefas. Assim sendo, inicia-se um processo de surgimento de novos aparelhos, revitalização de antigos aparelhos já existentes e a consolidação de outros nas frentes em que melhor obtiveram êxito. Nesse último ponto, considera-se o Instituto Ludwig von Mises Brasil como o centro de construção teórica e ideológica da burguesia libertarianista brasileira.

É importante destacar que os aparelhos burgueses tomados aqui como objeto não se caracterizam como tal por serem constituídos apenas por membros das frações burguesas. Fazem parte desses organismos quadros oriundos de classes sociais diversas, salvo específicos casos de aparelhos que possuam uma forma de atuação mais fechada, como parece ser o caso do Instituto de Estudos Empresariais (IEE), promotor do Fórum da Liberdade (Casimiro, 2020). O que os caracterizam como aparelhos burgueses é sua ação, ou seja, atuam como intelectuais coletivos para a organização, formação e capilarização dos interesses de classe sob todo o conjunto da sociedade.

Procurando compreender esse processo de crescimento dos aparelhos burgueses no Brasil, tanto em quantidade como na intensificação de suas ações e de seus intelectuais, é preciso levar em consideração o contexto brasileiro que proporciona o "chão" sob o qual a ofensiva burguesa se erige. Para tanto, inicia-se a discussão tratando de aspectos políticos e econômicos do Brasil sob o governo do Partido dos Trabalhadores (PT), os impactos da crise de 2007/08, especificamente no declínio do chamado "ciclo das *commodities*".

3.1 BREVES APONTAMENTOS SOBRE A POLÍTICA ECONÔMICA DOS GOVERNO PT

Antes mesmo de adentrar ao tema de como os efeitos da crise financeira ressoam no Brasil, é importante tecer algumas considerações sobre a política econômica brasileira durante os governos petistas e quais as repostas dadas aos seus efeitos iniciais. Não é objetivo, aqui, fazer um levantamento em suas minúcias da política econômica dos governos petistas — muito embora de grande valia —, mas evidenciar alguns pontos importantes que permitam "suavizar" a entrada no tema do ciclo das *commodities* no Brasil.

Com a eleição de Luiz Inácio "Lula" da Silva à presidência da República, inaugura-se o momento da gestão da política econômica neoliberal sob a liderança de um partido de centro-esquerda. Frustrando as expectativas e esperanças de boa parte do campo progressista com a eleição do primeiro presidente operário do país, logo em seus primeiros meses de mandato, o governo petista mostrava sintomas de continuidade do programa neoliberal iniciado, de forma mais acentuada, ainda no governo Collor de Mello (Sampaio Júnior, 2017).

> A vitória do Partido dos Trabalhadores (PT) nas eleições presidenciais de 2002 criou expectativas diferenciadas: tenebrosas para alguns, alvissareiras para a grande maioria. A ideia de que o povo começaria a transformar o Brasil numa nação tornou-se muito presente e parecia finalmente estar ao alcance da mão. [...]. Não foi dessa vez, porém. A esperada refundação da sociedade ficou para depois. Ancorados num diagnóstico catastrofista, de que o país estaria à beira do precipício econômico no período pós-eleições, em dezembro de 2002, os que tomaram posse em janeiro de 2003 encontraram aí o álibi para continuar e aprofundar

a prática da política econômica que foi a tônica dos oito anos antecessores, sob Fernando Henrique Cardoso (FHC) (Paulani, 2008, p. 35).

No entanto, o PT que havia conquistado as eleições presidenciais de 2002 já não era mais o mesmo partido que, forjado nas lutas sindicais e no auge da repressão da ditadura civil-militar, mostrava-se combativo ao buscar um caminho de organização de massa dos trabalhadores de forma autônoma ("sem patrões"). Como evidenciado na pesquisa de doutorado do historiador Eurelino Coelho (2005), o PT que então alçava a mais alta posição do Executivo Federal passara por um processo de transformismo em seus grupos dirigentes, comprometidos com a preservação da ordem. Esse processo rompeu os laços orgânicos entre os intelectuais do partido e a classe trabalhadora:

> O rompimento dos vínculos orgânicos com a classe trabalhadora não projetou os intelectuais de esquerda em algum tipo de vazio de classes, por mais que seu discurso agora procure escamotear a luta de classes. O transformismo é, lembremos, uma expressão da hegemonia da classe dominante. O campo majoritário do PT foi atraído e absorvido pela hegemonia burguesa, num contexto de ofensiva da classe dominante e de fragilização da condensação e concentração orgânica da classe trabalhadora. Cruzada a fronteira de classe, esses intelectuais de esquerda atuam agora como intelectuais orgânicos da classe dominante (Coelho, 2005, p. 506).

É válido frisar tal mudança nos rumos da política defendida pelo Partido dos Trabalhadores para que não restem dúvidas sobre a condução do programa neoliberal sob os governos petistas. Assim como ocorreu com Obama, nos EUA, com o irrompimento da crise de 2007/08, os libertarianistas brasileiros se ocuparam em construir consenso sobre um suposto direcionamento político socialista/comunista durante os governos petistas, assim como foi o caso de Obama, nunca existiu na materialidade dos fatos.

Aliás, de acordo com a pesquisa de Danilo Martuscelli (2015), a continuidade do programa neoliberal, levado a cabo pelo governo Lula desde o início do mandato, gerou insatisfações entre os partidos da base aliada, materalizando-se em críticas na imprensa, rupturas de alguns dos partidos aliados; e, por fim, culminando na crise política de 2005 chamada de "mensalão".

Ainda sobre o programa neoliberal nos governos petistas, ainda é importante adicionar algumas considerações. Primeiramente, ao contrário do que pregam os adeptos da não intervenção do Estado na economia, ou então, a sua versão mais radicalizada de abolição total do Estado e "entrega" de todas as suas funções à iniciativa privada, não existe manutenção do capitalismo sem forte atuação do Estado. Seja garantindo o uso da "violência legítima" por parte dos aparelhos de repressão estatal no silenciamento daqueles que "não consentem", seja para aprovação de leis que estabelecem diretrizes de ação de acordo com os interesses necessários ou mesmo para o fundamental processo de, a partir do Estado, consolidar os interesses particulares do bloco no poder para todo o conjunto da sociedade.

Muitas vezes utilizada como suposta evidência da "vocação comunista" da administração petista, a ação estatal é tomada como prova cabal de entraves ao desenvolvimento do capitalismo, sobretudo no discurso libertarianista. Porém, é preciso colocar em perspectiva quais são os objetivos desta ação. Nesse sentido, a pesquisa de Rodrigo Castelo (2020) é bem elucidativa, principalmente sobre a política econômica dos governos petistas. Partindo do conceito de social-liberalismo, o autor aponta que esse tipo de programa neoliberal teria sido estruturado no sentido de apresentar alternativas para as crises dos anos 1990, que foram bem impactantes nas economias de países "dependentes", tal como o Brasil:

> O social-liberalismo surgiu nos centros imperialistas em resposta a crise conjuntural vivenciada pelo capitalismo em meados dos anos 1990, com as crises financeiras nos países dependentes (México, Tigres Asiáticos, Rússia, Brasil, Argentina) e o tímido fortalecimento das forças políticas de contestação da ordem, com os ativistas do Fórum Social Mundial e o Exército Zapatista. As classes dominantes globais pretenderam dotar o neoliberalismo de uma agenda social, buscando dar uma face humana ao desenvolvimento e à 'globalização' para reduzir as tensões sociais (Castelo, 2022, p. 254).

Nota-se, já nas suas explanações iniciais, a preocupação com a "questão social" em países situados nas regiões mais deslocadas dos grandes centros de acumulação capitalista, como um elemento importante para a continuidade do neoliberalismo nessas regiões. Isto é, o centro da preocupação não é a pobreza e desigualdades como questões importantes a serem tratadas, mas como o aumento demasiado nessas regiões podem ser entraves para o desenvolvimento do capitalismo. A situação limite é a redução das tensões — não a erradicação da pobreza, por exemplo — em níveis que não representem uma ameaça ao processo de reprodução ampliada nessas localidades. Castelo continua o detalhamento:

> Em linhas gerais, o social-liberalismo reconhece que o mercado, apesar de suas falhas pontuais e episódicas, ainda é a melhor forma já inventada na história de organização social para a produção de riqueza. Suas falhas, principalmente no tocante à má distribuição de renda e à destruição ambiental, tendem a se agravar em momentos de crise, o que requer uma regulação estatal ativa nas expressões mais explosivas da 'questão social', tai como a pobreza, a degradação ambiental, doenças contagiosas, violência etc., programa mínimo que ficou consagrado internacionalmente nas Metas do Milênio (Castelo, 2022, p. 254).

Ainda segundo o autor, os debates sobre uma suposta ruptura do governo petista com o programa neoliberal apenas surgem no segundo mandato do presidente Lula (Castelo, 2021). É importante frisar: já nos primeiros momentos do irrompimento da Grande Recessão em 2008, as classes dominantes no Brasil e no mundo prontamente se mobilizaram para o enfrentamento da crise, levantando questionamentos, por meio de seus aparelhos, sobre as medidas anticíclicas que começaram a ser tomadas.

Fazendo uma rica análise de vários aspectos da política econômica dos governos Lula e Dilma, Castelo (2020) aponta que os principais elementos do programa neoliberal, o chamado "tripé macroeconômico" (superávit primário, metas inflacionárias e câmbio flutuante), mantiveram-se como prioridade.

Perry Anderson, em suas considerações sobre os mandatos do governo Lula, fornece um resumo da política econômica bastante ilustrativo da questão:

> Entre 2002 e 2010, a Bovespa superou todas as outras bolsas de valores do mundo, subindo vertiginosos 523%; ela agora representa o terceiro maior complexo de mercados futuros, *commodities* e títulos do mundo. Esses gigantescos lucros especulativos foram revertidos para uma burguesia moderna, habituada a jogar com o preço das ações. Para o setor mais numeroso e avesso ao risco da classe média, as altíssimas taxas de juros geraram rendimentos mais que satisfatórios em aplicações bancárias. Se é verdade que

os gastos com transferência de renda dobraram desde a década de 1980, os dispêndios com a dívida pública triplicaram. Gastos anuais com o Bolsa Família representam apenas 0,5% do PIB. Rendimentos oriundos da dívida pública alcançam a exorbitante cifra dos 6-7%. A receita fiscal no Brasil é superior à da maioria dos outros países em desenvolvimento, na faixa de 34% do PIB, [...]. Ainda assim, os impostos continuaram assombrosamente regressivos. Aqueles que vivem com menos de dois salários mínimos perdem metade de sua renda para o Tesouro, enquanto aqueles com mais de trinta perdem um quarto. No campo, o desmatamento de vastas áreas para o estabelecimento do agronegócio moderno continuou em ritmo acelerado sob o governo Lula e deixou a concentração fundiária ainda maior do que meio século antes. O mercado imobiliário segui na mesma direção (Anderson, 2020, p. 72).

Isso permite um breve vislumbre sobre como a atuação do Estado se fez necessária para gerar os altos lucros percebidos por diversos setores. Anderson (2020) ainda aponta sobre a concentração fundiária para a intensificação do setor agroexportador. O setor primário exportador será o grande beneficiado com a atuação do Banco Nacional do Desenvolvimento (BNDES), a partir dos postulados do chamado "novo-desenvolvimentismo" (Castelo, 2020, p. 267).

Em resumo, a política econômica dos governos petistas será marcada por uma rígida manutenção do receituário neoliberal. Apesar dos (pequenos) ganhos para a classe trabalhadora, seja com os programas de assistência, aumento da renda percebida, entre outras políticas na área da educação e saúde, estavam circunscritos dentro de uma perspectiva macroeconômica de arrefecimento das tensões sociais, abrindo caminho para um desenvolvimento regressivo pautado na expansão do setor de exportação primária, avançando, assim, no processo de desindustrialização, por um lado, e consolidando o país como "plataforma de valorização financeira internacional" (Paulani, 2008, p. 35), pela perspectiva do mercado financeiro global.

Circunscrito nesses dois pontos da política econômica se dará a "janela" de oportunidades do crescimento econômico brasileiro durante os primeiros efeitos da crise de 2007/08, bem como seus limites, dando sinais de arrefecimento, ainda em 2011, para, em 2012, atingir com força total a economia brasileira.

3.2 O CICLO DAS *COMMODITIES* NO BRASIL E OS IMPACTOS DA CRISE

O Brasil, assim como grande parte do globo, sentirá os efeitos da crise logo em 2008. Porém, as fases de maiores impactos variam na medida em que ocorre o "contágio", isto é, quais os setores mais afetados. Isso depende da própria inserção das economias nacionais no processo de reprodução ampliada do capitalismo global, bem como as medidas tomadas e sua eficácia ante a crise. Ambos os fatores são principais para se compreender por que alguns países sofrem efeitos mais severos logo no início da crise, enquanto outros, como o Brasil, terão o pico recessivo mais tardio.

Segundo Sampaio Jr., os efeitos da crise no Brasil foram sentidos devido à reversão do fluxo de capitais:

> O Brasil sentiu os efeitos da nova conjuntura internacional de maneira particularmente intensa. Os investimentos foram suspensos. O acesso ao mercado internacional de crédito interrompido. A entrada de capital estrangeiro paralisada. Da noite para o dia, o país ficou sob a ameaça de um processo descontrolado de fuga de capitais. Os efeitos recessivos sobre o desempenho da economia foram imediatos e particularmente vigorosos, sobretudo na indústria (Sampaio Júnior, 2017, p. 123).

Nos anos que antecedem a crise, o Brasil vinha em uma fase de crescimento, dependendo, portanto, da capacidade do país em atrair investimentos internos e externos, seja pelo esforço na manutenção do chamado tripé macroeconômico, mantendo o Brasil como um ambiente favorável para a valorização financeira internacional, mas também por meio do endividamento público, uma vez que esse é o dispositivo de geração de receita para investimentos de que o Estado dispõe. Ressalta-se que tal situação torna o desenvolvimento econômico brasileiro extremamente dependente dos "humores" da financeirização.

Enquanto o fluxo de capitais continuar favorável, ou seja, enquanto o país conseguir fornecer garantias da continuidade dos lucros (em outras palavras, superávit primário destinado prioritariamente para a amortização de juros e dívidas públicas), o crescimento econômico se sustenta, muito embora não seja "sustentável", por não se basear em riqueza gerada e circulante no próprio país, mas na manutenção das remessas de lucros produzidos para o pagamento da dívida. Caso algo ocorra que desperte "incertezas" sobre a manutenção do ajuste fiscal, da "saúde" das contas públicas brasileiras, podem vir a inverter o fluxo. Essa forma de inserção

> [...] aprofundou a dependência e a vulnerabilidade externa da região no capitalismo global e permitiu que a região se abrisse como espaço de valorização fictícia do capital, como ficou evidente nos processos que desembocaram nas crises do México (1994), do Brasil (1999) e da Argentina (2000), desencadeadas por amplos movimentos especulativos contra as moedas desses países (Corsi; Santos; Camargo, 2019, p. 176).

É importante ressaltar a forma como foram inseridos os "emergentes" na economia mundial pós-crise de 1970, especificamente os países latino-americanos, que possuem limitadas capacidades de reação. Ante um quadro de instabilidades por conta das reestruturações das cadeias produtivas nos países "centrais" e asiáticos, com ênfase na China, as medidas neoliberais que passam a ser adotadas se configuram como entrave para o crescimento econômico, pois

> [...] o câmbio valorizado, associado à abertura econômica, resultavam em deterioração das contas externas, em um quadro de instabilidade da economia mundial. Diante da necessidade de equilibrar as contas externas e reduzir a crescente vulnerabilidade, era necessário majorar as taxas de juros a níveis muito superiores às taxas internacionais com o fito de abrir um fluxo crescente de capitais externos, imprescindíveis para fechar o balanço de pagamentos. Porém, a manutenção dos juros em patamares muito elevados e moedas valorizadas, de um lado, resultavam na diminuição do consumo e do investimento e, por conseguinte, implicava em baixo crescimento econômico, desemprego, expansão da dívida pública, deterioração da situação fiscal, crescentes déficits na balança comercial e insustentável vulnerabilidade externa, e, de outro lado, robusto fluxo de capitais especulativos, que aproveitavam os diferenciais de taxas de juros e as oportunidades de especular com o câmbio (Corsi; Santos; Camargo, 2019, p. 175-176).

É válido frisar uma vez mais que tal lógica faz da economia brasileira refém da "austeridade fiscal", "equilíbrio das contas públicas" e "redução de gastos", discurso típico neoliberal. É justamente essa lógica de uma economia dependente dos fluxos internacionais de capital que dá força e materialidade para a ideologia do programa neoliberal. O chamado *"boom das commodities"* (2003-2012) (Corsi; Santos; Camargo, 2019, p. 175-176) irá aliviar temporariamente estar condições, permitindo ao Brasil resistir aos primeiros efeitos da crise, porém sendo dragado por ela, uma vez que o mercado de *commodities* passa a arrefecer novamente, tornando a economia brasileira mais vulnerável aos "humores do mercado".

Obviamente, para uma análise dos impactos da crise no Brasil e de como os governos petistas conseguiram, até um certo ponto, "surfar pela crise", questões internas e peculiaridades são importantes. Porém, explicações que não procurem relacionar os movimentos internos e externos da economia não possuem profundidade ou mesmo capacidade de fornecer uma explicação completa. A economia brasileira é intimamente relacionada às movimentações do capital internacionalmente. Aliás, como registra Sampaio Jr. (2017, p. 100),

> Ao contrário do que ocorria em meados do século XX, a complexa teia de relações comerciais e produtivas que unifica o sistema capitalista mundial cria obstáculos insuperáveis à possibilidade de soluções 'nacionais' para a crise global. O avanço do processo de globalização solapou as bases objetivas e subjetivas que davam sustentação às políticas econômicas baseadas em um regime central de acumulação.

Se as soluções domésticas são muito limitadas, dependendo de elementos da conjuntura do capitalismo internacional, também não é possível apontar apenas questões internas da economia brasileira como elementos suficientes para sua resolução.

O ciclo das *commodities* tem como eixo a recuperação chinesa após a crise asiática, por volta de 1997. Nesse contexto de ascenso, a China foi capaz de substituir o Japão como potência asiática, o que impactou diretamente na divisão internacional do trabalho (Corsi; Santos; Camargo, 2019), uma vez que a indústria chinesa passa a se consolidar como "fábrica do mundo" (Tonelo, 2021, p. 43). Dadas as dimensões de crescimento, a demanda chinesa por *commodities* contribuiu para a elevação dos preços (Corsi; Santos; Camargo, 2019, p. 177)[89].

---

[89] Corsi, Santos e Camargo (2019) ainda apontam o crescimento da especulação sobre as *commodities* e a desvalorização do dólar no período como fatores importantes para o aumento dos preços.

Nesse cenário, os investimentos brasileiros tanto nos programas de assistência (Bolsa Família, por exemplo) como para os setores da indústria, mineração e agronegócio, via BNDES, foram ancorados pelas exportações de *commodities*, que permitiram uma expansão da dívida pública, sem a realização de alterações que pudessem comprometer as metas de superávit primário e a continuidade do dispêndio de grande parte da riqueza produzida ao pagamento de juros e amortização da dívida:

> O *boom das commodities* contribui para criar as condições para que governos latino-americanos adotassem políticas expansivas e distributivas da renda, o que não significou necessariamente uma ruptura com as políticas macroeconômicas neoliberais. Neste aspecto, o governo brasileiro é exemplar. A elevação dos preços das *commodities* e dos termos de troca reduziram as restrições externas ao crescimento e abriram espaço para incrementar a expansão do mercado interno com base no incremento do consumo, dos investimentos e dos gastos públicos, sem que isto desembocasse em crises cambiais. Este processo, somado a entrada significativa de capitais estrangeiros reduziu no curto prazo a vulnerabilidade externa, o que também abriu espaço para políticas econômicas expansivas. O crescimento com modesta distribuição da renda foi um pilar importante para sustentação desses governos e das alianças de classe que os sustentavam (Corsi; Santos; Camargo, 2019, p. 180-181).

Esse crescimento irá servir de lastro para a adoção de uma série de políticas públicas que resultariam na melhoria dos padrões de vida dos trabalhadores, permitindo, assim, aos governos eleitos avançarem nas pautas sociais que haviam lhe conferido o apoio eleitoral. É importante frisar que tal avanço não se traduz no combate às raízes das desigualdades sociais, mas apenas nos seus sintomas mais imediatos, como destacado anteriormente. Muito embora de extrema importância, dadas as condições de miserabilidade de grande parte da população brasileira, elas não permitem uma saída de longo prazo, uma vez que, para isso, confluem uma série de outras medidas no campo de políticas econômicas e sociais, assentadas sobre um projeto de desenvolvimento de país que minimamente fosse capaz de combater as consequências mais funestas do programa neoliberal, como os entraves financeiros que impedem um crescimento sustentável.

Um outro problema relacionado ao ciclo das *commodities* é que, de acordo com as condições da política econômica brasileira, bem como seu papel na economia mundial, ele acelera a reprimarização da economia no país[90]. Ao manter os elementos fundamentais do programa neoliberal, adicionará um quadro de dupla dependência: financeira, por conta da necessidade de garantir superávit primário e, conforme avança a dependência das exportações de *commodities*, abre-se uma nova fragilidade, pois a economia ficará "amarrada" aos preços das *commodities* nos mercados mundiais:

> Apesar do *boom* de *commodities* ter impulsionado o crescimento da América Latina, a forma de inserção na economia global como exportadora de matérias-primas acarretou a reprimarização das exportações e o avanço da desindustrialização, sobretudo na América do Sul. Ou seja, as **velhas estruturas foram reforçadas**, o que dificulta a maior integração econômica da região e a inserção mais autônoma e dinâmica no capitalismo global (Corsi; Santos; Camargo, 2019, p. 183, grifo meu).

Com a reprimarização e a manutenção das estruturas financeiras que tornam o Brasil "plataforma de valorização financeira internacional", estão dadas as bases da continuidade da supremacia rentista (Castelo, 2022, p. 294) e do setor primário exportador. Nesse sentido, apesar dos dois setores terem sido abordados de forma separada, eles se unem do ponto de vista da especulação financeira. Toda a produção de *commodities* (grãos, petróleo, minérios, por exemplo) tem seus preços atrelados às flutuações financeiras da especulação dessas mercadorias nos mercados mundiais. Consequentemente, também são facilmente afetadas por instabilidades cambiais. Ou seja, não apenas há uma confluência de interesses entre as frações da burguesia rentista e do setor primário exportador, como este também está imbricado com a financeirização.

A partir desse novo arranjo econômico e político em que, como demonstrado, a política econômica dos governos petistas passa a ter como prioridade — sem, obviamente, esquecer das demais frações, via privatizações, parcerias público-privadas e até certos programas como o Prouni, que destina dinheiro público para universidades particulares

---

[90] Para maiores detalhes, *Cf.* Fagundes e Caciatori (2020), Souza, Gabriel e Carvalho (2019). Por fim, para uma leitura menos acadêmica sobre a relação entre dívida e dependência econômica brasileira, ver Quintela e Wansetto (2022).

— a manutenção dos dispositivos que garantem superávit primário e a expansão das exportações primárias, não se torna surpresa o crescimento da corrente libertarianista nesse contexto.

A partir de 2011, a demanda chinesa por *commodities* passa a arrefecer, desestabilizando os preços globalmente. Outro importante movimento vai ocorrer e impactar diretamente os fluxos de capitais para o Brasil. A partir de 2012, a política econômica adotada pelos EUA e Europa passa ser de socialização da crise para as classes trabalhadoras:

> Os abalos secundários de 2011 confirmavam a natureza sistêmica da crise, sua longa temporalidade, e podem ser vistos como consequência direta das medidas tomadas há dois anos para salvar os bancos e as instituições financeiras que especularam com títulos podres, num movimento global de acumulação fictícia. Tendo em vista que o salvamento dos especuladores ocorreu via o endividamento público dos Estados ao redor do planeta, despejando enormes quantidades de dinheiro público em operações de compra de títulos irrecuperáveis, esses Estados agora se curvam em face das dívidas privadas tornadas estatais naquelas operações (Cunha *et al.*, 2015, p. 14).

As medidas de austeridade fiscal e o avanço sobre direitos da classe trabalhadora nessas regiões causarão o efeito de inversão dos fluxos de capitais que vinham sendo destinados aos países da América Latina, uma vez que as medidas tomadas resultam em diminuição dos gastos com a produção industrial, investimentos privados com o avanço de privatizações de áreas do setor público e da seguridade social, aumento das taxas de juros, entre outros. Em seu conjunto, as medidas abrem caminhos para o investimento de capitais nessas regiões, o que paulatinamente irá diminuindo a entrada de capitais estrangeiros no Brasil.

Internamente, a política econômica de reprimarização da produção brasileira, alinhada à desregulamentação do sistema financeiro brasileiro, deixava poucas possibilidades de manobra no cenário que passa a se alinhavar. A inserção das camadas populares no consumo também não possibilitava saídas. O avanço da precarização e flexibilização do trabalho jogou uma massa de trabalhadores na informalidade, tornando o mercado de trabalho mais sensível às crises:

> A ofensiva sobre os direitos trabalhistas foi complementada com uma série de medidas que aprofundaram o processo de

flexibilização e precarização do trabalho iniciado por FHC: emprego por tempo determinado; liberdade na contratação de serviços braçais na forma de empresas jurídicas; jornadas móveis; Lei das Pequenas e Microempresas; desoneração da folha salarial; Lei da Falência. A obsessão em reduzir o custo do trabalho revela a opção preferencial de Lula e Dilma pela superexploração como galinha dos ovos de ouro do capitalismo brasileiro (Sampaio Júnior, 2017, p. 184).

Tais medidas, somadas aos desmontes dos serviços públicos do Estado, irão resultar numa situação de acúmulo da insatisfação social. Uma forma de perceber esse acúmulo é o crescimento no número de greves a partir do ano de 2011, conforme gráfico elaborado pelo Departamento Intersindical de Estatística e Estudos Socioeconômicos (Dieese) permite visualizar:

Gráfico 1 – Número de greves no Brasil (1983-2022)

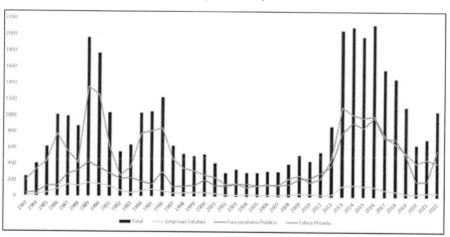

Fonte: Dieese – Sistema de Acompanhamento de Greves (SAG-Dieese) (2023a, p. 36)

É possível notar pelo gráfico um ascenso do número de greves no setor privado (cinza) desde 2010, acompanhado pelo funcionalismo público (laranja). A partir de 2011, há um rápido crescimento, levando ao "empinamento" do índice de greves no setor privado; mas é em 2012 que os três setores dispostos no gráfico atingem o maior pico. Mesmo em quantidade visivelmente menor, as greves nas empresas estatais acompanham aos demais setores analisados.

Ao acessar o *Balanço das Greves de 2012*, realizado pela mesma instituição, 73% (setenta e três) das greves na esfera pública seriam de caráter defensivo[91], isto é, as reivindicações tratavam de manter as condições vigentes. As greves com pautas defensivas também representaram número expressivo para a esfera privada (61%)[92]. É valioso destacar que as greves defensivas no funcionalismo público não devem ser pensadas unicamente do ponto de vista da piora das condições de trabalho dos servidores, afinal, a valorização — ou não — do servidor é sintoma também de depreciação dos serviços públicos, uma vez que impacta diretamente na qualidade dos serviços prestados à população.

Outro aspecto da mesma consideração é que terceirizações e privatizações no funcionalismo público também são objeto de greves de servidores. É impossível reduzir as greves do funcionalismo público a questões salarias e condições de trabalho, isso significa perder de vista os desdobramentos do avanço da iniciativa privada nos serviços públicos.

O aumento no número de greves a partir de 2011/2012, bem como o volume de pautas "defensivas" servem como indícios dos limites das terceirizações e precarizações.

> Os governos progressistas aprofundaram a flexibilização e precarização das relações de trabalho. Nos anos Lula, a jornada média do trabalhador brasileiro foi de 44 horas, elevação de uma hora em relação à média dos oito anos anteriores. A situação mais favorável da economia também não impediu que a rotatividade do trabalho continuasse em elevação, nem significou uma reversão da informalidade em que se encontra praticamente metade dos ocupados. O aumento do emprego também veio acompanhado do processo de deterioração da qualidade dos vínculos contratuais dos trabalhadores com as empresas, com a disseminação de formas espúrias de subcontratação (Sampaio Júnior, 2017, p. 146).

Em situações de crise, o quadro de flexibilização e precarização do trabalho se reverte facilmente em desemprego, o que ameaça rapidamente jogar as famílias trabalhadoras novamente à condição de incerteza e vulnerabilidade. Somado a isso, a inclusão dos pobres no consumo pelo endividamento agrava o quadro de instabilidade.

---

[91] O Dieese define como greves defensivas teriam como pautas algum descumprimento de direitos e/ou pela manutenção das condições vigentes.

[92] Para mais detalhes, *Cf.* Dieese (2013).

A partir da série histórica de endividamento das famílias com o Sistema Financeiro Nacional, fornecido pelo Banco Central do Brasil, é nos permitido perceber evidências de um processo de acúmulo da insatisfação social:

Gráfico 2 – Endividamento das famílias com o Sistema Financeiro Nacional exceto crédito habitacional em relação à renda acumulada dos últimos 12 meses (RNDBF)

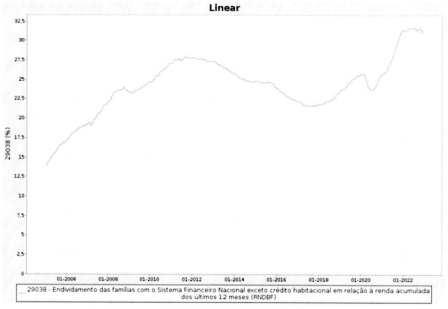

Fonte: SGS – Sistema Gerenciador de Séries Temporais – v2.1 do Banco Central do Brasil (2024)

Vale observar que o gráfico anterior não considera no endividamento das famílias brasileiras a situação do crédito habitacional. Desde 2006, o endividamento das famílias crescia, salvo alguns momentos de decréscimo entre 2008 e 2010. Seu pico em 2012 coincide com o crescimento no número das graves deflagradas no Brasil. Mesmo faltando evidências mais conclusivas que sustentem uma correlação entre o número de greves e o endividamento no Brasil, ambos elementos reforçam os argumentos utilizados pelos autores levantados aqui, permitindo a utilização como evidência de um contexto de acúmulo da insatisfação social, em um processo de esgotamento da política econômica petista ante a crise de 2007/08.

Ao perceber indícios dos limites da política de "surfar a crise", o economista Plínio de Arruda Sampaio Jr., no segundo semestre de 2012, apontava para a fragilidade da inclusão pelo consumo da população mais pobre:

> A nova rodada de modernização dos padrões de consumo somente alcançou uma restrita parcela da população e, mesmo assim, em sua maioria, com produtos supérfluos e de baixíssima qualidade. Não pode ser diferente, pois, assim como uma pessoa pobre não dispõe de condições materiais para reproduzir o gasto de uma pessoa rica, a diferença, para menos, de cinco vezes na renda *per capta* brasileira em relação à renda *per capta* das economias centrais não permite que o estilo de vida das sociedades afluentes seja generalizado para o conjunto da população brasileira. Para as camadas populares incorporadas ao mercado consumidor o custo foi altíssimo e será pago com grandes sacrifícios em algum momento no futuro. Não é necessário ser um gênio da matemática financeira para perceber que a corrida das famílias pobres às compras não é sustentável. A cobrança de taxas de juros reais estratosféricas, em total assimetria com a evolução dos gastos reais, acarreta verdadeira servidão por dívida, caracterizada pelo crescente peso dos juros e amortizações na renda familiar (Sampaio Júnior, 2017, p. 144).

Do ponto de vista estritamente econômico, na passagem do segundo mandato de Lula para sua sucessora Dilma Rousseff, o Brasil continuava a apresentar índices de crescimento. A melhoria das condições do país garantira a continuidade do Partido dos Trabalhadores na presidência. Porém, logo no seu primeiro ano de mandato, o governo Dilma começou a ter de lidar com o índice de queda do Produto Interno Bruto (PIB) brasileiro, que viria a se agravar nos próximos anos de seu governo (Anderson, 2020). É nesse contexto de primeiros sintomas de crise que o governo Dilma anuncia mudanças na política econômica do país com a chamada Nova Matriz Econômica (NME).

De acordo com Souza e Nascimento (2019), o desenvolvimento econômico percebido nos governos Lula teria permitido um discurso de afrouxamento do tripé macroeconômico em moldes novo-desenvolvimentistas. Nesse sentido, a NME consistia em uma série de políticas buscando *"combinar juros baixos, taxa de câmbio competitiva e consolidação fiscal 'amigável ao investimento'"* (Souza; Nascimento, 2019, p. 7), permitindo a retomada do crescimento dos investimentos privados.

Perry Anderson (2020), ao escrever sobre o governo Dilma, fornece um pouco mais de detalhamento sobre a NME:

> Assim que o crescimento caiu vertiginosamente e o tempo fechou novamente no mundo das finanças globais, o governo mudou de rumo e criou um pacote de medidas [a NME] que visavam estimular o investimento em prol de um desenvolvimento continuado. As taxas de juros foram reduzidas, as folhas de pagamento foram desoneradas, a conta de luz ficou mais barata, os bancos estatais concederam mais empréstimo aos setores privados, a moeda desvalorizou e o movimento do capital passou a ter um controle limitado (Anderson, 2020, p. 92).

O historiador marxista atribui a tais medidas a manutenção do índice da aprovação do governo Dilma em 75% (setenta e cinco) percentuais entre a população brasileira (Anderson, 2020). A recepção da NME também foi positiva entre as frações burguesas. Souza e Nascimento apontam que, antes mesmo das medidas serem aplicadas, *"o presidente da FIESP (Federação das Indústrias do Estado de São Paulo), Paulo Skaf, em conjunto com Artur Henrique, presidente da CUT (Central Única dos Trabalhadores) e Paulo Pereira da Silva, presidente da Força Sindical"*, publicaram na *Folha de São Paulo* um texto sobre a necessidade de políticas para a indústria, reafirmando assim a NME (Souza; Nascimento, 2019, p. 8).

Ora, se a popularidade do governo entre a população e recepção da NME entre as frações burguesas eram positivas, o que justificaria o quadro de piora que vai se formando, que culmina nas Jornadas de Julho?

Sob a perspectiva dos dominados, uma possibilidade é destacar que a insatisfação foi cumulativa, já demonstrando evidências desde 2011 com o aumento das greves. A precarização do trabalho, somada ao contexto de endividamento por conta da política de inserção do consumo via dívida, agudizou essas circunstâncias entre a população[93].

---

[93] Importante destacar que, atualmente (2023), o endividamento das famílias brasileiras é alvo de políticas públicas visando a renegociação das dívidas, chamado "Desenrola Brasil". Segundo dados da Confederação Nacional do Comércio de Bens, Serviços e Turismo (CNC), por meio da Pesquisa de Endividamento e Inadimplência do Consumidor (Peic), cerca de 78% (setenta e oito) das famílias brasileiras se encontram em algum nível de endividamento, com destaque para o avanço do endividamento nos setores médios. Obviamente, com os governos Temer e Bolsonaro, as medidas de avanço do capital sobre os direitos dos trabalhadores pioraram rapidamente o problema do endividamento da população brasileira. Porém, tal lógica já estava presente nas políticas econômicas dos governos petistas, desde o primeiro mandato de Lula. Para mais detalhes sobre o Desenrola Brasil, ver Brasil (2024); sobre o percentual de endividamento das famílias no Brasil: Confederação Nacional do Comércio de Bens, Serviços e Turismo (2023a, 2023b).

As péssimas condições dos serviços públicos básicos — saúde, educação, saneamento etc. —, em contraste com os investimentos nos "Megaeventos" que ocorreriam nessa conjuntura — Copa do Mundo de futebol, em 2014; Olímpiadas no Rio de Janeiro, em 2016 —, expuseram que as prioridades com a melhoria das condições de vida da população estavam sendo negligenciadas.

> O maior acesso aos bens de consumo conspícuos contrasta com o cotidiano infernal das pessoas que vivem nas periferias das grandes cidades. A relação direta entre a prioridade absoluta dada ao transporte particular e os graves problemas de mobilidade urbana, que condenam milhões de brasileiros a enfrentar diariamente congestionamentos intermináveis, a maioria carregada como animais, é emblemática da total dissonância entre a orientação da política econômica e as verdadeiras necessidades da população. O aberrante contraste entre as Arenas faraônicas da Copa do Mundo e o estado calamitoso das políticas sociais simboliza a irracionalidade e o caráter regressivo do gasto público durante a era PT (Sampaio Júnior, 2017, p. 180-181).

Não é possível separar, portanto, o arrebentamento das Jornadas de Julho de uma perspectiva histórica que leve em consideração as peculiaridades do programa neoliberal brasileiro nos governos petistas. Em primeiro lugar, pois o surgimento do Movimento Passe Livre vem de um longo processo de lutas e de organizações mais localizadas, até as tentativas de organizar uma "Campanha Nacional pelo Passe Livre", ainda em 2004 (Judensnaider *et al.*, 2013, local 71). Segundo, pois

> O desenvolvimento urbano no Brasil desnuda as características mais cruéis de uma sociedade marcada estruturalmente pela desigualdade. As cidades, esses tesouros monstruosos que concentram grandes conquistas científicas e tecnológicas da humanidade, crescem de acordo com os interesses das grandes corporações financeiras e são o polo de atração de camadas expressivas da população migrante em busca de melhores oportunidades. [...]. As cidades crescem e se tornam espraiadas, entremeadas de espaços vazios, subproduto do capital especulativo imobiliário que expulsa a pobreza cada mais para a periferia (Judensnaider *et al.*, 2013, local 71).

O deslocamento da força de trabalho até as fábricas pode ser compreendido também como etapa inicial do processo de produção de mercadorias (Judensnaider *et al*., 2013), intimamente inserido no processo de (re)produção do capital; além de ser atravessado pelos seus efeitos na esfera do espaço urbano e o acesso desigual das classes sociais às cidades e suas benesses.

Em segundo lugar, quando as Jornadas se nacionalizam, acabam sendo potencializadas — nas considerações do historiador Marcelo Badaró Mattos (2023) — e potencializadoras de lutas sindicais. Em sua análise, o pesquisador leva em consideração que a nacionalização das manifestações começa a apresentar uma gama variada de pautas não apenas relacionadas ao transporte público nas cidades brasileiras, podendo perceber nas reivindicações mais frequentes uma orientação de classe que também eram "*bandeiras assumidas e propagandeadas pelos movimentos sociais que mantiveram uma perspectiva mais mobilizadora e combativa, mesmo em meio à maré vazante de lutas dos anos 1990 e 2000*" (Mattos, 2023, p. 15-16), inserindo-as, assim, em uma perspectiva mais ampla das condições de vida da classe trabalhadora.

No que tange à Nova Matriz Econômica e sua recepção pelas classes dominantes, Souza e Nascimento apresentam um breve levantamento bibliográfico que procura discutir algumas razões para o posterior descontentamento entre as frações burguesas (Souza; Nascimento, 2019). Um ponto de convergência entre os autores levantados na pesquisa seria um tensionamento entre governo e frações diretamente ligadas ao capital financeiro. Adicionalmente, consideram também a relação entre elevação dos salários e o descenso da produtividade na indústria.

> O contexto de aumentos reais nos salários combinado à diminuição da produtividade foi deteriorando a indústria, resultando em uma crise econômica e política que geraram descontentamentos com a Nova Matriz Econômica, quando ela não alcançou os resultados esperados (Souza; Nascimento, 2019, p. 17).

Ainda na perspectiva burguesa, o afrouxamento das regras do tripé macroeconômico também representa perdas para a indústria, uma vez que, como aponta a historiadora Virgínia Fontes, a partir da noção de Capital-imperialismo (Fontes, 2010), as relações entre o capital produtivo, isto é, aquele que possui relação direta e indireta com o processo de reprodução ampliada do capital, e as formas de acumulação fictícia vão se tornando cada vez mais imbricadas e de difícil separação.

Ou seja, a "sacralidade" do tripé macroeconômico se torna interesse geral de todo o conjunto das frações burguesas, em menor ou maior grau. Nesses termos, um tensionamento entre o governo e a supremacia rentista traz consequências concretas a todo o conjunto da burguesia e as frações no bloco do poder. Tal dinâmica, grosso modo, seria onde reside a "força material" da ideologia neoliberal nas classes dominantes.

Além disso, a NME do governo Dilma não irá surtir resultados no contingenciamento da diminuição do PIB, o que pode ter gerado uma interpretação entre as frações burguesas de que as perdas com o afrouxamento não compensavam os resultados que estavam sendo obtidos.

3.3 CRISE ORGÂNICA E OFENSIVA BURGUESA

Como foi explicitado anteriormente, a política econômica, chamada vulgarmente de "surfar na crise" de 2007/08, atingirá seus limites ainda no primeiro mandato do governo Dilma Rousseff. Alguns elementos desse esgotamento já estavam inseridos na própria política econômica dos governos Lula da Silva, mas também dentro de um quadro mais amplo da forma como os países latino-americanos do Cone Sul implementam o programa neoliberal, bem como sua inserção no processo de reprodução ampliada do capital (Corsi; Santos; Camargo, 2019)[94].

Internamente, de acordo com Martuscelli, já havia se estabelecido uma crise política no fim do primeiro mandato do governo Lula, em 2005, que ficou popularmente chamada de "crise do mensalão", que teria como início a publicação de matérias da revista *Veja* — aparelho de midiático de forte oposição aos governos petistas —, denunciando um

> [...] esquema de corrupção na Empresa Brasileira de Correios e Telégrafos, envolvendo um de seus diretores, Maurício Marinho, e outros diretores indicados pelo PTB, que manteriam um processo escuso de licitação com algumas empresas, visando garantir benefícios a alguns diretores dos Correios e ao próprio PTB [Partido Trabalhista Brasileiro]. Na denúncia, a *Veja* apontava o deputado federal e presidente do PTB, Roberto Jefferson, como um dos artífices e organizadores do esquema (Martuscelli, 2015, p. 214).

---

[94] Para uma discussão mais contextualizada dessa inserção, *Cf.* Corsi, Santos e Camargo (2019).

Martuscelli ainda sustenta que os elementos fundamentais da crise política de 2005 teriam como origem as dificuldades do governo Lula em realizar a articulação política entre governo e Congresso Nacional junto à base aliada do governo (Martuscelli, 2015). Tais dificuldades estariam em torno de três questões: *"manutenção da política neoliberal, baixa execução de emendas parlamentares e reduzida distribuição de pastas ministeriais"* (Martuscelli, 2015, p. 209).

Sobre o primeiro ponto, a manutenção da política neoliberal teria gerado tensões e rupturas com partidos mais progressistas da base aliada, como o Partido Democrático Trabalhista (PDT). Já as emendas parlamentares se inserem na própria formatação da política institucional brasileira do popularmente conhecido por presidencialismo de coalizão[95], funcionando como moedas de troca para conseguir maioria favorável ao governo nas votações de projetos de lei no Congresso Nacional. Por fim, a distribuição de pastas ministeriais seria um outro dispositivo para obter apoio ao governo nas casas parlamentares, garantindo assim a chamada "governabilidade".

O que interessa observar aqui, a partir do exemplo da crise política de 2005, é que, muito embora o governo Lula tenha passado por momentos de dificuldade em costurar os interesses e projetos que seu governo procura ser o representante, as crises políticas não necessariamente tendem a firmar uma situação de rupturas profundas na política institucional, como foi o caso de Dilma Rousseff com o *impeachment* sofrido a partir do Golpe de 2016.

Nesse sentido, inicialmente são abordadas algumas considerações sobre o conceito gramsciano de crise orgânica para, em sequência e em certo sentido em continuidade sobre as tensões entre o governo Dilma e as frações burguesas, dissertar sobre a recepção das mudanças na política econômica do governo pelos libertarianistas, a partir dos textos publicados no IMB.

Por fim, nesse contexto do estabelecimento da crise orgânica, como a fundação do Partido Novo (Novo) e a tentativa de reconstrução do Partido Social Liberal (PSL) pelo Livres se relacionam com esse processo e

---

[95] De forma concisa, governos de coalizão seriam aqueles em que há participação de vários partidos no gerenciamento do Estado, em sentido estrito. O conceito no Brasil teria sido utilizado pela primeira vez pelo sociólogo Sérgio Abranches, na década de 1980. Para mais detalhes sobre o conceito e sua utilização, *Cf.* Couto, Soares e Livramento (2021) e Abranches (1988). Há, também, uma obra mais recente do autor sobre o conceito: *Cf.* Abranches (2018).

com a construção de organizações partidárias em que os libertarianistas possam disputar mais espaço no Estado estrito. Infelizmente, não será possível detalhar o processo que, em 2018, permite aos libertarianistas que componham ao governo de Jair Messias Bolsonaro, mas se buscará, nas conclusões, trazer alguns apontamentos sobre o início desse processo.

Retomando brevemente os apontamentos de Poulantzas sobre as dinâmicas das crises, foi escrito no capítulo primeiro que o estabelecimento de uma crise econômica não remete automaticamente em crise política, e vice-versa. Mesmo que ambos os campos das relações sociais se desenvolvem de forma combinada, há uma série de mediações que operam como canais de transmissão, integrando interesses econômicos aos políticos e, igualmente, os políticos aos econômicos.

A atuação dos aparelhos privados burgueses, por exemplo, permite a transmissão de seus interesses particulares para todo o conjunto da sociedade, construindo consenso. A intensificação de sua atuação e sua multiplicação são sintomas das dificuldades no exercício da hegemonia, na medida em que é preciso um equilíbrio entre coerção e consenso, que permita ao bloco no poder contar com o consentimento dos governados. Até mesmo o uso da violência contra a parcela da sociedade que "não consente" exige certas doses de consentimento.

> O exercício 'normal' da hegemonia, no terreno tornado clássico do regime parlamentar, caracteriza-se pela combinação da força e do consenso, que se equilibram de modo variado, sem que a força suplante em muito o consenso, mas, ao contrário, tentando sempre fazer com que a força pareça apoiada no consenso da maioria, expresso pelos chamados órgãos da opinião pública – jornais e associações –, os quais, por isso, em certas situações, são artificialmente multiplicados (Gramsci, 2016, p. 96).

Nota-se que o autor elenca apenas dois exemplos do que compreende como "órgãos da opinião pública"; todavia, de acordo com as ações que os institutos e demais agremiações realizam, constata-se que formar opinião sobre determinados interesses também é uma das suas funções. Além do equilíbrio entre força e consenso, o exercício de hegemonia depende também da capacidade do bloco no poder em costurar acordos e administrar as demandas de dominantes e dominados:

> O fato da hegemonia pressupõe indubitavelmente que sejam levados em conta os interesses e as tendências dos grupos sobre os quais a hegemonia será exercida, que se forme um certo equilíbrio de compromisso, isto é, que o grupo dirigente faça sacrifícios de ordem econômico-corporativa; mas também é indubitável que tais sacrifícios não podem envolver o essencial, dado que, se a hegemonia é ético-política, não pode deixar de ser também econômica, não pode deixar de ter seu fundamento na função decisiva que o grupo dirigente exerce no núcleo decisivo da atividade econômica (Gramsci, 2016, p. 49).

Observa-se, então, que alcançar esse equilíbrio não é tarefa simples, demandando das frações que compõem o bloco no poder o uso de todos os dispositivos que estiverem ao seu alcance. Afinal, para dispor de uso da força — quando necessário —, para realizar algum empreendimento (privatizações na área da Saúde e Saneamento, por exemplo) e reprimir aqueles que não "consentem voluntariamente", é preciso uma atuação longa e sistemática dos chamados "órgãos de opinião pública" — para citar Gramsci — e conseguir convencer uma boa parcela do conjunto da sociedade de que isto é feito em "benefício de todos" e, portanto, deslegitimando as manifestações contrárias e "chancelando" o uso de violência.

Infelizmente, Gramsci não fornece maiores detalhes sobre em quais momentos os chamados "órgãos de opinião pública" passam a se multiplicar de maneira artificial. No entanto, é possível perceber que a dificuldade em construir consenso, relacionada à multiplicação dos aparelhos aos quais Gramsci se refere, possui efeitos diretos na capacidade diretiva do bloco no poder. Nesse momento de suas reflexões, Gramsci utilizara termos corriqueiros que se davam ao fenômeno: "crise do princípio de autoridade" ou "dissolução do regime parlamentar" (Gramsci, 2016, p. 97), considerado por ele como uma descrição apenas da "teatralidade", isto é, do fenômeno em sua aparência. Isso o marxista sardo virá a chamar de crise de hegemonia:

> O processo é diferente em cada país, embora o conteúdo seja o mesmo. E o conteúdo é a crise de hegemonia da classe dirigente, que ocorre ou porque a classe dirigente fracassou em algum grande empreendimento político para o qual pediu ou impôs pela força o consenso das grandes massas (como a guerra), ou porque amplas massas (sobretudo camponeses e de pequeno-burgueses intelectuais) passa-

ram subitamente da passividade política para uma certa atividade e apresentam reivindicações que, em seu conjunto desorganizado, constituem uma revolução. Fala-se de 'crise de autoridade': e isso é precisamente a crise de hegemonia, ou crise do Estado em seu conjunto (Gramsci, 2016, p. 61).

Sendo assim, a crise orgânica se manifesta como crise de hegemonia. No entanto, trata-se de uma **crise do Estado em seu conjunto**. Ou seja, se Estado em Gramsci é sociedade civil + Estado, trata-se, portanto, de um fenômeno que, embora se manifeste mais claramente como uma incapacidade de manter o consenso, é econômico-social (Gramsci, 2015, p. 305).

Partindo das análises de Rodrigo Castelo sobre a noção de crise orgânica em Gramsci, o economista nota que aspectos econômicos podem contribuir para um levante das massas contra seus efeitos. Porém, o seu aprofundamento e a passagem para o estabelecimento de uma crise orgânica,

> [...] *dependerá das relações de força políticas e militares estabelecidas em determinado momento histórico de uma formação econômico-social. Somente a conjugação destes três elementos – econômicos, políticos e militares – configurará uma crise orgânica* (Castelo, 2022, p. 323).

Como dito anteriormente, as Jornadas de Junho de 2013 ocorrem em contexto de fim do chamado *boom* das *commoditites* e em meio a um processo de acúmulo da crescente insatisfação social. Nesse sentido, considera-se que o estabelecimento da crise orgânica — tendo as Jornadas como marco inicial — possuem fatores externos e internos do desenvolvimento do capitalismo.

Contudo, não se considera, aqui, que o processo de ofensiva burguesa possa ser interpretado como seu efeito. Primeiramente, pois o processo de rearticulação política da direita e seus campos mais radicalizados, em torno de um discurso pretensamente "anti*establishment*", conspiracionista e anticomunista é mais antigo (Calil, 2020)[96]. Apenas como exemplo, é importante registrar que o historiador Lucas Patschiki (2012)[97], em sua dissertação de mestrado, tomando como objeto o site "Mídia Sem Máscara", de Olavo de Carvalho —, considerado uma espécie de "guru" da

---

[96] O historiador Gilberto Calil faz um levantamento de bibliográfico de várias pesquisas, demonstrando que este foi um processo longo, sistemático e complexo. Para mais detalhes, *Cf.* Calil (2020).

[97] Também é importante destacar que a pesquisa de Patschiki parece ter sido uma das primeiras a tratar sobre a organização das chamadas "novas direitas" na internet, sendo, portanto, incontornável para sua compreensão. Para mais detalhes, *Cf.* Patschiki (2012).

chamada "ala ideológica" do governo Bolsonaro, quando ainda vivo —, evidencia a construção de um organismo em atuação partidária para a construção de consenso e formação de quadros, em 2002. A importância de Olavo de Carvalho também aparece na pesquisa de Camila Rocha (2021), que trabalhou com depoimentos de quadros da chamada "nova direita".

Em segundo lugar, vários estudos (Judensnaider et al., 2013; Freitas; Barros; Demier, 2023; Altman; Carlotto, 2023)[98] apontam para a total impossibilidade de estabelecer qualquer relação de causa e efeito ou mesmo de continuidade entre as Jornadas de Junho e as manifestações contra o governo Dilma Rousseff, que passam a acontecer em 2015. As manifestações de 2013 diferem nas pautas, mapeamento das condições financeiras e escolaridade dos manifestantes, mas sobretudo no tratamento dado aos manifestantes.

Enquanto as manifestações em 2013 foram marcadas por brutal repressão contra manifestantes e até a imprensa — é importante frisar: as Jornadas foram alvo de uma ferrenha campanha de desinformação, cobrando, inclusive, repressão violenta contra os manifestantes, por parte da chamada "Grande Mídia" brasileira —, o mesmo não se observa a partir de 2015, que, por sua vez, é retratada pela imprensa como manifestações "justas" e "contra a corrupção", com direito a *selfies* sorridentes dos manifestantes com as forças policiais.

Por fim, e se relacionando um pouco com o primeiro ponto, as Jornadas de Junho foram alvo de tentativas de cooptação por organismos da direita, que passam a participar delas quando se tornam nacionais e multitudinárias. Porém, não obtiveram sucesso; como comentado, a direita já vinha se organizando, todavia ainda não havia conseguido mobilizar massas[99].

Mesmo esse sendo o caso, é importante registrar que as Jornadas foram alvo de uma refinada operação midiática, que contribuiu fundamentalmente para as mobilizações de massa da direita de 2015 em diante. Ao escrever sobre o Golpe de 2016 e uma nova configuração do Estado

---

[98] Para mais detalhes, *Cf.* Judensnaider *et al.* (2013) e Freitas, Barros e Demier (2023). Obviamente, pensar a ofensiva burguesa acaba possuindo alguns pontos de convergência com o contexto das Jornadas de Junho; nesse sentido, praticamente toda a bibliografia levantada se relaciona, em menor ou maior grau, com as manifestações de 2013. Portanto, apontarei apenas algumas que tratam especificamente sobre as Jornadas.

[99] Camila Rocha, em seu trabalho já mencionado, chama a atenção para a tentativa de organizar uma mobilização de massa com o chamado Movimento Cansei, em 2005, após o estabelecimento da chamada "crise do mensalão"; porém, o que se observa é que não havia condições objetivas e subjetivas para tal. Tese também sustentada por Marcos Nobre. Para mais detalhes, *Cf.* Rocha (2021) e Nobre (2022).

brasileiro ("Democracia Blindada"), Felipe Demier (2017) tece importantes considerações sobre o papel da cobertura da mídia sobre as Jornadas:

> Ainda que politicamente desorganizadas, as manifestações tendiam a favorecer o crescimento de um campo político ligado à Oposição de Esquerda – para quem os elementos da *blindagem* do regime se apresentam com particular intensidade. Isso porque, na prática, o movimento, no seu epicentro, se enfrentava contra as prefeituras e governos estaduais dirigidos pelas duas alas do *partido da ordem* brasileiro (PT e PSBD, cada qual com seus devidos aliados). Tanto a direita quando a 'esquerda' contrarreformistas estavam potencialmente ameaçadas. Visando a obstar o crescimento deste campo à esquerda no campo político nacional e, prioritariamente, de um segmento antirregime (revolucionário), a burguesia, por meio da imprensa, adotou uma estratégia inteligente (Demier, 2017, p. 69).

Essa estratégia seria dividida em três eixos táticos: 1) após os posicionamentos contrários e condenatórios das manifestações, passou a saudá-las e pautá-las. Nesse sentido, buscavam atribuir bandeiras como

> [...] a 'prisão dos mensaleiros', a 'não aprovação da Proposta de Emenda Constituccional (PEC) – 37 (uma PEC da qual quase ninguém fora das editorias jornalísticas sabia do que se tratava) e – sempre ela – a 'luta contra a corrupção', entre outras reivindicações praticamente invisíveis nas mobilizações (Demier, 2017, p. 70).

Um dos efeitos, escreve Demier (2017), é de que as pessoas participavam dos atos por melhor qualidade dos serviços públicos, mas, ao chegar em casa e acompanhar o noticiário, deparava-se com a (des)informação de que os atos tinham outras bandeiras como principais pautas. A partir desse momento, setores mais conservadores da população passaram a participar também das manifestações.

O segundo eixo é a aderência que o discurso contra a participação de partidos políticos vai adquirindo nas manifestações. Isso teria permitido a continuidade da desorganização política das mobilizações, como também criou condições para que

> [...] grupos de ultradireita e mercenários a soldo do Estado pudessem espancar os membros dos partidos da Oposição de Esquerda, em especial o PSTU [Partido Socialista dos

Trabalhadores Unificado] (cuja aparição se deva de forma mais organizada e visível) (Demier, 2017, p. 75).

Além do "reforço" de setores conservadores, aumentando, assim, a dimensão dos atos, mencionado por Demier (2017), outro fator que contribuiu para uma certa repercussão das pautas de direita seriam aspectos da própria vivência da juventude presente nos atos. Segundo Calil (2023, p. 125), a repercussão

> [...] decorre essencialmente da pouca politização das massas de jovens sem experiência política prévias e, sobretudo, é reflexo da disseminação ideológica de visões meritocráticas, individualistas e conservadoras ao longo de toda a década anterior, que coincide com os governos liberados pelo Partido dos Trabalhadores.

Em outras palavras, toda a intensa atuação de aparelhos privados que vinham surgindo ao longo dos governos petistas, a partir dos esforços dos aparelhos midiáticos burgueses colocando em evidência bandeiras "estranhas" e quase invisíveis que apareciam nos atos, começam a surtir efeito, embora nunca alcançando uma projeção considerável nas ruas. *"É importante registrar que grupos claramente identificados com posições à direita fracassaram continuamente em suas tentativas de organizar manifestações com pautas abertamente reacionárias"* (Calil, 2023, p. 124).

Conquistando êxito nos dois primeiros eixos, ainda era necessário colocar um fim nos atos. Sobre isso, Demier aponta que a revogação dos aumentos nas tarifas de transporte público nas cidades do Rio de Janeiro e São Paulo não arrefeceram a moral dos manifestantes. Nesse contexto, *"a grande imprensa intensificou o discurso prestidigitador que dividia os manifestantes entre 'pacíficos' e 'vândalos'"* (Demier, 2017, p. 77).

Com a criminalização dos atos — com o auxílio de policiais infiltrados, muitas vezes sendo os sujeitos por trás da "vandalização" —, buscava-se construir consenso para legitimar a violência policial contra os manifestantes (Demier, 2017, p. 78), que será a tônica adotada também na repressão dos movimentos grevistas — como dos servidores públicos, em sua maioria professores estaduais do Paraná, culminando no Massacre de 29 de abril de 2015 — que irão acontecer no pós-Jornadas.

Outro efeito perceptível é que essa divisão entre "manifestação pacífica" e "vândalos" vai tendendo a identificar um padrão de manifestante "bom" e atos "válidos": uso de camisetas da seleção brasileira de futebol, adereços e bandeiras do Brasil, entre outras formas estéticas e discursivas bem marcantes da tentativa de golpe de 8 de janeiro de 2023[100].

O historiador João Elter Borges Miranda, em sua pesquisa de mestrado, afirma que nesse contexto de subversão midiática das bandeiras das Jornadas é que se insere a criação do Movimento Brasil Livre (MBL) (Miranda, 2021), braço político do Estudantes Pela Liberdade (EPL) — época anterior ao processo de "racha", que dará origem a criação do *Students for Liberty* Brasil (SFLB) — e afiliado do *Students for Liberty* (SFL), rede internacional de ativismo estudantil de direita (Miranda, 2021).

Durante as Jornadas, o MBL vai buscar chamar atos com pautas sobre o transporte público, mas de perspectiva privatista:

> O EPL vai atuar, então, nas Jornadas de Junho de 2013 através do seu braço político, o MBL, com o intuito de condicionar as manifestações no sentido anti-Estado, empreendedorista, neoliberal, empresarial, colocando o mercado como o espaço de realização das necessidades da sociedade pautadas nas manifestações, como melhoria nos transportes públicos, educação e saúde de qualidade etc. Para os membros do EPL, portanto, não era suficiente participar dos atos somente estando presente neles; era necessário, também, condicioná-los a partir de suas referências político-ideológicas (Miranda, 2021, p. 221).

Nota-se que, apesar do insucesso da direita em conseguir organizar massas nos atos que convoca, o MBL pode ser considerado sua primeira tentativa. Até então, as ações de organização se restringiam a intervenções menores (seminários, palestras, cursos, formação de grupos de estudos, entre outros) e formação de quadros. Ainda segundo João Elter, após as Jornadas, o MBL se tornará inativo, aparecendo novamente apenas em 2014, como uma das forças que organizam atos claramente de direita (Miranda, 2021).

Entre os aparelhos mais próximos do MBL, a pesquisa de João Elter nota grande proximidade com o Mises Brasil. Hélio Beltrão aparece como

---

[100] Importante registrar que os dados levantados pela Comissão Parlamentar de Inquérito (CPI) sobre o 8 de Janeiro revelam que os acampamentos em frente aos quartéis, considerados "pacíficos" e "ordeiros", em vários relatórios das Forças Armadas e da Polícia Militar do Distrito Federal — no caso da tentativa de golpe —, demonstram a conivência destes órgãos com a agenda golpista. A *Agência Pública* publicou uma matéria na qual analisa relatórios produzidos pela Agência Brasileira de Inteligência (Abin). Segundo a *Pública*, apenas após o "quebra-quebra" na sede da Polícia Federal, em Brasília, é que a Abin passou a emitir conclusões sobre o que estava monitorando. Para mais detalhes, *Cf.* Paes e Scofield (2023).

um dos convidados do primeiro congresso nacional do MBL, em 2015 (Miranda, 2021)[101]. Nesse primeiro congresso, são estabelecidos, escreve o historiador,

> [...] os princípios do programa ideológico, a organização formal, as diretrizes para a atuação prática e para a ocupação do espaço. Apontam também quais eram à época os parceiros que possuíam, que eram o Instituto Liberal e o Instituto Von Mises Brasil (Miranda, 2021, p. 92).

A relação do IMB com o MBL reforça, aqui, o importante papel do Instituto e seus intelectuais no processo de construção de consenso "espontâneo", desde o irrompimento da Grande Recessão em 2007/08. Embora não tenha sido possível encontrar a participação do "Estado-Maior" do IMB nas manifestações e atos de 2013-2016, nota-se sua importância na formação ideológica dos participantes a partir de algumas "palavras de ordem" estampadas em cartazes — "Menos Marx, mais Mises", por exemplo — e no surgimento de outros aparelhos, que começam a viabilizar mobilizações de massa.

Após tais breves considerações, voltemos o foco às publicações do Instituto Ludwig von Mises Brasil sobre o governo Dilma Rousseff, procurando compreender os pontos de tensão entre as medidas tomadas pelo governo e os interesses defendidos pela corrente libertarianista.

Antes mesmo de Dilma assumir seu primeiro mandato, o Mises Brasil publica um texto, em novembro de 2010, sobre suas expectativas futuras (Roque, 2010). Nele, Leandro Roque afirma que, segundo os dados do Instituto Brasileiro de Geografia e Estatística (IBGE) da época, o rendimento real dos trabalhadores do setor privado com carteira assinada estaria estagnado por oito anos. Sobre a situação, sua avaliação demonstra bastante pessimismo. Relacionando aumento salarial com a necessidade de crescimento da produtividade, Roque parte do pressuposto de que aumento de capital no setor privado leva a melhores rendimentos da força de trabalho:

> Enquanto o governo mantiver seus gastos elevados, seus déficits nominais, sua alta carga tributária e seus inúmeros

---

[101] É válido apontar que a extensa pesquisa de João Elter Borges Miranda demonstra íntima relação entre os membros do EPL ainda antes da criação do MBL, configurando, assim, a importância do Mises Brasil na formação intelectual e ideológica de outros aparelhos e intelectuais orgânicos libertarianistas. Para mais detalhes, *Cf.* Miranda (2021).

encargos sociais e trabalhistas, ele estará impedindo a acumulação de capital no setor privado. Consequentemente, ao impedir que haja uma maior quantidade de bens de capital à disposição de trabalhadores, o governo estará tolhendo o aumento da produtividade do setor privado, o que por sua vez impossibilitará substanciais aumentos salariais (Roque, 2010).

Nota-se, no trecho anterior, a disseminação de alguns "mitos" sobre relação entre acumulação privada e salário. Roque considera que gastos "socias e trabalhistas" oneram os empregadores, impedindo, assim, o crescimento dos salários. Porém, é sabido que os encargos trabalhistas apenas incidem sobre a taxa de mais-valor possível de ser acumulada, não possuindo relação direta com melhoria salarial. O que se percebe, na realidade, é que a diminuição de direitos trabalhistas gera menor remuneração. Apenas a título de exemplo, o Dieese lançou um boletim em 2023 trazendo alguns dados sobre o trabalho intermitente no Brasil (Dieese, 2023b). Nele, consta que 20% dos contratos de trabalho firmados nessa modalidade de emprego não geraram trabalho ou renda. Dentre os que geraram, "A remuneração mensal média dos vínculos intermitentes foi de R$ 888, o que equivalia a 81% do valor do salário mínimo naquele ano" (Dieese, 2023b, p. 1). Ou seja, partindo deste breve exemplo, o que se prova a partir dos dados levantados para o ano de 2021, quatro anos após a aprovação da regulamentação do vínculo intermitente de trabalho em 2017, é que maior desregulamentação dos vínculos empregatícios, gerando, assim, menores encargos aos empregadores, possui um efeito drasticamente contrário à elevação dos rendimentos. Na realidade, o que se percebe é uma remuneração inferior ao salário-mínimo fixado em lei.

Roque continua suas considerações sobre o tema, relacionando uma suposta melhoria salarial com um aumento da oferta de mercadorias — pois considera que maior capital para o setor privado necessariamente se reverteria em crescimento na produção, gerando, assim, baixa nos preços das mercadorias para os consumidores — e privatizações. Vendo poucas possibilidades de ocorrer um aumento das privatizações, Roque se mostra pessimista com a futura "equipe econômica" do governo Dilma Roussef:

A boa equipe montada por Antônio Palocci no primeiro mandato de Lula, com Joaquim Levy, Marcos Lisboa e Murilo Portugal na Fazenda, além de Henrique Meirelles, Ilan Goldfajn e Alexandre Schwartsman no Banco Central, dificilmente será repetida em um governo Dilma – se for, ela estará adotando uma postura ideologicamente contrária a tudo aquilo em que ela sempre professou acreditar (quem não se lembra do arranca-rabo público que ela protagonizou com Palocci no final de 2005, quando ela queria que o governo abrisse os cofres irrefletidamente, sem qualquer preocupação com a disciplina fiscal?) (Roque, 2010).

A avaliação que Roque faz dos indicados de Lula é muito mais positiva do que para o futuro governo. Inclusive, o autor faz tal consideração sem ao menos Dilma anunciar nomes para os cargos tratados como importantes por Roque, demonstrando uma tendência de ver, no futuro governo, menor avanço dos interesses defendidos pela corrente libertarianista. Outro detalhe importante é o destaque conferido a alguns dos nomes dessa equipe, como Joaquim Levy, que substituirá Guido Mantega como ministro da Fazenda, em 2014.

Na medida em que os intelectuais do IMB percebem que a crise é iminente, passam a pressionar por garantias que lhes assegurem a socialização de seus efeitos sobre os trabalhadores, bem como a garantia de que seus lucros não serão afetados. Essa parece ser a tônica das críticas que fazem a política econômica do governo de Dilma Rousseff, que tarda em ceder às pressões. É em tal contexto em que parece estar inserida uma preferência pelos governos de Lula em detrimento de Dilma.

Não é possível precisar até que ponto os intelectuais do IMB foram capazes de perceberem que a fase de crescimento econômico dos governos de Lula começava a dar sinais de esgotamento; porém, este texto, escrito ainda em 2010, fornece evidências de que, ao seu modo, já era previsto que a recessão econômica começava a se estabelecer no Brasil:

> Como atualmente estamos na fase do boom econômico, somos levados a crer que tudo está bem. Mas quando os juros começarem a subir e os bancos começarem a contrair seus empréstimos, levando a uma redução do crescimento das contas-correntes, a atual expansão econômica dará lugar à contração – que é quando as pessoas descobrem que eram menos ricas do que imaginavam, pois estavam na verdade apenas consumindo capital (Roque, 2010).

É importante salientar que, muito embora as causas da recessão são interpretadas de forma "equivocada" — afinal, como procuramos evidenciar no momento em que discutimos a interpretação libertarianista da crise, entende-se que a forma como percebem a crise, as noções e conceitos mobilizados não a explicam, mas reforçam seus interesses, na realidade —, notam sua inevitabilidade e, portanto, suas "recomendações" para evitá-la dão indícios de um processo de intensificação da construção de consenso sobre a necessidade de se ampliar as garantias de que seus lucros não serão afetados, ao mesmo tempo em que sinalizam para a adoção de medidas que socializem os afeitos da crise aos trabalhadores.

Nesse contexto, a defesa por mais reformas que intensifiquem a precarização e flexibilização do trabalho, bem como a perda de direitos dos trabalhadores ganham maior significado, reforçando, assim, a importância que o pensamento libertarianista vai ganhando, pois, além de possuir mais aderência entre a juventude — resultado de um processo de construção de consenso sistemático e formação de quadros na juventude, que se deve também a uma atuação conjunta e complexa de inúmeros aparelhos, bem como a atuação do IMB em apresentar velhas noções em novas roupagens —, vai conseguindo pavimentar as medidas libertarianistas como uma forma de gestão da crise.

Portanto, a Nova Matriz Econômica de Dilma terá uma péssima recepção entre os libertarianistas, mesmo apresentando uma pesada destinação de recursos públicos para setores privados. Em dezembro de 2012, Fernando Ulrich[102] publica um texto no IMB procurando fazer um balanço do governo Dilma até o momento (Ulrich, 2012). No início da publicação, Ulrich procura fazer um quadro geral dos problemas:

O governo concedeu vários incentivos fiscais para seus setores favoritos, os impostos sobre empréstimos estrangeiros foram meticulosamente manipulados, o Banco Central interveio seguidamente no mercado de câmbio, a taxa oficial de inflação – o IPCA – foi manipulada por meio de alterações nas alíquotas de impostos que incidem sobre vários produtos, os preços vigentes em vários setores sofreram interferência estatal, a dívida e o déficit público foram 'controlados' por meio de **criativos mecanismos contábeis**, os **bancos públicos foram obrigados a expandir o crédito** para satisfazer interesses políticos, as **importações foram restringidas,**

---

[102] Fernando Ulrich é conselheiro do Instituto Ludwig von Mises Brasil (Instituto Ludwig Von Mises Brasil, 2024). Atuando no mercado financeiro e considerado especialista em criptomoedas, segundo seu perfil no LinkedIn, Ulrich teve passagem na área financeira da Thyssen Krupp Elevator UAE; XP Investimentos e associadas (Ulrich, 2024). Durante o governo Bolsonaro, foi indicado em 2019, pelo ex-secretário especial de Desestatização, Desinvestimento e Mercados do Ministério da Economia, Salim Mattar, como conselheiro do Conselho de Administração (Consad) da Casa da Moeda do Brasil (CMB) (Wiziack, 2019). A publicação de sua nomeação em Diário Oficial pode ser acessada no Diário Oficial da União (2019).

as exportações foram subsidiadas, empresas estatais e privadas ope-
raram sob ordens diretas da Fazenda (Petrobras e Vale, para ficar nas
principais), e, finalmente, as tarifas de energia elétrica foram reduzidas
por decreto. Todas essas medidas representam apenas um vislumbre da
hiperatividade exercida pelo atual governo brasileiro sobre a economia
(Ulrich, 2012, grifos meus).

Observa-se que, no quadro geral feito por Ulrich, alguns pontos
acabam sendo um pouco mais destacados. Comentando brevemente
sobre incentivos fiscais, sem maiores detalhes, ele começa a especificar
algumas intervenções do governo que parecem ser mais importantes
sob sua perspectiva: "criativos mecanismos contábeis" — que durante
o processo de *impeachment* da presidente, estará entre as evidências das
chamadas "pedaladas fiscais"; expansão de crédito pelos bancos públicos;
controle das empresas estatais e privadas; e redução das tarifas sobre
energia elétrica.

Sem entrar no mérito da assertividade — ou não — das ações elencadas, algumas medidas possuem efeitos diretos sobre interesses dos
libertarianistas. Alguns efeitos, inclusive, são mais perigosos em tempos de crise.

Primeiramente, a intervenção em setores como produção de energia, petróleo e minério afetam um setor que, embora possua empresas
estatais — como a Petrobrás —, é importante frisar que são empresas
de capital misto, tendo parte de suas ações negociada na Bolsa de Valores. Isso significa que o maior controle sobre empresas nesse setor afeta
diretamente o valor de suas ações, bem como a parcela de lucros auferida
por seus acionistas.

Do ponto de vista da negociação das ações, a maior regulamentação pelo Estado significa menos capacidade de lucros para os acionistas
privados, consequentemente gerando instabilidade no mercado de ações.
De forma mais direta, a fixação de preços ao consumidor, como redução
de tarifas sobre conta de luz, por exemplo, oferece limites aos lucros que
são repassados aos donos dos títulos dessas empresas. Os demais itens
levantados demandam um pouco mais de detalhamento para uma melhor
compreensão.

Em seguida, Ulrich se detém em alguns pontos, a começar pela
expansão de crédito via aumento de oferta de dinheiro:

> O problema é que subestimamos completamente a capacidade do Banco Central de inflacionar a oferta monetária. Embora a expansão do crédito esteja arrefecendo, a impressora sob o comando do senhor Alexandre Tombini está operando em alta rotação. Literalmente. Desde maio de 2012, a quantidade de papel-moeda em poder do público vem crescendo firmemente a uma taxa anual superior a 10% (Ulrich, 2012).

Sua preocupação é legítima. Conforme demonstramos no Gráfico 2, o percentual da renda das famílias brasileiras vinha crescendo (o gráfico disponibilizado anteriormente apresenta dados a partir de 2006, apenas), atingindo 27,5% da renda, entre 2010 e 2012. Ulrich comenta que, enquanto os bancos privados se mostravam resistentes em ceder empréstimos para o consumidor, Banco do Brasil e Caixa Econômica Federal haviam aumentado seus empréstimos nesta modalidade a 30% (Ulrich, 2012). Mesmo com esse esforço para aumentar o consumo, escreve Ulrich:

> Não obstante, mesmo com todas estas medidas extraordinárias para aumentar os empréstimos e reduzir os spreads, esta fonte de (insustentável) crescimento está atualmente exaurida. As famílias brasileiras estão fortemente endividadas. Graças aos pequenos prazos concedidos aos empréstimos e às altas taxas de juros cobradas, os brasileiros comprometem mais de 20% de sua renda disponível para o serviço de suas dívidas, praticamente o dobro da média americana. Isso explica parcialmente por que o crédito vem crescendo a um ritmo mais moderado, não obstante todos os esforços do governo; a demanda por empréstimos não pode ser estimulada magicamente (Ulrich, 2012).

Mesmo acertada, é importante pontuar os motivos que levantam tal preocupação, de acordo com os postulados da Escola Austríaca de Economia. Como vimos na parte sobre a crise de 2007/08, a expansão de crédito se mostra preocupante, pois ocorre em detrimento da poupança. A situação afeta diretamente a capacidade do Estado em manter o equilíbrio fiscal. Por fim, a falta de "saúde fiscal" limita a quantidade de recursos destinados ao capital privado, bem como causa incerteza quanto à capacidade do Estado em pagar suas dívidas. No caso dos bancos estatais, é mais agravante, uma vez que os empréstimos são feitos com lastro nas contas do Estado. Ou seja, diretamente vinculado ao Produto Interno Bruto e seus repasses ao pagamento da dívida pública.

Apesar de contraditório — pois crescimento econômico depende de investimentos, logo, da capacidade do Estado em financiar empréstimos aos bancos, especialmente em países como o Brasil, inseridos no processo de reprodução ampliada de forma limitante de suas capacidades de desenvolvimento —, no plano do discurso, a necessidade de poupar como forma de melhoria financeira é imposta apenas à classe trabalhadora, uma vez que representa lastro aos empréstimos privados, na medida que aumenta a quantidade de dinheiro disponível aos bancos para ser investido na produção de mais-valor.

Em outras palavras, a preocupação com o crescente endividamento das famílias no Brasil — haja vista a crise de 2007/08, que tem como uma de suas principais causas os limites do hiperendividamento das famílias estadunidenses — interfere na obtenção de superávit primário para amortização da dívida. A experiência da emergência da Grande Recessão faz com que o endividamento das famílias se torne um ponto de atenção, na medida em que, caso haja uma reversão do fluxo de capital estrangeiro, como já vinha acontecendo, abre a possibilidade de comprometer o funcionamento do tripé macroeconômico.

Mesmo notando o problema do endividamento das famílias, Ulrich considera como o "grande elefante na loja de porcelanas" a atuação do BNDES:

> Agora temos de abordar o grande elefante na loja de porcelana: o BNDES. Desde 2009, como parte do anticíclico Programa para a Sustentação do Investimento (PSI), o Tesouro transferiu quantias colossais de dinheiro para o banco de desenvolvimento. De início, tudo seria apenas temporário. No entanto, a cada ano, o programa foi sendo prolongado. Em 2013, já é esperado que o BNDES irá receber mais R$100 bilhões do governo. Isso não é mixaria. Atualmente, os empréstimos concedidos pelo BNDES representam um quinto do crédito total no país. E o que é ainda mais perturbador é o fato de que **o Tesouro Nacional tem sido a principal fonte de financiamento para o BNDES**, e suas **concessões de crédito têm sido direcionadas majoritariamente para as indústrias favoritas do governo**, empresas

grandes que não teriam dificuldades para obter crédito no mercado (Ulrich, 2012, grifos meus).

Aparentemente, o discurso de Ulrich se apresenta apenas como uma defesa de valores. Investir nas "indústrias favoritas do governo", via bancos estatais, mostra-se como um desvio dos princípios defendidos, uma vez que bastaria apenas a venda das empresas estatais para a iniciativa privada. Mas, na prática, o Estado apenas oferta investimento público, pois sabe que há demanda. Além disso, há uma preocupação com a forma de como tal aumento de crédito vem sendo feito. Ulrich parece estar ciente de que a desaceleração chinesa e a reversão de fluxos de capital estrangeiro já estão em curso; portanto, a ação do BNDES, dada a conjuntura, pode afetar seriamente a manutenção dos interesses do rentismo.

Outro ponto importante é que, durante o ciclo das *commodities*, o BNDES teve o papel de alavancagem das chamadas "campeãs nacionais", principalmente no setor de *commoditites*, como registra Rodrigo Castelo:

> Grande parte da carteira de investimentos do BNDES está voltada para a política de formação das campeãs nacionais, isto é, a construção de grandes oligopólios brasileiros que atuam em setores econômicos nos quais o país goza de vantagens comparativas, em especial nos mercados de *commoditites*. [...] A partir desta política, incentivou-se a fusão de capitais industriais, bancários, comerciais, agrários e logísticos em torno do grande capital monopolista, com bilionários aportes do BNDES e dos fundos de pensão estatais (Previ, Petros, Funcef e outros) principalmente nos setores de mineração, pecuária, etanol, papel e celulose, energia, alimentação, siderurgia, petroquímica, telefonia e construção civil (Castelo, 2022, p. 267).

É válido frisar que tal estratégia já estava colocada na política econômica dos governos Lula e de sua equipe econômica — elogiada anteriormente, no texto de Leandro Roque —, sem maiores alardes por parte dos libertarianistas. Portanto, o que parece ter mudado, é a ciência do esgotamento de um modelo de desenvolvimento nos parâmetros novo--desenvolvimentistas. Num contexto de queda nos preços das *commodities*, investimentos públicos nessas áreas podem parecer muito arriscados, necessitando, então, de uma mudança na política econômica. A consequente queda nos preços das *commodities*, dada a nova conjuntura mundial, impacta também o setor financeiro; afinal, como já dito antes, essas mercadorias são alvo de especulação no mercado financeiro. Dada a íntima fusão de capitais como forma de alavancar o setor primário exportador, a continuidade dos aportes nesta área pode agravar o cenário de crise. Nessa conjuntura, o discurso dos libertarianistas ganha maior elucidação de seus interesses.

O que realmente aparece em pauta é a demora do governo Dilma em iniciar medidas de austeridade para garantir as menores perdas possíveis para a burguesia. Para isso, estão dispostos a "sacrificar" setores antes dinâmicos, demandando uma reorientação da estratégia no governo. Como ficou claro durante o governo Bolsonaro, não se trata exatamente de abandonar o setor primário exportador, mas mudar a forma de seu avanço. Ao invés de utilizar aportes bilionários do BNDES, a escolha do governo Bolsonaro é acelerar a expansão da fronteira agrícola no Brasil por todos os meios possíveis. "Passar a boiada", mesmo que signifique expulsão dos povos nativos dessas regiões e alterações climáticas a partir dos impactos ambientais que tais ações podem causar.

A preocupação com manter o superávit aparece de forma mais clara quando Ulrich comenta sobre a situação fiscal do governo, por conta da manutenção dos empréstimos do BNDES da forma que vem ocorrendo:

> Além do custo fiscal trazido pelas taxas caridosamente subsidiadas pelo Tesouro, o BNDES pega dinheiro emprestado do governo (o Tesouro emite títulos para conseguir este dinheiro) a um período médio de amortização de mais de 30 anos. Não, não houve nenhum erro de digitação aí. São realmente trinta longos anos. Paralelamente, a dívida pública possui um prazo médio de duração de quatro anos. Consequentemente, o governo tem de refinanciar esses R$400 bilhões a cada quatro anos para poder dar continuidade às extravagâncias do BNDES, e ele tem de repetir este processo mais sete vezes antes de o banco de desenvolvimento começar a devolver ao Tesouro seus primeiros centavos (Ulrich, 2012).

A seu modo, Ulrich está notando que, uma vez esgotado o ciclo de *commodities* que permitia menos exposição da economia brasileira às vontades do mercado internacional, a situação brasileira tende a retornar às condições de estrangulamento cambial e rolagem da dívida pública, ao mesmo tempo que precisa garantir a amortização, dos governos Fernando Henrique Cardoso (FHC). Mais adiante, o autor relaciona isso ao superávit primário:

> Desde a introdução do Programa de Aceleração do Crescimento (PAC), o governo astutamente aprovou uma legislação que o permite 'descontar' os investimentos do PAC do cálculo do superávit primário sempre que se tornar claro que a meta não será alcançada. Em 2012, mesmo após ter recorrido a este subterfúgio, o Tesouro dificilmente irá alcançar a meta de 3% de superávit primário em relação ao PIB (Ulrich, 2012).

Nesse trecho, suas preocupações, enfim, tornam-se evidentes. A continuidade de investimentos no setor primário exportador via aportes pelo BNDES apresenta um sério risco de diminuição da meta de superávit com relação ao PIB. Na fase de expansão, não se apresentava como um problema, pois os investimentos geravam receita e não afetavam a entrada de capital no Brasil, mas o cenário está mudando e os libertarianistas começam a perceber isso.

A necessidade de intensificação do programa neoliberal aparece pela primeira vez ao fim do texto. Em seu início, Ulrich comenta que os motivos da desaceleração do crescimento econômico brasileiro não têm relação com a nova conjuntura mundial e o final do ciclo das *commodities*. Ao fim, suas intenções com essa afirmação ficam mais claras, ao afirmar que a fase de desenvolvimento da economia brasileira se deveu às reformas dos governos FHC:

> Certamente não é nossa crença que a estabilidade macroeconômica e o crescimento do PIB brasileiros observados ao longo dos últimos 15 anos se devem majoritariamente a um boom no setor de commodities, liderado pela China. Para surfar a onda gerada por um boom nas commodities, nossa prancha de surfe tem de estar em bom estado. **Foram precisamente as reformas estruturais feitas nos anos 1990 e no início da década de 2000 que garantiram um sólido fundamento para a estabilidade**, a qual, no final, permitiu que o país se beneficiasse de uma economia global em franco crescimento (Ulrich, 2012).

Logo no parágrafo seguinte, Ulrich defende a importância do governo em fazer as *"reformas macro – legislação trabalhista, tributária, previdenciária etc."* que *"são essenciais para garantir um crescimento econômico sólido e sustentável*", para, na sequência, afirmar que o governo Dilma estaria fazendo ruir os "avanços" dos governos FHC:

> Considerando a visão de mundo de Dilma e de seu partido, em conjunto com suas aparamente altas taxas de aprovação, é de se temer que Guido Mantega e sua equipe econômica continuem insistindo nestas políticas fracassadas. Lentamente, porém resolutamente, o PT está **solapando os fundamentos da estabilidade econômica** implementados durante o governo FHC (Ulrich, 2012).

Muito embora a implementação do programa neoliberal seja anterior aos governos de FHC, é nos seus governos que o tripé macroeconômico, como o conhecemos, é consolidado como política econômica "sacralizada" do Brasil. Nos mandatos de Lula, o cenário geopolítico favorável permitiu um certo afrouxamento mínimo, pois contava com o impulso das *commodities* na receita brasileira. O cenário dos governos Dilma já se mostra diferente nos primeiros anos de seu governo; e a pressão libertarianista pela manutenção do superávit já havia começado em 2010, antes mesmo de Dilma anunciar como seria a composição de sua equipe econômica, ou seja, as indicações para o Ministério da Fazenda e para o Banco Central.

Em seus textos sobre a política econômica do primeiro mandato do governo Dilma, Leandro Roque é mais incisivo e procura atacar diretamente Guido Mantega, ministro da Fazenda na época, e Alexandre Tombini, presidente do Banco Central. Em dezembro de 2012, adjetivava Mantega de "czar da economia":

> O atual governo Dilma, o qual reinstituiu a figura do czar da economia – Guido Mantega é, ao mesmo tempo, Ministro da Fazenda, presidente do Banco Central, ministro do Planejamento e ministro do Desenvolvimento – já é, sem rivais, o mais intervencionista desde a criação do real. Ela conseguiu a façanha de fazer seu antecessor parecer um moderado (Roque, 2012).

Roque se torna ainda mais ácido nas críticas a Mantega, em fevereiro de 2013, incluindo também Alexandre Tombini, ao detalhar seus supostos "13 passos" de como ser Dilma Rousseff:

> **Primeiro passo:** mantenha no Ministério da Fazenda um indivíduo que não sabe a diferença entre câmbio fixo e câmbio flutuante, que acha que a 'carestia' se combate manipulando alíquotas de imposto, e que passou toda a

sua vida pública defendendo explicitamente a ideia deque 'mais inflação gera mais crescimento'.

Segundo passo: dê a este cidadão o controle total da economia, transformando-o em um genuíno czar.

Terceiro passo: coloque na presidência do Banco Central um sujeito completamente submisso, inócuo e apagado, sem nenhum histórico fora da burocracia estatal, sem voz própria e sem nenhuma presença impositiva. Para garantir que este cidadão não passará aos mercados a 'perigosa impressão' de ser um sujeito vigoroso e durão no trato dos juros, escolha um indivíduo de aparência cômica, de rosto rotundo, fala mansa e com uma vultosa protuberância ventral (não, isso não é um *ad hominem*; pode parecer besteira, mas em um ramo que denota extrema autoridade, como o de estar no controle da moeda do país, a aparência e a postura são fundamentais para se transmitir confiança. Compare o grandalhão e charuteiro Paul Volcker [presidente do FED nos governos de Jimmy Carter e Ronald Reagan], de voz firme e gestos decididos, ao delicado e vacilante Ben Bernanke [presidente do FED no irromper da crise de 2007/08], de voz macia e gestos hesitantes, e veja a diferença entre o respeito que cada um deles impõe. Ou compare Henrique Meirelles e Gustavo Franco a Alexandre Tombini) (Roque, 2013, grifos do autor).

É nítida a escalada da insatisfação dos libertarianistas com base nas comparações e adjetivações que fazem de Alexandre Tombini. Nota-se, também, que os ataques partem de uma imagem supervalorizada, remetendo brevemente à imposição das medidas "amargas" do programa neoliberal nos EUA. Primeiro, com Carter — de 1977 a 1981 —, que assume a presidência durante a crise dos anos 1970 e tensões da época da Guerra Fria; e o governo Reagan — de 1981 a 1989 —, considerado o período de maior intensidade da imposição do programa neoliberal. Momentos tais que supostamente exigiriam "autoridade", "voz firme" e "gestos decididos", tais como de "grandalhões charuteiros"; quase numa anedótica impressão da figura do típico "homem de negócios" estadunidense, que não hesita em tomar as decisões difíceis em momentos críticos.

Os pontos elencados no suposto "passo a passo" de Roque não diferem dos já apontados no texto de Ulrich; porém, neste se pode perceber quem seriam os nomes mais indicados para ocuparem uma posição no alto escalão da política econômica do governo. Gustavo Franco[103], que compôs, junto a FHC, a equipe responsável pela criação do Plano Real e, posteriormente, quando FHC assume a presidência do Brasil, foi presidente do Banco Central. Já Henrique Meirelles ocupou nos governos Lula (Banco Central) e, depois, foi ministro da Fazenda no governo de Michel Temer.

Em outubro de 2014, Fernando Ulrich escreve um texto sobre quais seriam os "dez pecados capitais" do governo Dilma. Ao final, está a condução da economia:

> Dilma acha que entende de economia, Alexandre Tombini obedece, Guido Mantega é keynesiano e Arno Augustin é marxista. **Deste pecado, decorrem todos os outros.** Adicione uma boa dose de corrupção e uma grande pitada de burocracia e os males da política econômica do governo se tornam ainda piores. É preciso mudar. Mudar já. Mas quem está no comando não concorda com esse diagnóstico. Desconhecem ou ignoram a doença. Quem está no comando não quer mudar a fórmula, apenas alterar a dose. Remédio errado e na dose errada (Ulrich, 2014, grifo meu).

A equipe econômica seria o décimo. Na listagem seguinte: 1. Inflação; 2. Bancos Públicos; 3. Controle de preços; 4. Maquiagem das contas públicas; 5. Estatais; 6. Falta de investimentos; 7. Hiperatividade e microgerenciamento da economia; 8. Crescimento econômico, incerteza e desconfiança; 9. Errar é humano, botar a culpa nos outros mais ainda[104]; e 10. Equipe econômica (Ulrich, 2014).

Observa-se poucas alterações nas temáticas dos supostos "pecados capitais"; porém, o quarto (maquiagem nas contas públicas), que antes recebia apenas uma breve menção, então se torna um componente de destaque, dando a entender a possibilidade de encaixar as "pedaladas fiscais" (embora não aparecem com este nome) como ponto de tensionamento. Quando o caso das pedaladas é noticiado pela grande mídia (Amato; Martello, 2015), abrindo, assim, um caminho possível para o processo de *impeachment*, em 2015, pelo entendimento de que seria um descumprimento da Lei de Responsabilidade Fiscal, Fernando Ulrich

---

[103] Franco teria se filiado ao Partido Novo em 2017 para assumir a direção da Fundação Brasil Novo, aparelho destinado a formação dos quadros e preparação dos seus candidatos do Novo, bem como na elaboração de suas políticas. Para mais detalhes, *Cf.* Bilensky (2017). Sobre a Fundação Brasil Novo, *Cf.* Partido Novo (2024).

[104] Menção a considerar as condições climáticas da época e a desaceleração chinesa como elementos da crise brasileira da época.

escreve que os indícios *"comprovam os infindáveis avisos e previsões contidas nos artigos do IMB há muitos anos"* (Ulrich, 2015).

Após a vitória nas eleições de 2014, ao final do ano, Dilma nomeia Joaquim Levy para ministro da Fazenda, dando sinais de uma guinada para um caminho de intensificação das medidas de austeridade e abandono da Nova Matriz Econômica. Apesar de desejada ainda no primeiro mandato de Dilma, a recepção dessa mudança não parece ter grandes efeitos sobre as expectativas do IMB sobre o segundo mandato.

Leandro Roque, em dezembro de 2014, comenta que após Dilma ter "demonizado" os nomes indicados por Marina Silva e Aécio Neves durante a campanha — Maria Alice Setubal, herdeira do Banco Itaú; e Armínio Fraga, respectivamente — por suas relações com o capital financeiro, a presidenta teria finalmente se "ajoelhado" ao mercado, ao nomear um banqueiro do Banco Bradesco:

> Tão logo as urnas sacramentaram sua vitória apertada, Dilma deixou a retórica de lado e foi se ajoelhar perante o todo-poderoso presidente do conselho de administração do Bradesco, Lázaro Brandão – a quem carinhosamente chama de 'Seu Brandão' –, pedindo que ele liberasse um de seus melhores funcionários, ninguém menos que o atual presidente do Bradesco, Luiz Carlos Trabuco, para ser seu futuro Ministro da Fazenda. Após a recusa de Trabuco, Dilma seguiu ajoelhada e implorou por outro mandachuva do Bradesco: Joaquim Levy, diretor superintendente do Bradesco *Asset Management*, braço dos fundos de investimento do banco. Levy aceitou. O curioso é que Neca Setúbal [apelido de Maria Alice] nem sequer é banqueira; é apenas uma herdeira. Ela não trabalha com bancos; é educadora. Já Lázaro Brandão, Trabuco e Joaquim Levy são banqueiros no sentido mais clássico do termo. Uma conclusão: para Dilma, banqueiros maus só os do Itaú. Os do Bradesco aparentemente são dotados de alguma sensibilidade social (Roque, 2014).

Após várias considerações sobre os problemas a serem enfrentados e o que esperar de Joaquim Levy, em vias de conclusão, Roque escreve:

> Dilma terá de limpar a bagunça que ela própria criou. E terá de fazer isso tomando medidas impopulares. Mais ainda: terá de tomar medidas impopulares ao mesmo tempo em que 1) passa por uma crescente insatisfação popular, 2)

CRISE E OFENSIVA BURGUESA NO BRASIL

vê o acirramento de ânimos e a difusão de movimentos secessionistas, e 3) provavelmente vivenciará um processo de impeachment. Caso ela seja bem sucedida em todos os desafios listados neste artigo, o máximo que ela irá conseguir é retornar o país ao ponto em que ele se encontrava no início de 2011. Que avanço (Roque, 2014).

Em suas conclusões, Roque demonstra pouco efeito da nomeação de Joaquim Levy para os rumos da política econômica do segundo mandato de Dilma. Considerando provável a abertura de um processo de *impeachment* (que virá a ser instaurado um ano depois, em dezembro de 2015), avalia que a chegada de Levy no Ministério da Fazenda, no máximo, será capaz de fazer a economia brasileira retornar aos patamares de 2011.

Suas considerações levam ao entendimento de que Dilma teria se "ajoelhado ao mercado" tarde demais. Os textos, colocados em perspectiva com a formação da chamada "crise dos emergentes", que irá mostrar toda sua força em 2014, demonstram um acúmulo de insatisfação com as medidas desde 2011. Ainda em 2010, sem nem mesmo nomear novos ministros, as publicações do IMB apresentam uma grande desconfiança dos libertarianistas na capacidade do futuro governo Dilma em levar a cabo as reformas de seus interesses. Antes mesmo da demonstração de perda de base social com as Jornadas de Junho em 2013, os textos do IMB evidenciam uma escalada das tensões entre o governo e sua capacidade de articulação dos interesses das frações burguesas do bloco no poder.

Dado o cenário que vai se alinhavando — insatisfação social, esgotamento da política econômica do novo-desenvolvimentismo em contornar os efeitos da crise mundial e tensões entre as frações burguesas e o governo —, não parece coincidência a construção de alternativas para a manutenção dos interesses burgueses. Tomando a frente ideológica desse momento, a partir do meticuloso processo de preparo, ainda quando os piores efeitos da crise não eram sentidos, bem como a capacidade do PT em manter a "paz-social" sem comprometer a supremacia rentista, os libertarianistas, a partir da atuação do IMB, conseguiram ocupar frentes importantes neste processo, servindo como aparelho de ação doutrinária dos demais.

CONCLUSÃO

A obra que aqui se encerra, assim como toda a pesquisa de seu tipo, chegou ao fim, mas não a uma conclusão, na estrita acepção da palavra. Termina, pois, inserida em condições de período de duração, mas também de esgotamento de outras mais objetivas relacionadas com a de seu autor (conciliar o trabalho em sala de aula com pesquisa sem bolsa, crescente precarização do trabalho docente no ensino básico público, entre outros).

Circunscrita, então, nestes limites, difíceis escolhas foram tomadas ao longo do processo de sua escrita que, obviamente, interferem nos objetivos iniciais da pesquisa e o alcance possível da temática. Assim sendo, procuro, além de apresentar as conclusões que a pesquisa possibilitou atingir, discorrer sobre os caminhos que infelizmente não foram seguidos e algumas de suas hipóteses.

Tomando, dialeticamente, as "partes" pelo "todo" e vice-versa, o conjunto dos capítulos desta pesquisa evidenciam o processo de ascenso rápido, em termos históricos, de uma corrente tanto política quanto "de pensamento" — em sentido amplo — como sustentáculo do processo de intensificação do programa neoliberal que ainda não está concluso.

As condições do irrompimento da crise mundial e seus efeitos possuem repercussões econômicas, políticas e sociais profundas, sendo a ofensiva burguesa no Brasil — e talvez, no mundo — e o papel exercido pelos libertarianistas em seu processo um desses aspectos; não pode, portanto, dela ser desvinculada. A preparação de tal ofensiva se torna mais sistemática logo em seus primeiros momentos. Até então, os libertarianistas eram uma corrente de "reserva ideológica bruta" da burguesia. Dito em outros termos, já existiam, desde pelo menos a década de 1970 — tomado-se como marco a publicação do "Manifesto Libertário", de Rothbard. Porém, com pouca aderência na época; embora ativamente presente na produção intelectual dos aparelhos estadunidenses, bem como contribuindo para a formação de alguns deles, com fortes evidências de financiamento e apoio na criação de aparelhos mundo afora, diga-se de passagem. Nesse sentido, é possível perceber no processo de implementação do neoliberalismo dos anos 1980 e a produção de intelectuais orgânicos, elementos mais refinados dessa chamada "reserva bruta ideológica".

Com a crise de 2007/08 e sua imensa rapidez destrutiva, os libertarianistas passam da reserva para as frentes de batalha, construindo consenso e habilmente conseguindo acumular forças para o entendimento de que não existiriam concessões para a classe trabalhadora, como foi na época do *New Deal* e o estabelecimento de uma política de *Welfare State*. A conjuntura mundial não permitia recuos ao programa neoliberal por uma série de motivos.

Variando desde as próprias condições do funcionamento da economia mundial com a intensa integração financeira entre os países, até as condições organizativas da classe trabalhadora, atravessada por décadas de despolitização — situação que partidos e sindicatos de "esquerda" também tiveram importante papel —, perda sistemática de direitos e condições de vida, escalada da violência e repressão aos movimentos populares e à população pobre de forma geral, entre outros fatores; contribuindo, assim, para uma drástica redução de sua capacidade em oferecer uma resistência sólida e organizada frente aos interesses burgueses.

Por fim, podendo a Grande Recessão ser interpretada como uma espécie de "crise da crise" (sob o risco de parecer redundante); isto é, um esgotamento das capacidades do programa neoliberal, nos moldes que vinham seguindo, em "gerir" a crise instalada desde a década de 1970, a frase *there is no alternative* resume muito bem as opções apresentadas à burguesia para sua manutenção como classe hegemônica.

No Brasil, esse programa de intensificação foi construído e vem se desenvolvendo levando em consideração suas particularidades econômicas, políticas e sociais; porém, está intimamente conectado a uma ampla rede nacional e internacional de aparelhos privados burgueses, sendo um dos maiores pontos que esta pesquisa procurou salientar. As "velhas" estruturas econômicas, políticas e sociais de dominação da burguesia brasileira seguiram recebendo reforço na política econômica dos governos petistas, sendo, portanto, um dos elementos para as vitórias conquistadas pela ofensiva burguesa. Partindo, então, da percepção das permanências, procurou-se mostrar a vitalidade e atualidade de um modelo de dominação baseado no "despotismo burguês", adequando novas e velhas estruturas de poder na conjuntura de crise orgânica.

Mesmo tardando em mostrar toda a sua força no Brasil, a crise de 2007/08 trouxe a necessidade de rearticulação do bloco no poder para manter seus interesses incólumes frente aos imperativos de um reordenamento do processo de reprodução ampliada do capital. Para a burguesia brasileira e suas frações, a corrente libertarianista apresentou meios para realização dessas tarefas e, sendo assim, beneficia-se com a posição de "cérebro" do bloco no poder. Mesmo sem participação no governo Lula iniciado em 2023, ela parece ter se estabelecido como uma fonte intelectual e organizativa importante da burguesia brasileira, muito embora não seja a única, obviamente.

Nesse sentido, o primeiro capítulo apresentou, de forma geral e sob a luz da teoria e do método marxiano, o processo de capilarização na sociedade civil da corrente libertarianista e seus intelectuais; que alcançam posições dentro do Estado estrito, o movimento de "imposição" dos interesses particulares de classe ao conjunto da sociedade. Processos tais que seriam retomados de forma aprofundadas em um capítulo exclusivamente dedicado ao assunto, que infelizmente não se realizou. Mesmo assim, a partir dele e de um volume de pesquisas sobre o papel dos aparelhos privados de hegemonia no Brasil, citadas ao longo deste livro, é possível vislumbrar que são verdadeiros entrepostos da dominação burguesa, portanto fundamentais à manutenção e exercício do poder de classe.

Seu estudo a partir das noções e conceitos de Gramsci permite apreender uma dimensão de importância em níveis qualitativos muito maiores se tomados de outra maneira, como sob a alcunha de meros *"think tanks"* e boa parte da teoria que fundamenta este conceito. Para além disso, com o primeiro capítulo deste trabalho, procurei lançar a provocação para uma nova compreensão de sua atuação na sociedade. Se, nos tempos de Gramsci, o partido político seria o "moderno príncipe" à classe trabalhadora, pode não ser o mesmo caso às frações burguesas.

Ao longo de sua atuação, o IMB se firmou como um aparelho doutrinário oferecendo suporte teórico e intelectual para as frações burguesas. Formou quadros, militantes e políticas antes mesmo do surgimento de um partido político — no caso, o Partido Novo — capaz de realizar estas tarefas ante a necessidade de uma rearticulação. Inclusive, seus intelectuais atuam, no Novo, prestando assessoria aos candidatos eleitos no Congresso Nacional, mas por outros caminhos, também em outros partidos políticos da direita, como é o caso do movimento suprapartidário "Livres". Outro aspecto dessa atuação, também reforçado em outras pesquisas anteriores a essa, é a importância de uma abordagem de atuação em rede para melhor dimensão da corrente libertarianista.

Somente a partir de uma rede complexa, permitindo intensas trocas entre seus intelectuais orgânicos, é que sua força e papel na ofensiva burguesa se tornam evidentes.

Esta pesquisa é, em grande medida, a continuidade de uma investigação iniciada durante o mestrado. Em minha dissertação, procurei apresentar o IMB e seus principais eixos teóricos. Isto é, sua inserção — e a posição que seus intelectuais reivindicavam para si — dentro da história do pensamento liberal, as temáticas que forneciam a base para suas interpretações e estruturavam suas principais diferenças com a tradição liberal até então. Na presente pesquisa, busquei evidenciar como suas noções e conceitos construídos eram postos em prática, especialmente para elaboração de consenso durante a crise de 2007/08, a mobilização de intelectuais e outros aparelhos atuando em conjunto, formando, assim, uma complexa rede de organizações, pessoas e partidos políticos.

Nesse sentido, faço uma outra breve provocação: é extremamente importante a realização de estudos sobre esses aparelhos. Citado de forma muito rasa nesta pesquisa, mas de grande importância nesse processo, o Instituto Ling — e, consequentemente, as ações desenvolvidas por Winston, Willian e Anthony Ling — no processo de organização e ofensiva burguesa. Na pesquisa junto às fontes que serviram de material para esta obra, não raro me deparei com menções diretas e indiretas a tais membros da família Ling, especificamente. Um estudo do aparelho e sua atuação de forma mais detalhada e em específico estava previsto na realização do livro. Porém, como dito no começo, escolhas tiveram que ser feitas.

Com o segundo capítulo, a intenção era fazer um recorte dos impactos econômicos e políticos da Grande Recessão no Brasil. Nesse sentido, creio que o capítulo teve êxito em demonstrar que a crise de 2007/08 foi elemento fundamental para a construção da ofensiva burguesa no Brasil. Asseverando, além disso, o papel central do Mises Brasil e seus intelectuais nesse processo. Porém, ainda são necessários estudos que permitam elucidar com profundidade sua participação no golpe de 2016, sua atuação durante o governo de Michel Temer e as tarefas levadas a cabo no governo Bolsonaro. Neste último, percebe-se que a atuação se deu sob a "órbita" do ex-ministro Paulo Guedes, principalmente; compondo, assim, a chamada "ala técnica" de seu governo — muito mais ideológica do que verdadeiramente "técnica". Todavia, esta obra não conseguiu tornar claro o nível de tal participação no governo, o papel de forma mais específica de sua participação no avanço das privatizações, retirada de direitos e do desmatamento para os interesses do agronegócio, por exemplo, mas, sobretudo, qual o seu peso e influência nos rumos políticos do governo.

Em vias de encerramento, é possível creditar a esta pesquisa o valor de avançar na compreensão de um momento de grande importância da história recente brasileira. Inserindo-se, assim, num esforço conjunto, com as demais pesquisas sobre a atuação burguesa na sociedade brasileira, de instrumentalizar a difícil — e cada vez mais urgente — luta da classe trabalhadora brasileira por sua tão almejada — e de fato, merecida — emancipação. Afinal, conhecer os meandros da dominação burguesa e seus dispositivos segue como tarefa de suma importância nesta luta ingrata e desigual.

REFERÊNCIAS

ABRANCHES, Sérgio. Presidencialismo de coalizão: o dilema institucional brasileiro. **Dados** – Revista de Ciências Sociais, Rio de Janeiro, v. 31, n. 1, p. 5-38, 1988. Disponível em: https://edisciplinas.usp.br/pluginfile.php/4251415/mod_resource/content/1/AbranchesSergio%281988%29_PresidencialismodeCoalizao.pdf. Acesso em: 5 ago. 2023.

ABRANCHES, Sérgio. **Presidencialismo de coalizão:** raízes e evolução do modelo político brasileiro. São Paulo: Companhia das Letras, 2018.

ALMEIDA, Silvio Luiz. **Racismo Estrutural.** São Paulo: Jandaíra, 2020.

ALTMAN, Breno; CARLOTTO, Maria Caramez (org.). **Junho de 2013:** a rebelião fantasma. São Paulo: Boitempo, 2023.

ANDERSON, Perry. **Brasil à parte:** 1964-2019. São Paulo: Boitempo, 2020.

ARCENEAUX, Kevin; NICHOLSON, Stephen. Who Wants to Have a Tea Party? The Who, What, and Why of the Tea Party Movement. **PS:** Political Science & Politics, [*s. l.*], v. 45, n. 4, p. 700-710, 2012. Disponível em: https://www.cambridge.org/core/journals/ps-political-science-and-politics/article/abs/who-wants-to-have-a-tea-party-the-who-what-and-why-of-the-tea-party-movement/49B1773A-21C29819E071B702D619A7E7#. Acesso em: 22 jul. 2023.

ARIENTI, Patricia Fonseca Ferreira. Os impactos da gestão macroeconômica do governo Obama na fragilidade do dólar como moeda internacional. *In*: MORAES, Reginaldo Carmello Correa; MENEZES Henrique Zeferino (org.). **A economia política do governo Obama.** João Pessoa: UFPB, 2017. p. 91-120.

BORTONE, Elaine de Almeida. **A participação do Instituto de Pesquisas e Estudos Sociais (IPES) na construção da reforma administrativa na Ditadura Civil-Militar (1964-1968).** 2013. Dissertação (Mestrado em Administração) – Programa de Pós-Graduação em Administração, Universidade Federal Fluminense, Niterói, 2013.

BOTELHO, Teresa. O novo populismo conservador do movimento Tea Party e as intercalares americanas. **Relações Internacionais,** [*s. l.*], n. 27, p. 105-114, 2010. Disponível em: https://ipri.unl.pt/images/publicacoes/revista_ri/pdf/ri27/n27a10.pdf. Acesso em: 18 jan. 2024.

BRENNER, Robert. **O boom e a bolha**: os Estados Unidos na economia mundial. Rio de Janeiro: Record, 2003.

CALIL, Gilberto. Brasil: o negacionismo da pandemia como estratégia de fascistização. **Materialismo Storico**. Rivista di filosofia, storia e scienze umane, Urbino, v. 9, n. 2, p. 70-120, 2020. Disponível em: https://journals.uniurb.it/index.php/materialismostorico/article/view/2470/2233. Acesso em: 2 nov. 2021.

CALIL, Gilberto. Junho de 2013 como marco do avanço da direita: uma falácia insustentável. *In*: FREITAS, Carolina; BARROS, Douglas; DEMIER, Felipe (org.). **Junho e os dez anos que abalaram o Brasil (2013-2023)**. São Paulo: Usina, 2023. p. 114-135.

CARCANHOLO, Reinaldo Antonio. **Capital**: essência e aparência. São Paulo: Expressão Popular, 2013. 2 v.

CARCANHOLO, Reinaldo Antonio; SABADINI, Mauricio de Souza. Capital fictício e lucros fictícios. *In*: GOMES, Helder (org.). **Especulação e lucros fictícios**. São Paulo: Outras Expressões, 2015. p. 125-159.

CASIMIRO, Flávio Henrique Calheiros. **A nova direita**: aparelhos de ação política e ideológica no Brasil contemporâneo. São Paulo: Expressão Popular, 2018.

CASIMIRO, Flávio Henrique Calheiros. **A tragédia e a farsa**: a ascensão das direitas no Brasil contemporâneo. São Paulo: Expressão Popular, Fundação Rosa Luxemburgo, 2020.

CASTELO, Rodrigo. **Tragédias, farsa e crise**: ensaios sobre ideologia, desenvolvimento e capitalismo dependente no Brasil. Marília: Lutas Anticapital, 2022.

CHAMYOU, Grégoire. **A sociedade ingovernável**: uma genealogia do liberalismo autoritário. São Paulo: Ubu, 2020.

CISLAGHI, Juliana Fiuza. Crise do capital e ultraneoliberalismo: a capitalização da Previdência Social no Brasil. *In*: CISLAGHI, Juliana Fiuza; DEMIER, Felipe (org.). **O neofascismo no poder (ano I)**. Rio de Janeiro: Consequência, 2019. p. 179-204.

COELHO, Eurelino. **Uma esquerda para o capital**: crise do marxismo e mudanças nos projetos políticos dos grupos dirigentes do PT (1979 – 1998). 2005. Tese (Doutorado em História) – Programa de pós-graduação em História, Universidade Federal Fluminense, Niterói, 2005.

CONSTANTINO, Rodrigo. **Rodrigo Constantino**: um guerreiro das ideias liberais: autobiografia. São Paulo: LVM, 2023.

CORSI, Francisco Luiz; SANTOS, Agnaldo; CAMARGO, José Marangoni. A América Latina: ciclo de commodities e crise do capitalismo global. **Austral**: Revista Brasileira de Estratégia e Relações Internacionais, [s. l.], v. 8, n. 15. p. 168-194. 2019. Disponível em: https://seer.ufrgs.br/index.php/austral/article/view/89388/52913. Acesso em: 28 ago. 2023.

COSTA, Emília Viotti. **Da monarquia à república**: momentos decisivos. São Paulo: Unesp, 1999.

COUTO, Lucas; SOARES, Andéliton; LIVRAMENTO, Bernardo. Presidencialismo de coalizão: conceito e aplicação. **Revista Brasileira de Ciência Política**, [s. l.], n. 34, p. 1-39, 2021. Disponível em: https://doi.org/10.1590/0103-3352.2021.34.241841. Acesso em: 18 jan. 2024.

CRUZ, Sebastião Velasco. Burguesia e empresariado na reconversão regressiva do capitalismo brasileiro. *In*: CAMPOS, Pedro Henrique Pedreira; BRANDÃO, Rafael Vaz da Motta. **Dimensões do empresariado brasileiro**: história, organização e ação política. Rio de Janeiro: Consequência, 2019. p. 301-330.

CUNHA, Joaci de Souza; ANDRADE, Maicon; LOPES, Catarina; NASCIMENTO, Manoel; VALVERDE, Thaianna. Crise mundial e a trajetória do Brasil, entre 2008 e 2015. **Cadernos do CEAS: Revista crítica de humanidades**, Salvador, n. 234, p. 4-46, 2015. Disponível em: https://cadernosdoceas.ucsal.br/index.php/cadernosdoceas/article/view/12. Acesso em: 1 ago. 2023.

DAL PAI, Raphael Almeida. Democracia e livre mercado segundo o Instituto Ludwig von Mises Brasil. *In*: COLÓQUIO INTERNACIONAL MARX E O MARIXISMO, 3., 2015, Niterói. **Anais [...]**. Niterói: Universidade Federal Fluminense, 2015. p. 1-20. Disponível em: http://www.niepmarx.blog.br/MManteriores/MM2015/anais2015/mc87/Tc872.pdf Acesso em: 11 maio 2020.

DAL PAI, Raphael Almeida. **Instituto Ludwig von Mises Brasil**: os arautos do anarcocapitalismo. 2017. 228 f. Dissertação (Mestrado em História) – Programa de Pós-Graduação em História, Universidade Estadual do Oeste do Paraná, Marechal Cândido Rondon, 2017. Disponível em: http://tede.unioeste.br/handle/tede/3160. Acesso em: 5 out. 2020.

DARDOT, Pierre; LAVAL, Christian. **A nova razão do mundo**: um ensaio sobre a sociedade neoliberal. São Paulo: Boitempo, 2016.

DEMIER, Felipe. **Depois do golpe a dialética da democracia blindada no Brasil**. Rio de Janeiro: Mauad X, 2017.

DIEESE. Balanço das Greves de 2012. **Departamento Intersindical de Estatísticas e Estudos Socioeconômicos**, Estudos e Pesquisas, n. 66, 2013. Disponível em: https://www.dieese.org.br/balancodasgreves/2012/estPesq66balancogreves2012.html. Acesso em: 17 jan. 2024.

DIEESE. Balanço das Greves de 2022. **Departamento Intersindical de Estatísticas e Estudos Socioeconômicos**, Estudos e Pesquisas, n. 104, 2023a. Disponível em: https://www.dieese.org.br/balancodasgreves/2023/estPesq104Greves.html. Acesso em: 17 jan. 2024.

DIEESE. Boletim Emprego em pauta. **Departamento Intersindical de Estatísticas e Estudos Socioeconômicos**, n. 25, maio 2023b. Disponível em: https://www.dieese.org.br/boletimempregoempauta/2023/boletimEmpregoemPauta25.pdf. Acesso em: 20 jan. 2024.

DREIFUSS, René Armand. **1964**: A conquista do Estado: ação política, poder e golpe de classe. Petrópolis: Vozes, 1981.

DREIFUSS, René Armand. **A internacional capitalista**: estratégias e táticas do empresariado internacional 1918-1986. Rio de Janeiro: Espaço e Tempo, 1987.

FAGUNDES, Lucas Machado; CACIATORI, Emanuela Gava. A dependência econômica brasileira: entre o caso das commodities, a financeirização do capitalismo, a desindustrialização e a reprimarização da economia. **Direito e Justiça: Reflexões Sociojurídicas**, Santo Ângelo, v. 20, n. 38, p. 207-229. 2020. Disponível em: https://san.uri.br/revistas/index.php/direitoejustica/article/view/166. Acesso em: 1 ago. 2023.

FERNANDES, Florestan. **A revolução burguesa no Brasil**: ensaio de interpretação sociológica. Curitiba: Kotter; São Paulo: Contracorrente, 2020.

FISHER, Mark. **Realismo capitalista**: é mais fácil imaginar o fim do mundo do que o fim do capitalismo. São Paulo: Autonomia Literária, 2020.

FONSECA, Francisco. **Liberalismo autoritário**: discurso liberal e práxis autoritária na imprensa brasileira. São Paulo: Hucitec, 2011.

FONSECA, Francisco. **O consenso forjado**: a grande imprensa e a formação a Agenda Ultraliberal no Brasil. São Paulo: Hucitec, 2005.

FONTES, Virgínia. Capitalismo filantrópico? – múltiplos papéis dos aparelhos privados de hegemonia empresariais. **Marx e o marxismo**, Niterói, v. 8, n. 14, p. 15-34, 2020.

FONTES, Virgínia. **O Brasil e o capital-imperialismo**: teoria e história. Rio de Janeiro: EPSJV, UFRJ, 2010.

FONTES, Virgínia. O capital, frações, tensões e composições. *In*: CAMPOS, Pedro Henrique Pedreira; BRANDÃO, Rafael Vaz da Motta (org.). **Dimensões do empresariado brasileiro**: história, organização e ação política. Rio de Janeiro: Consequência, 2019. p. 259-277.

FREITAS, Carolina; BARROS, Douglas; DEMIER, Felipe (org.). **Junho e os dez anos que abalaram o Brasil (2013 – 2023)**. São Paulo: Usina, 2023.

GOMES, Helder (org.). **Especulação e lucros fictícios**. São Paulo: Outras Expressões, 2015.

GORDON, David (ed.). **Strictly Confidential**: the private Volker Fund Memos of Murray N. Rothbard. Auburn: Ludwig von Mises Institute, 2010.

GORDON, David. **The Essential Rothbard**. Auburn: Ludwig von Mises Institute, 2007.

GOUVÊA, Marina Machado. A culpa da crise não é do vírus. *In*: MOREIRA, Eliane; GOUVEIA, Rachel; GARCIA, Joana; BOTELHO, Marcos; RODRIGUES, Mavi; KREZINGER, Miriam; BRETTAS, Tatiana. **Em tempos de pandemia**: propostas para defesa da vida e dos direitos sociais. Rio de Janeiro: UFRJ, Centro de Ciências Humanas, Escola de Serviço Social, 2020. p. 19-28.

GRAMSCI, Antônio. **Cadernos do Cárcere**. 5. ed. Rio de Janeiro: Civilização Brasileira, 2015. 4 v.

GRAMSCI, Antônio. **Cadernos do Cárcere**. 7. ed. Rio de Janeiro: Civilização Brasileira, 2016. 3 v.

GRAMSCI, Antônio. **Cadernos do Cárcere**. Rio de Janeiro: Civilização Brasileira, 2010. 2 v.

GRASSIOLLI, Isabel. **A nova direita no Brasil (2011-2016)**: uma análise da atuação política no Facebook. 2019. 263 f. Tese (Doutorado em História) – Universidade Estadual do Oeste do Paraná, Marechal Cândido Rondon, 2019. Disponível em: http://tede.unioeste.br/handle/tede/4878. Acesso em: 17 nov. 2021.

GRÜN, Roberto. Convergência das elites e inovações financeiras: a governança corporativa no Brasil. **Revista Brasileira de Ciências Sociais**, São Paulo, v. 20, n. 58, p. 67-90, 2005.

GUILBERT, Thierry. **As evidências do discurso neoliberal na mídia**. Campinas: Unicamp, 2020.

GURGEL, Claudio. **A gerência do pensamento**: gestão contemporânea e consciência neoliberal. São Paulo: Cortez, 2003.

HAUCK, Juliana Cristina Rosa. Os think tanks brasileiros e seus modos de presença na cena política: um olhar sobre suas estratégias de disseminação de ideias e busca por influência nas políticas públicas. *In*: ENCONTRO DA ASSOCIAÇÃO BRASILEIRA DE CIÊNCIA POLÍTICA, 10., 2016, Belo Horizonte. **Anais** [...]. Belo Horizonte: ABCP, 2016. p. 1-22. Disponível em: https://www.researchgate.net/publication/324919186_OS_THINK_TANKS _BRASILEIROS_E_SEUS_MODOS_DE_PRESENCA_NA_CENA_POLITICA_UM_OLHAR_SOBRE_SUAS_ESTRATE-GIAS_DE_DISSEMINACAO_DE_IDEIAS_E_BUSCA_DE_INFLUENCIA_NAS_POLI-TICAS_PUBLICAS. Acesso em: 29 dez. 2022.

HAUCK, Juliana Cristina Rosa. **Think tanks**: quem são, como atuam e qual seu panorama de ação no Brasil. 2015. Dissertação (Mestrado em Ciência Política) – Departamento de Ciência Política, Universidade Federal de Minas Gerais, Belo Horizonte, 2015. Disponível em: http://hdl.handle.net/1843/BUBD-A8ZN9P. Acesso em: 28 dez. 2022.

HAUCK, Juliana Cristina Rosa. What are 'Think Tanks'? Revisiting the Dilemma of the Definition. **BPSR**, [*s. l.*], v. 11, n. 2, p. 1-30, 2017. Disponível em: https://brazilianpoliticalsciencereview.org/article/what-are-think-tanks-revisiting-the-dilemma-of-the-definition/. Acesso em: 20 dez. 2022.

HOBSBAWN, Eric John Ernest. **A revolução francesa**. Rio de Janeiro: Paz e Terra, 2008.

hooks, bell. **O feminismo é para todo mundo**: políticas arrebatadoras. Rio de Janeiro: Rosa dos Tempos, 2019.

JAMES, Cyril Lionel Robert. **Os jacobinos negros**: Toussaint L' Ouverture e a revolução de São Domingos. São Paulo: Boitempo, 2010.

JUDENSNAIDER, Elena; LIMA, Luciana; POMAR, Marcelo; ORTELLADO, Pablo. **Vinte centavos**: a luta contra o aumento. São Paulo: Veneta, 2013. [Livro eletrônico].

LAMPEDUSA, Guiseppe Tomasi di. **O Leopardo**. Blue Edition, 2017. [Livro eletrônico].

LENIN, Vladmir Ilyich Ulianov. **O estado e a revolução**: o que ensina o marxismo sobre o Estado e o papel do proletariado na revolução. São Paulo: Expressão Popular, 2007.

LEPORE, Jill. **The whites of their eyes**: the Tea Party's revolution and the battle over American history. Nova Jersey: Princeton University Press, 2011.

LINHARES, Heloíza da Câmara. **Análise do desempenho financeiro de investimentos ESG nos países emergentes e desenvolvidos**. 2017. Trabalho de Conclusão de Curso (Bacharel em Ciências Contábeis) – Faculdade de Economia, Administração e Contabilidade, Universidade de Brasília, Brasília, 2017. Disponível em: https://bdm.unb.br/handle/10483/19501. Acesso em: 25 jan. 2023.

LIPOVETSKY, Gillres. **A felicidade paradoxal**: ensaio sobre a sociedade do hiperconsumo. São Paulo: Companhia das Letras, 2007.

LOSURDO, Domenico. **Contra-História do liberalismo**. Aparecida: Ideias & Letras, 2006.

MACIEL, David. **A argamassa da ordem**: da ditadura militar à nova república (1974 – 1985). São Paulo: Xamã, 2004.

MARTUSCELLI, Danilo Enrico. **Crises políticas e capitalismo neoliberal no Brasil**. Curitiba: CRV, 2015.

MARX, Karl. A assim chamada acumulação primitiva. *In*: MARX, Karl. **O capital**: crítica da economia política. O processo de produção do capital. São Paulo: Boitempo, 2017a. 1 v.

MARX, Karl. **A burguesia e a contrarrevolução**. São Paulo: Ensaio, 1987.

MARX, Karl. **A ideologia alemã**: crítica da mais recente filosofia alemã em seus representantes Feuerbach, B. Bauer e Stirner, e do socialismo alemão em seus diferentes profetas (1845-1846). São Paulo: Boitempo, 2007.

MARX, Karl. **O capital**: crítica da economia política. O processo de circulação do capital. São Paulo: Boitempo, 2014. 2 v.

MARX, Karl. **O capital**: crítica da economia política. Processo global de produção capitalista. São Paulo: Boitempo, 2017b. 3 v.

MATTOS, Marcelo Badaró. De Junho de 2013 a Junho de 2015: elementos para uma análise da (crítica) conjuntura Brasileira. *In*: DEMIER, Felipe; HOEVELER, Rejane. **A Onda Conservadora**: ensaios sobre os atuais tempos sombrios no Brasil. Rio de Janeiro: Mauad, 2016.

MATTOS, Marcelo Badaró. Junho e as lutas de classes no Brasil da última década. *In*: FREITAS, Carolina; BARROS, Douglas; DEMIER, Felipe (org.). **Junho e os dez anos que abalaram o Brasil (2013 – 2023)**. São Paulo: Usina, 2023. p. 12-35.

MAYNARD, Dilton Cândido Santos. A rede ao Sul da América: um ensaio sobre a Argentina e a extrema-direita na internet (1996-2007). **Boletim do Tempo Presente**, [*s. l.*], n. 4, p. 1-22, 2013. Disponível em: http://www.seer.ufs.br/index. php/tempopresente. Acesso em: 11 jan. 2024.

MAZZEO, Antonio Carlos. **Estado e burguesia no Brasil**: origens da autocracia burguesa. São Paulo: Boitempo, 2015.

MCKAY, Iain; ELKIN, Gary; NEAL, Dave; BORAAS, Ed (ed.). **An Anarchist FAQ**. Oakland: AK Press, 2008. v 1.

MELO, Demian Bezerra de. A direita ganha as ruas: elementos para um estudo das raízes ideológicas da direita brasileira. *In*: COLÓQUIO INTERNACIONAL MARX E O MARXISMO, 3., 2015, Niterói. **Anais [...]**. Niterói: Universidade Federal Fluminense, 2015. p. 1-14.

MENDONÇA, Sonia Regina. O Estado Ampliado como ferramenta metodológica. **Marx e o Marxismo**, Niterói, v. 2, n. 2, p. 27-43, 2014. Disponível em: https:// www.niepmarx.blog.br/revistadoniep/index.php/MM/article/view/35. Acesso em: 21 jan. 2022.

MÉSZÁROS, István. **O poder da ideologia**. São Paulo: Boitempo, 2014.

MIRANDA, João Elter Borges. **A patrulha ideológica da burguesia**: a atuação do partido Movimento Brasil Livre na construção do golpe de 2016. 2021. 624 f. Dissertação (Mestrado em História) – Universidade Estadual do Oeste do Paraná, Marechal Cândido Rondon, 2021. Disponível em: https://tede.unioeste. br/handle/tede/5731. Acesso em: 19 nov. 2022.

MISES, Ludwig von. **Ação Humana**. São Paulo: Instituto Ludwig von Mises Brasil, 2010a.

MISES, Ludwig von. **Liberalismo**. 2. ed. São Paulo: Instituto Ludwig von Mises Brasil, 2010b.

MODUGNO, Roberta A. (ed.). **Murray N. Rothbard VS**. The Philosophers: unpublished writings on Hayek, Mises Strauss, and Polanyi. Auburn: Ludwig von Mises Institute, 2009.

MOTA, Ana Elizabete. A cultura da crise e as ideologias do consenso no ultraneoliberalismo brasileiro. *In*: CISLAGHI, Juliana Fiuza; DEMIER, Felipe (org.). **O neofascismo no poder (ano I)**. Rio de Janeiro: Consequência, 2019. p. 135-148.

MOTA, Ana Elizabete. **Cultura da crise e seguridade social**: um estudo sobre as tendências da previdência e da assistência social brasileira nos anos 80 e 90. São Paulo: Cortez, 1995.

NOBRE, Marcos. **Limites da democracia**: de Junho de 2013 ao governo Bolsonaro. São Paulo: Todavia, 2022.

OXFAM GB. **Equilibre o jogo!** É hora de acabar com a desigualdade extrema. Oxfordshire: Oxfam Internacional, 2014. Disponível em: https://oi-files-d8-prod.s3.eu-west-2.amazonaws.com/s3fs-public/file_attachments/cr-even-it-up-extreme-inequality-291014-summ-pt.pdf. Acesso em: 12 jul. 2023.

PATSCHIKI, Lucas. A burguesia dependente-associada e a crise: o Instituto Millenium em suas análises sobre 2008. *In*: COLÓQUIO INTERNACIONAL MARX E O MARXISMO, 3., 2015, Niterói. **Anais [...]**. Niterói: Universidade Federal Fluminense, 2015, p. 1-17.

PATSCHIKI, Lucas. **Os Litores da nossa burguesia**: o Mídia Sem Máscara em Atuação Partidária (2002 - 2011). 2012. 418 f. Dissertação (Mestrado em História) – Universidade Estadual do Oeste do Paraná, Marechal Cândido Rondon, 2012. Disponível em: https://tede.unioeste.br/handle/tede/1789. Acesso em: 7 ago. 2023.

PAULANI, Leda. **Brasil Delivery**: servidão financeira e estado de emergência econômico. São Paulo: Boitempo, 2008.

PINTO, Eduardo Costa. A crise americana: dívida, desemprego e política. *In*: INSTITUTO DE PESQUISA ECONÔMICA APLICADA. Diretoria de Estudos e Relações Econômicas e Políticas Internacionais. **Boletim de Economia e Política Internacional**. Brasília: Ipea, Dinte, n. 1, 2010. p. 7-20. Disponível em: https://repositorio.ipea.gov.br/handle/11058/3352. Acesso em: 18 jun. 2023.

POULANTZAS, Nicos. As transformações atuais do Estado, a crise política e a crise do Estado. *In*: POULANTZAS, Nicos. **O Estado em crise**. Rio de Janeiro: Graal, 1977. p. 3-41.

POULANTZAS, Nicos. **O estado, o poder, o socialismo**. São Paulo: Paz e Terra, 2015.

QUINTELA, Sandra; WANSETTO, Rosilene (org.). **Brasil, 200 anos de (In) dependência e dívida**. Fortaleza: Karuá, 2022.

REDE PENSSAN. Insegurança alimentar e Covid-19 no Brasil. **Organização das Nações Unidas para a Alimentação e a Agricultura** [site], Rede Brasileira de Pesquisa em Soberania e Segurança Alimentar e Nutricional, 2021. Disponível em: https://www.fao.org/family-farming/detail/fr/c/1392789/. Acesso em: 1 nov. 2021.

RHOLINGER, Deana A.; BUNNAGE, Leslie. Did the Tea Party Movement Fuel the Trump-Train? The Role of Social Media in Activist Persistence and Political Change in the 21st Century. **Social Media + Society**, [*s. l.*], v. 3, n. 2, 2017. Disponível em: https://journals.sagepub.com/doi/epub/10.1177/2056305117706786. Acesso em: 18 jan. 2024.

RICARDO, Feijó. **Economia e Filosofia na Escola Austríaca**: Menger, Mises e Hayek. São Paulo: Nobel, 2000.

ROCHA, Camila. **Menos Marx, mais Mises**: o liberalismo e a nova direita no Brasil. São Paulo: Todavia, 2021. [Livro eletrônico].

RODRIGUES, Morgana Fiqueiredo; NASCIMENTO, Elisandra de Carvalho; SANTOS JUNIOR, Rafael Adailton; TELES, Helda Crystiane Cirilo; CINTRA, Bruno Barreto. Relação do preço do dás de cozinha e queimaduras por líquido inflamável. **Revista Brasileira de Queimaduras**, Brasília, v. 18, n. 3, p. 162-166, 2019. Disponível em: http://www.rbqueimaduras.org.br/details/474/pt-BR/relacao-do-preco-do-gas--de-cozinha-e-queimaduras-por-liquido-inflamavel. Acesso em: 17 jan. 2024.

ROLNIK, Raquel. **Guerra dos lugares**: a colonização da terra e da moradia na era das finanças. São Paulo: Boitempo, 2016.

ROTHBARD, Murray Newton. **Por uma nova liberdade**: o manifesto libertário. São Paulo: Instituto Ludwig von Mises Brasil, 2013.

SACHS, Gabriel. Intolerância digital: o potencial da internet como instrumento de organização e comunicação para grupos da extrema-direita. **Cadernos do Tempo Presente**, [*s. l.*], n. 4, p. 1-10, 2011. Disponível em: https://seer.ufs.br/index.php/tempo/article/view/2722. Acesso em: 13 nov. 2022.

SAFFIOTI, Heleieth Iara Bongiovani. **Gênero, patriarcado e violência**. São Paulo: Expressão Popular: Fundação Perseu Abramo, 2015.

SAMPAIO JÚNIOR, Plínio de Arruda (org.). **Capitalismo em crise**: a natureza e dinâmica da crise econômica mundial. São Paulo: Sundermann, 2009.

SAMPAIO JÚNIOR, Plínio de Arruda. **Crônica de uma crise anunciada**: crítica à economia política de Lula e Dilma. São Paulo: SG-Amarante, 2017.

SANTOS, Edmilson Pereira. **A educação na pauta ultraliberal**: uma análise crítica dos discursos sobre educação produzidos e divulgados pelo Instituto Ludwig von Mises Brasil na esfera pública digital brasileira. 2021. Dissertação (Mestrado em Ciências da Educação) – Faculdade de Psicologia e de Ciências da Educação, Universidade do Porto, Porto, 2021a. Disponível em: https://hdl. handle.net/10216/134787. Acesso em: 19 nov. 2022.

SANTOS, Mayara Aparecida Machado Balestro dos. **Agenda conservadora, ultraliberalismo e "guerra cultural"**: "Brasil paralelo" e a hegemonia das direitas no Brasil contemporâneo (2016-2020). 2021. 147f. Dissertação (Mestrado em História) – Universidade Estadual do Oeste do Paraná, Marechal Cândido Rondon, 2021b. Disponível em: https://tede.unioeste.br/handle/tede/5774. Acesso em: 19 nov. 2022.

SCHONS, Guilherme José. "There is no alternative": ataque ao bem viver, morte da alteridade e fim da história na atopia neoliberal. **Temporalidades** – Revista de História, v. 12, n. 3, p. 436-459, 2020.

SCHUMPETER, Joseph Alois. **Capitalismo, socialismo e democracia**. São Paulo: Unesp, 2017.

SILVA, Tatiana Teixeira. **Os think tanks e sua influência na política externa dos EUA**: a arte de pensar o impensável. Rio de Janeiro: Revan, 2007.

SOUZA, Isabella Caroline Santos; GABRIEL, Luciano Ferreira; CARVALHO, Luciano Dias. Desindustrialização e comércio exterior: uma análise para a economia brasileira no período recente. **RDE**, Salvador, v. 1, n. 42, p. 317-343, 2019. Disponível em: https://revistas.unifacs.br/index.php/rde/article/view/5897/3835. Acesso em: 1 ago. 2023.

SOUZA, Luciana Rosa; NASCIMENTO, Fernanda Silva. Nova Matriz Econômica e queda nas taxas de lucros: a política econômica e economia política entre 2011 – 2016. *In*: ENCONTRO NACIONAL DE ECONOMIA POLÍTICA, 24., 2019,

Vitória. **Anais [...].** Niterói: Sociedade Brasileira de Economia Política, 2019. p. 1-20. Disponível em: https://www.sep.org.br/mostrar.php?url=/anais/2019/Sessoes-Ordinarias/Sessao3.Mesas21_30/Mesa29/293.pdf. Acesso em: 17 jan. 2024.

STONE, Diane. Recycling bins, garbage cans or think tanks? Three myths regarding policy analysis institutes. **Public Administration**, Londres, v. 85, n. 2, p. 259-278, 2007. Disponível em: https://doi.org/10.1111/j.1467-9299.2007.00649.x. Acesso em: 29 dez. 2022.

TONELO, Iuri. **No entanto ela se move**: a crise de 2008 e a nova dinâmica do capitalismo. São Paulo: Boitempo, Iskra, 2021.

REFERÊNCIAS ELETRÔNICAS

ALVES, Schirlei. Julgamento de influencer Mariana Ferrer termina com tese inédita de 'estupro culposo' e advogado humilhando jovem. **Intercept Brasil**, [*s. l.*], 3 nov. 2020. Disponível em: https://theintercept.com/2020/11/03/influencer-mariana-ferrer-estupro-culposo/. Acesso em: 26 jan. 2021.

AMATO, Fábio; MARTELLO, Alexandre. Entenda as 'pedaladas fiscais' e o que o TCU avalia nas contas do governo. **Globo**, G1, [*s. l.*], 17 jun. 2015. Disponível em: https://g1.globo.com/economia/noticia/2015/06/entenda-pedaladas-fiscais-e-o-que-o-tcu-avalia-nas-contas-do-governo.html. Acesso em: 17 jan. 2024.

AMAZON. Antony Peter Mueller. **Amazon**, [*s. l.*], 2024 Disponível em: https://www.amazon.com.br/ANTONY-P.-MUELLER/e/B07BHF4RG8%3Fref=dbs_a_mng_rwt_scns_share. Acesso em: 17 jul. 2023.

AMAZON. [Sobre o autor – Rodrigo Saraiva Marinho]. **Amazon**, [*s. l.*], 2024. Disponível em: https://www.amazon.com.br/hist%C3%B3ria-Brasil-pelas-suas-constitui%C3%A7%C3%B5es/dp/6550520614/ref=sr_1_1?qid=1700834249&refinements=p_27%3ARodrigo+Saraiva+Marinho&s=books&sr=1-1&text=Rodrigo+Saraiva+Marinho. Acesso em: 24 nov. 2023.

AMOURY, Jamyle. Família se queima ao usar álcool para cozinhar por falta de gás e precisa de ajuda para pagar tratamento, em Anápolis. **Globo**, G1, [*s. l.*], 2 set. 2021. Disponível em: https://g1.globo.com/go/goias/noticia/2021/09/02/familia-se-queima-ao-usar-alcool-para-cozinhar-por-falta-de-gas-e-precisa-de-ajuda-para-pagar-tratamento-em-anapolis.ghtml. Acesso em: 1 nov. 2021.

ANDRETTA, Felipe. Preço do álcool em gel e máscaras subiu até 161%; governo deveria tabelar? **Portal UOL de Notícias**, [*s. l.*], 13 mar. 2020. Disponível em: https://economia.uol.com.br/noticias/redacao/2020/03/12/governo-controle-precos-tabelar-mascara-alcool-gel-agua-coronavirus.htm. Acesso em: 4 jan. 2022.

ASSOCIAÇÃO LIVRES. Bancada da liberdade. **Livres**, [*s. l.*], 2024. Disponível em: https://www.eusoulivres.org/bancada-da-liberdade/. Acesso em: 5 maio 2020.

ASSOCIAÇÃO LIVRES. **Livres**, [*s. l.*], 2024. Disponível em: https://www.eusoulivres.org/.Acesso em: 5 maio 2020;

ASSOCIAÇÃO LIVRES. Participe da seleção do Instituto Ling para bolsas em Georgetown. **Livres**, [*s. l.*], 10 out. 2019. Disponível em: https://www.eusoulivres.org/noticias/participe-da-selecao-do-instituto-ling-para-bolsas-em-georgetown/. Acesso em: 5 maio 2020.

BANCO CENTRAL DO BRASIL. Sistema Especial de Liquidação e de Custódia (Selic). **Banco Central do Brasil**, [*s. l.*], 2024. Disponível em: https://www.bcb.gov.br/estabilidadefinanceira/sistemaselic. Acesso em: 8 mar. 2022.

BANCO CENTRAL DO BRASIL. Sistema Gerenciador de Séries Temporais. [Consulta]. **Banco Central do Brasil**, [*s. l.*], 2024. Disponível em: https://www3.bcb.gov.br/sgspub/consultarvalores/consultarValoresSeries.do?method=consultarGraficoPorId&hdOidSeriesSelecionadas=29038. Acesso em: 3 ago. 2023.

BELTRÃO, Hélio. A negociação de Guedes: ainda compensa apoiar o ministro, mas o sistema e os políticos não vão dar sopa. **Folha de São Paulo**, [*s. l.*], 18 ago. 2020a. Disponível em: https://www1.folha.uol.com.br/colunas/helio-beltrao/2020/08/a-negociacao-de-guedes.shtml. Acesso em: 5 out. 2020.

BELTRÃO, Hélio. Com @at.lorenzon no Ministério do Planejamento, discutindo Desburocratização. Vem coisa boa por aí!. **Instagram**, [publicação], 26 mar. 2019a. Disponível em: https://www.instagram.com/p/BvfLwLgHdxt/?utm_source=ig_web_copy_link. Acesso em: 12 jan. 2022.

BELTRÃO, Hélio. Como filiado, achei muito ruim a atitude do NOVO de desfiliar o Ricardo Salles. **X**, [publicação], 31 out. 2019b. Disponível em: https://twitter.com/heliobeltrao/status/1190000839395594240. Acesso em: 8 jan. 2024.

BELTRÃO, Helio. Hoje é aniversário do amigo e herói da liberdade, @salimmattarbr! Um privilégio aprender continuamente com ele, em todos os aspectos, não só da causa pela liberdade. Salim é sempre uma inspiração e lição de vida. **Instagram**, [publicação], 27 nov. 2020b. Disponível em: https://www.instagram.com/p/CIHOFA9Hpje/. Acesso em: 15 dez. 2023.

BELTRÃO, Hélio. Mais mitos do ESG. **Folha de São Paulo**, [*s. l.*], 5 out. 2021a. Acesso em: 2 jan. 2024. Disponível em: https://www1.folha.uol.com.br/colunas/helio-beltrao/2021/10/mais-mitos-do-esg.shtml. Acesso em: 2 jan. 2024.

BELTRÃO, Hélio. Mitos do ESG. **Folha de São Paulo**, [*s. l.*], 28 set. 2021b. Disponível em: https://www1.folha.uol.com.br/colunas/helio-beltrao/2021/09/mitos-do-esg.shtml. Acesso em: 2 jan. 2024.

BELTRÃO, Hélio. Mitos do ESG #3. **Folha de São Paulo**, [s. l.], 12 out. 2021c. Disponível em: https://www1.folha.uol.com.br/colunas/helio-beltrao/2021/10/mitos-do-esg-3.shtml. Acesso em: 2 jan. 2024.

BELTRÃO, Hélio. Nosso superministro liberal com o livro "A Constituição contra o Brasil - ensaios de Roberto Campos", organizado pelo Embaixador Paulo Roberto de Almeida. **Instagram**, [publicação], 9 nov. 2018. Disponível em: https://www.instagram.com/p/Bp-fv8dHmTH/. Acesso em: 15 dez. 2023.

BELTRÃO, Hélio. O governo não é liberal na política. Entrevista concedida a Vicente Vilardaga. São Paulo, **Isto É**, [s. l.], 26 set. 2019c. Disponível em: https://istoe.com.br/o-governo-nao-e-liberal-na-politica/. Acesso em: 22 set. 2020.

BELTRÃO, Hélio. Pode não representar o NOVO, mas o ministro Ricardo Salles tem minha confiança. **X**, [publicação], 22 ago. 2019d. Disponível em: https://twitter.com/heliobeltrao/status/1164654827319758848. Acesso em: 8 jan. 2024.

BELTRÃO, Hélio. Reguladores e burocratas - concursados e comissionados - seguem retardando o nosso progresso. **Mises Brasil**, [s. l.], 19 fev. 2020c. Disponível em: https://mises.org.br/artigos/2944/reguladores-e-burocratas-concursados-e-comissionados-seguem-retardando-o-nosso-progresso. Acesso em: 13 jan. 2021.

BELTRÃO, Hélio. Um programa de desburocratização para o governo Bolsonaro. **Mises Brasil**, [s. l.], 2 jan. 2019e. Disponível em: https://mises.org.br/artigos/2731/um-programa-de-desburocratizacao-para-o-governo-bolsonaro. Acesso em: 10 jan. 2024.

BILENSKY, Thais. Formulador do Real, Gustavo Franco deixa PSDB e se filia ao Novo. **Folha de São Paulo**, [s. l.], 27 set. 2017. Disponível em: http://folha.com/no1922395. Acesso em: 17 jan. 2024

DIAGRAMA popularizado por libertários é usado pela Globo para teste político. **Boletim da Liberdade**, [s. l.], 22 set. 2018. Disponível em: https://www.boletimdaliberdade.com.br/2018/09/diagrama-popularizado-por-libertarios-e-usado-pela-globo-para-teste-politico/. Acesso em: 10 jan. 2024.

BOLETIM DA LIBERDADE. "O EPL não virou SFL Brasil" diz Juliano Torres em nota no Facebook. **Boletim da Liberdade**, [s. l.], 25 nov. 2016. Disponível em: https://www.boletimdaliberdade.com.br/2016/11/25/epl-nao-virou-sfl-brasil-diz-juliano-torres-em-nota-no-facebook/. Acesso em: 6 fev. 2021.

BOLETIM DA LIBERDADE. Quem somos. **Boletim da Liberdade,** [*s. l.*], 2024. Disponível em: https://www.boletimdaliberdade.com.br/quemsomos/. Acesso em: 6 fev. 2021.

BRASIL. **Ato Institucional n.º 5, de 13 de dezembro de 1968.** São mantidas a Constituição de 24 de janeiro de 1967 e as Constituições Estaduais; O Presidente da República poderá decretar a intervenção nos estados e municípios, sem as limitações previstas na Constituição, suspender os direitos políticos de quaisquer cidadãos pelo prazo de 10 anos e cassar mandatos eletivos federais, estaduais e municipais, e dá outras providências. Brasília: Presidência da República, 13 dez. 1968. Disponível em: http://www.planalto.gov.br/ccivil_03/ait/ait-05-68.htm. Acesso em: 13 jan. 2021.

BRASIL. Benedito Aguiar é o novo presidente da CAPES. **Gov.br**, Ministério da Educação, Capes, 24 jan. 2020. Disponível em: https://www.gov.br/capes/pt-br/ assuntos/noticias/benedito-aguiar-e-o-novo-presidente-da-capes. Acesso em: 10 jan. 2024.

BRASIL. Ministério da Economia. *Exonerado em 06/09/2022* Secretário da Secretaria de Acompanhamento Econômico, Advocacia da Concorrência e Competitividade, Geanluca Lorenzon. **Agenda de Autoridades**, 2024. Disponível em: http://antigo.economia.gov.br/Economia/agendas/secretaria-especial-de--produtividade-emprego-e-competitividade/secretaria-de-advocacia-da-concorrencia-e-competitividade/secretario-de-advocacia-da-concorrencia-geanluca-lorenzon. Acesso em: 22 jan. 2024.

BRASIL. **Lei n.º 12.651, de 25 de maio de 2012.** Dispõe sobre a proteção da vegetação nativa; altera as Leis n.ºs 6.938, de 31 de agosto de 1981, 9.393, de 19 de dezembro de 1996, e 11.428, de 22 de dezembro de 2006; revoga as Leis n.ºs 4.771, de 15 de setembro de 1965, e 7.754, de 14 de abril de 1989, e a Medida Provisória n.º 2.166-67, de 24 de agosto de 2001; e dá outras providências. Brasília: Presidência da República, 2012. Disponível em: https://www.planalto.gov.br/ ccivil_03/_ato2011-2014/2012/lei/L12651compilado.htm. Acesso em: 2 jan. 2024.

BRASIL. **Lei n.º 13.874, de 20 de setembro de 2019.** Institui a Declaração de Direitos de Liberdade Econômica; estabelece garantias de livre mercado; altera as Leis nos 10.406, de 10 de janeiro de 2002 (Código Civil), 6.404, de 15 de dezembro de 1976, 11.598, de 3 de dezembro de 2007, 12.682, de 9 de julho de 2012, 6.015, de 31 de dezembro de 1973, 10.522, de 19 de julho de 2002 [...].

Brasília: Presidência da República, 2019a. Disponível em: http://www.planalto. gov.br/ccivil_03/_ato2019-2022/2019/lei/L13874.htm. Acesso em: 20 nov. 2021.

BRASIL. **Medida Provisória n.º 881, 30 de abril de 2019**. Institui a Declaração de Direitos de Liberdade Econômica, estabelece garantias de livre mercado, análise de impacto regulatório, e dá outras providências. Brasília: Senado Federal, 30 abr. 2019b. Disponível em: https://www.congressonacional.leg.br/materias/ medidas-provisorias/-/mpv/136531. Acesso em: 18 maio 2020.

BRASIL. Ministério da Fazenda. Desenrola Brasil. **Gov.br**, 2024. Disponível em: https://www.gov.br/fazenda/pt-br/acesso-a-informacao/acoes-e-programas/ desenrola-brasil. Acesso em: 17 jan. 2024.

BRASIL. Secretaria-Geral. Subchefia para Assuntos Jurídicos. **Mensagem n.º 438, de 20 de setembro de 2019**. Senhor Presidente do Senado Federal, Comunico a Vossa Excelência que, nos termos do § 1o do art. 66 da Constituição, decidi vetar parcialmente, por contrariedade ao interesse público e inconstitucionalidade, o Projeto de Lei de Conversão no 21, de 2019 (MP n.º 881/19), que "Institui a Declaração de Direitos de Liberdade Econômica [...]. Brasília, DF: Ministério da Saúde, 20 set. 2019c. Disponível em: http://www.planalto.gov.br/ccivil_03/_ato2019-2022/2019/Msg/VEP/VEP-438.htm. Acesso em: 17 abr. 2021.

BRASIL PARALELO. Especial Investigação Paralela – Marielle Franco e Mari Ferrer. YouTube, **Brasil Paralelo**, 2 set. 2023. Disponível em: https://www.youtube. com/watch?v=I-gqhaWDlfQ. Acesso em: 15 dez. 2023.

CÂMERA RECORD. Famílias fazem fila para receber doação de ossos para conseguirem se alimentar. **RecordTV**, [s. l.], 25 out. 2021. Disponível em: https:// recordtv.r7.com/camera-record/videos/familias-fazem-fila-para-receber-doacao-de-ossos-para-conseguirem-se-alimentar-25102021. Acesso em: 1 nov. 2021.

CARDEN, Art. Expansão do crédito e investimentos improdutivos. **Mises Brasil**, [s. l.], 30 jan. 2008. Disponível em: https://mises.org.br/artigos/10/expansao-do--credito-e-investimentos-improdutivos. Acesso em: 29 jul. 2023.

CARDOSO, Fernando Henrique. Apresentação – por FHC. **Fundação Fernando Henrique Cardoso**, [s. l.], 2024. Disponível em: https://fundacaofhc.org.br/a--fundacao/. Acesso em: 16 dez. 2024.

COMUNICAÇÃO IFL. Homenagem à Friedrich Hayek. Belo Horizonte, **Instituto de Formação de Líderes,** [s. l.], 10 maio 2022. Disponível em: https://www.iflbh. com.br/homenagem-a-friedrich-hayek/#:~:text=Um%20fato%20curioso%20

%C3%A9%20que,os%20registros%20dessa%20honrosa%20visita. Acesso em: 15 dez. 23.

CONFEDERAÇÃO NACIONAL DO COMÉRCIO DE BENS, SERVIÇOS E TURISMO. Classe média está mais endividada e mais inadimplente. **CNC**, [*s. l.*], 6 jun. 2023a. Disponível em: https://www.portaldocomercio.org.br/noticias/classe-media--esta-mais-endividada-e-mais-inadimplente/482874. Acesso em: 17 jan. 2024

CONFEDERAÇÃO NACIONAL DO COMÉRCIO DE BENS, SERVIÇOS E TURISMO. Pesquisa Nacional de Endividamento e Inadimplência do Consumidor (Peic). **CNC**, [*s. l.*], maio 2023b. Disponível em: https://www.portaldocomercio.org.br/publicacoes/pesquisa-de-endividamento-e-inadimplencia-do-consumidor--peic-maio-de-2023/482862. Acesso em: 3 ago. 2023.

CONSTANTINO, Rodrigo. Como me aproximei da Escola Austríaca e qual a sua importância. **Gazeta do Povo**, [*s. l.*], 18 jan. 2021. Disponível em: https://www.gazetadopovo.com.br/rodrigo-constantino/como-me-aproximei-da-escola--austriaca-e-qual-a-sua-importancia/. Acesso em: 8 jan. 2024.

CORREIO BRAZILIENSE. Com alta nos preços, brasileiro já usa mais lenha do que gás na cozinha. **Correio Brasiliense**, Agência Estado, [*s. l.*], 10 out. 2021. Disponível em: https://www.correiobraziliense.com.br/economia/2021/10/4954631-com--alta-nos-precos-brasileiro-ja-usa-mais-lenha-do-que-gas-na-cozinha.html. Acesso em: 1 nov. 2021.

COSTA, Rodolfo. Qual é o tamanho da ala ideológica do governo após a saída de Ernesto Araújo. **Gazeta do Povo**, [*s. l.*], 7 abr. 2021. Disponível em: https://www.gazetadopovo.com.br/ republica/ala-ideologica-governo-bolsonaro-ernesto-a-raujo/. Acesso em: 10 abr. 2021.

CURRÍCULO LATTES. Antony Peter Mueller. **Conselho Nacional de Desenvolvimento Científico e Tecnológico**, Currículo Lattes, 3 maio 2023. Disponível em: http://lattes.cnpq.br/5324051417658119. Acesso em: 17 jul. 2023

DIÁRIO OFICIAL DA UNIÃO. Casa da Moeda do Brasil. Assembleia Geral. **Ata da Assembleia Geral Extraordinária realizada em 5 de setembro de 2019**. Às dez horas e trinta minutos do dia 05 (cinco) de setembro de 2019, no Centro Cultural Museu da Casa da Moeda do Brasil, situado na Praça da República, 26, Rio de Janeiro - RJ, realizou-se a Assembleia Geral Extraordinária [...]. Diário Oficial da União, Seção 1, n. 187, 26 set. 2019. Disponível em: https://www.casadamoeda.gov.br/arquivos/lai/atas-de-assembleias-gerais/AG-Extraordinaria_05-09-2019-DOU-26-09-2019p65-66.pdf. Acesso em: 17 jan. 2024.

EPL. EPL – Estudantes pela Liberdade. **X**, [perfil], 2017. Disponível em: https://twitter.com/epliberdade. Acesso em: 6 fev. 2021.

EQUIPE IMB. Dia da liberdade de impostos. **Mises Brasil**, [*s. l.*], 23 maio 2010. Disponível em: https://mises.org.br/article/689 /dia-da-liberdade-de-impostos. Acesso em: 8 dez. 2023.

ÉVORA HOLDING COMPANY. Évora – evolução para o indivíduo. **Évora Holding Company**, [*s. l.*], 2024. Disponível em: https://www.evora.com/. Acesso em: 15 dez. 23.

FERNANDES, Adriana. 'Com Plano Guedes, Brasil será nova China'. **Estadão**, [*s. l.*], 8 nov. 2018. Disponível em: https://www.estadao.com.br/economia/com-plano-guedes-brasil-sera-nova-china/. Acesso em: 15 dez. 23.

FERREIRA, Mano. Da Kombi para a Casa: um pequeno registro do que estamos construindo. **Livres**, [*s. l.*], 11 fev. 2022. Disponível em: https://www.eusoulivres.org/artigos/da-kombi-para-a-casa-um-pequeno-registro-do-que-estamos-construindo/. Acesso em: 22 nov. 2022.

FLOW PODCAST. Helio Beltrão (Mises Brasil) – Flow Podcast #130. **YouTube**, Flow Podcast, [podcast], 6 maio 2020. Disponível em: https://youtu.be/ikxO-MOhuqxM. Acesso em: 11 jan. 2024.

FOLHA DE SÃO PAULO. Hélio Beltrão. **Folha de São Paulo**, Colunas, [*s. l.*], s. d. Disponível em: https://www1.folha.uol.com.br/colunas/helio-beltrao/2020/08/a-negociacao-de-guedes.shtml. Acesso em: 5 out. 2020.

FOLHA DE SÃO PAULO. Obama acusa republicanos de travar governo para agradar extremistas. **Folha de São Paulo**, [*s. l.*], 3 out. 2013. Disponível em: https://www1.folha.uol.com.br/mundo/2013/10/1351179-obama-acusa-republicanos-de-travar-governo-para-agradar-tea-party.shtml. Acesso em: 22 jul. 2023

FRENTE PARLAMENTAR PELO LIVRE MERCADO. Membros. **Frente Parlamentar pelo Livre Mercado**, [*s. l.*], s. d. Disponível em: https://fplivremercado.org/membros/. Acesso em: 24 nov. 2023.

GARSCHAGEN, Bruno. Os jacobinos da "nova direita". **Gazeta do Povo**, [*s. l.*], 29 maio 2017. Disponível em: https://www.gazetadopovo.com.br/opiniao/colunistas/

bruno-garschagen/os-jacobinos-da-nova-direita-4nnhs5havj0caa9oxhdur9u3x/. Acesso em: 22 set. 2020.

GAZETA DO POVO. Carta de esclarecimento aos leitores da Gazeta do Povo. **Gazeta do Povo**, [*s. l.*], 6 nov. 2020. Disponível em: https://www.gazetadopovo. com.br/vida-e-cidadania/carta-de-esclarecimento-aos-leitores-da-gazeta-do--povo/. Acesso em: 26 jan. 2021.

GONÇALVES, André Pereira. Quanto mais liberdade econômica, mais solidariedade e caridade – na teoria e na prática. **Mises Brasil**, [*s. l.*], 9 out. 2015. Disponível em: https://mises.org.br/artigos/2009/quanto-mais-liberdade-economica-mais--solidariedade-e-caridade-na-teoria-e-na-pratica. Acesso em: 11 maio 2020.

GORDON, David. Murray Newton Rothbard (1926 – 1995). **Mises Institute**, [*s. l.*], s. d. Disponível em: https://mises.org/profile/murray-n-rothbard. Aceso em: 15 nov. 2021.

IDEIAS. Ideias Gazeta do Povo. [Podcast]. **SoundCloud**, Gazeta do Povo, [*s. l.*], s. d. Disponível em: https://soundcloud.com/gazetadopovopodcast. Acesso em: 6 out. 2020.

IDEIAS. IDEIAS #56: porque a greve dos caminhoneiros é perigosa para o Brasil. Locução de Jones Rossi. Participantes Martim Vasques da Cunha e Rodrigo Constantino. **SoundCloud**, Gazeta do Povo, Ideias [Podcast], [*s. l.*], 30 maio 2018. Disponível em: https://soundcloud.com/gazetadopovopodcast/ideias--56-por-que-a-greve-dos-caminhoneiros-e-perigosa-para-o-brasil. Acesso em: 6 out. 2020.

INFOMONEY. Paulo Guedes: a trajetória do fiador econômico do Governo Bolsonaro. **InfoMoney**, [*s. l.*], entre 2019 e 2022. Disponível em: https://www. infomoney.com.br/perfil/paulo-guedes/. Acesso em: 8 jan. 2024.

INSTITUTO LIBERAL. Sobre nós. **Instituto Liberal**, [*s. l.*], s. d. Disponível em: https://www.institutoliberal.org.br/personalidades-do-il/#-1614118402879-2cc034f5-6161. Acesso em: 8 jan. 2024.

INSTITUTO LING. Bolsas de estudo. **Instituto Ling**, [*s. l.*], 2024. Disponível em: https://institutoling.org.br/bolsas-de-estudo/todas-as-bolsas/global-competitiveness-leadership-program. Acesso em: 5 maio 2020.

INSTITUTO LING. **Instituto Ling**, [*s. l.*], 2024. Disponível em: https://institutoling.org.br/. Acesso em: 5 maio 2020.

INSTITUTO LING. Somos o Instituto Ling. **Instituto Ling**, [*s. l.*], 2024. Disponível em: https://institutoling.org.br/sobre. Acesso em: 15 dez. 2023.

INSTITUTO LIVRE MERCADO. Sobre o instituto. **Instituto Livre Mercado**, [*s. l.*], s. d. Disponível em: https://livremercado.org.br/sobre-o-instituto/. Acesso em: 24 nov. 2023.

INSTITUTO LUDWIG VON MISES BRASIL. [Busca "liberdade econômica"]. **Mises Brasil**, [*s. l.*], 2024. Disponível em: https://www.mises.org.br/Search. aspx?text=%22Liberdade%20econ%c3%b4mica%22. Acesso em: 18 maio 2020.

INSTITUTO LUDWIG VON MISES BRASIL. Fernando Ulrich. **Mises Brasil**, [*s. l.*], 2024. Disponível em: https://mises.org.br/autores/138. Acesso em: 17 jan. 2024

INSTITUTO LUDWIG VON MISES BRASIL. Leandro Roque. **Mises Brasil**, [*s. l.*], 2024. Disponível em: https://mises.org.br/autores/14. Acesso em: 15 jun. 2023.

INSTITUTO LUDWIG VON MISES BRASIL. Martin Vasques da Cunha. **Mises Brasil**, [*s. l.*], 2024. Disponível em: https://web.archive.org/web/20181225071905/ https://mises.org.br/Specialist.aspx?id=24. Acesso em: 22 jan. 2024.

INSTITUTO LUDWIG VON MISES BRASIL. Mentoring: ganhe dinheiro até mesmo no caos - Método TACE | A estratégia de investimento de Helio Beltrão. **Mises Brasil**, [*s. l.*], 2021. Disponível em: https://web.archive.org/web/20211209141914/ https://conteudo.mises.org.br/hb-mentoring-2021-2. Acesso em: 22 jan. 2024.

INSTITUTO LUDWIG VON MISES BRASIL. **MISES: Revista Interdisciplinar de Filosofia, Direito e Economia**. [Revista eletrônica], s. d. f. Disponível em: https://revistamises.org.br/misesjournal. Acesso em: 18 maio 2020.

INSTITUTO LUDWIG VON MISES BRASIL. Quem somos. **Mises Brasil**, [*s. l.*], s. d. g. Disponível em: https://mises.org.br/quem-somos. Acesso em: 6 fev. 2021.

INSTITUTO LUDWIG VON MISES BRASIL. Resultado da pesquisa, autor Geanluca Lorenzon. **Mises Brasil**, [*s. l.*], s. d. h. Disponível em: https://web.archive. org/web/20160306035911/https://mises.org.br/SearchByAuthor.aspx?id=499&-type=articles. Acesso em: 22 jan. 2024.

INSTITUTO LUDWIG VON MISES BRASIL. [Site]. **Instituto Ludwig von Mises Brasil** [IMB]. [Site], 2024. Disponível em: https://mises.org.br/. Acesso em: 5 maio 2020;

JORNAL NACIONAL. Polícia Federal apura superfaturamento na compra de respiradores no Amazonas. **Globo**, G1, [*s. l.*], 19 out. 2020. Disponível em: https://g1.globo.com/jornal-nacional/noticia/2020/10/19/policia-federal-apura-super-faturamento-na-compra-de-respiradores-no-amazonas.ghtml. Acesso em: 4 jan. 2022.

MARINHO, Rodrigo Saraiva. Apresentação. **Facebook** [perfil], s. d. a. Disponível em: https://www.facebook.com/rodrigosaraivamarinho/?locale=pt_BR. Acesso em: 24 nov. 2023.

MARINHO, Rodrigo Saraiva. Inflação e Gaso. **Instagram** [story em destaque], 2021. Disponível em: https://www.instagram.com/s/aGlnaGxpZ2h0OjE3ODkwM-zQyNzM2MzQ3MjI3?story_media_id=2648810464293 682623_18196749&utm_medium=copy_link. Acesso em: 1 nov. 2021.

MARINHO, Rodrigo Saraiva. Rodrigo Saraiva Marinho. **Instagram** [perfil], s. d. b. Disponível em: https://www.instagram.com/rodrigosaraivamarinho/. Acesso em: 24 nov. 2023.

MCGANN, James G. **2014 Global Go To Think Tank Index Report**. Florida: Think Tanks & Civil Societies Program, The Lauder Institute, 2015. Disponível em: https://repository.upenn.edu/think_tanks/8/. Acesso em: 4 dez. 2022.

MCGANN, James G. **2020 Global Go To Think Tank Index Report**. Florida: Think Tanks & Civil Societies Program, The Lauder Institute, 2021. Disponível em: https://repository.upenn.edu/think_tanks/18/. Acesso em: 4 dez. 2022.

MISES, Ludwig von. Em uma economia de livre mercado, nenhum lucro é "excessivo" – por definição. **Mises Brasil**, [*s. l.*], 5 ago. 2021. Disponível em: https://mises.org.br/artigos/2405/em-uma-economia-de-livre-mercado-nenhum-lu-cro-e-excessivo-por-definicao. Acesso em: 5 fev 2022.

NEVES, Ernesto. As casas-gaiola de Hong kong: cúbiculos do tamanho de uma vaga de garagem. **Veja,** [*s. l.*], 8 nov. 2019. Disponível em: https://veja.abril.com.br/mundo/as-casas-gaiola-de-hong-kong-cubiculos-do-tamanho-de-uma-va-ga-de-garagem/. Acesso em: 11 jan. 2022.

OKAMURA, Renata; TOMAZELA, José Maria. Caixa de máscara sobre de R$ 4,50 para R$ 140, denunciam hospitais. **Portal UOL de Notícias**, [*s. l.*], 18 mar. 2020. Disponível em: https://economia.uol.com.br/noticias/estadao-con-teudo/2020/03/18/caixa-de-mascara-sobe-de-r-450-para-r-140-denunciam--hospitais.htm. Acesso em: 4 jan. 2022.

OSTERMANN, Fábio. Quem é Fábio Ostermann. **Fábio Ostermann**, [*s. l.*], 2024. Disponível em: https://fabioostermann.com.br/biografia/. Acesso em: 5 maio 2020.

PAES, Caio de Freitas; SCOFIELD, Laura. Documentos levantam dúvidas sobre o papel da Abin ao monitorar o QG golpista em Brasília. **Pública**, [*s. l.*], 4 set. 2023. Disponível em: https://apublica.org/2023/09/documentos-levantam-duvidas-sobre-papel-da-abin-ao-monitorar-o-qg-golpista-em-brasilia/. Acesso em: 17 jan. 2024.

PALESTRA sobre a MP da Liberdade Econômica - 06/05/2019 - 16:09. [Gravação de Câmara dos Deputados]. **YouTube**, Câmara dos Deputados [canal], 6 maio 2019. Disponível em: https://www.youtube.com/watch?v=KXKU2NXGBDk. Acesso em: 11 abr. 2021.

PARTIDO NOVO. Fundação Brasil Novo. **Partido Novo**, [*s. l.*], 2024. Disponível em: https://novo.org.br/conheca-a-fundacao-brasil-novo/. Acesso em 22 jan. 2024.

PARTIDO NOVO. **Novo**, [*s. l.*], 2024. Disponível em: https://novo.org.br/. Acesso em: 5 maio 2020.

PATERS, Jeremy W. Dez anos depois, Tea Party não conseguiu o que queria, mas deu início à política da raiva. **O Globo,** [*s. l.*], 2019. Disponível em: https://oglobo.globo.com/mundo/dez-anos-depois-tea-party-nao-conseguiu-que-queria-mas-deu-inicio-politica-da-raiva-1-23910665a. Acesso em: 22 jul. 2023

PLENÁRIO - Votação da MP da Liberdade Econômica - 13/08/2019 - 19:54. [Gravação de Câmara dos Deputados]. **YouTube**, Câmara dos Deputados, 6 maio 2019. Disponível em: https://www.youtube.com/watch?v=AyzSlGsPY7w. Acesso em: 19 jan. 2024.

PÓS-GRADUAÇÃO EM ESCOLA AUSTRÍACA. Martin Vasques da Cunha. **Pós--Graduação em Escola Austríaca**, Docentes, [*s. l.*], s. d. Disponível em: https://web.archive.org/web/20190120082312/https://www.pgea.com.br/project/andre--azevedo-alves/. Acesso em: 22 jan. 2024.

PUBLISHNEWS. Rodrigo Constantino assume editorial da LVM. **Publishnews**, [*s. l.*], 23 out. 2020. Disponível em: https://www.publishnews.com.br/materias/2020/10/23/rodrigo-constantino-assume-editorial-da-lvm. Acesso em: 8 jan. 2024.

RANGEL, Ricardo. Bolsonaro e sua "ala técnica". **Veja**, [s. l.], 3 jul. 2020. Disponível em: https://veja.abril.com.br/blog/ricardo-rangel/bolsonaro-e-sua-ala-tecnica/. Acesso em: 10 abr. 2021.

READ, Leonard. Os pobres, o livre mercado, e a moralidade deste arranjo. **Mises Brasil**, [s. l.], 3 ago. 2021. Disponível em: https://www.mises.org.br/article/1899/os-pobres-o-livre-mercado-e-a-moralidade-deste-arranjo. Acesso em: 5 fev. 2022.

REDE CANAIS. Batman: A Série Animada - Episódio 28 - Sonhos na Escuridão. **Rede Canais**, [s. l.], 2024. Disponível em: https://redecanais.cx/batman-a-se-rie-animada-episodio-28-sonhos-na-escuridao_2c178f3b1.html. Acesso em: 17 jan. 2024.

REZENDE, Arthut. Como trabalhar pela liberdade e acelerar sua carreira. **Students For Liberty,** [s. l.], 4 fev. 2020. Disponível em: https://studentsforliberty.org/brazil/blog/como-trabalhar-pela-liberdade-e-acelerar-sua-carreira/. Acesso em: 19 maio 2020.

ROCKWELL, Lew. Freddie + Fannie = fascismo. **Mises Brasil**, [s. l.], 9 set. 2008. Disponível em: https://mises.org.br/artigos/87/freddie--fannie--fascismo. Acesso em: 23 jul. 2023.

RODRIGO Constantino relativiza estupro em live e é demitido da Jovem Pan. **YouTube**, 2020. Disponível em: https://www.youtube.com/watch?v=wa4A-69-Vd0U. Acesso em: 26 jan. 2021.

ROQUE, Leandro. A economia brasileira – um resumo de final de ano. **Mises Brasil**, [s. l.], 22 dez. 2012. Disponível em: https://mises.org.br /artigos/1315/a--economia-brasileira-um-resumo-de-final-de-ano. Acesso em: 17 jan. 2024.

ROQUE, Leandro. Como ser Dilma Rousseff – em 13 passos. **Mises Brasil**, [s. l.], 7 fev. 2013. Disponível em: https://mises.org.br/artigos/1347/como-ser-dilma--rousseff-em-13-passos. Acesso em: 17 jan. 2024.

ROQUE, Leandro. Exemplo Clássico. **Mises Brasil**, [s. l.], 1 out. 2008. Disponível em: https://mises.org.br/artigos/125/exemplo-classico. Acesso em: 15 jun. 2023.

ROQUE, Leandro. Juros, preferência temporal e ciclos econômicos. **Mises Brasil**, [s. l.], 17 dez. 2009. Disponível em: https://mises.org.br/article/552/juros-prefe-rencia-temporal-e-ciclos-economicos. Acesso em: 15 jan. 2024.

ROQUE, Leandro. O que esperar do futuro governo Dilma? **Mises Brasil**, [s. l.], 1 nov. 2010. Disponível em: https://mises.org.br/artigos/683/o-que-esperar-do--futuro-governo-dilma. Acesso em: 17 jan. 2024.

ROQUE, Leandro. O que nos aguarda e o que deve ser feito. **Mises Brasil**, [s. l.], 3 dez. 2014. Disponível em: https://mises.org.br/artigos/1795/o-que-nos-aguarda-e-o-que-deve-ser-feito. Acesso em: 17 jan. 2024.

ROTHBARD, Murray Newton. Depressões econômicas: a causa e a cura. Mises Brasil, [s. l.], 3 fev. 2009. Disponível em: https://mises.org.br/artigos/184/depressoes-economicas-a-causa-e-a-cura. Acesso em: 6 ago. 2023.

SAMFORD UNIVERSITY. Art Carden. **Samford University**, [s. l.], 2024. Disponível em: https://www.samford.edu/business/directory/Carden-Art. Acesso em: 29 jul. 2023.

SARD, Barbara. Number of Homeless Families Climbing Due to Recession. **Center on Budget and Policy Priorities**, [s. l.], p. 1-17, 8 jan. 2009. Disponível em: https://www.cbpp.org/research/number-of-homeless-families-climbing-due--to-recession. Acesso em: 19 jul. 2023.

SENADO FEDERAL. Comissão Parlamentar de Inquérito da Pandemia – Relatório Final. **Senado Federal**, 2021. Disponível em: https://legis.senado.leg.br/comissoes/mnas?codcol=2441&tp=4. Aceso em: 7 nov. 2021.

SFREDO, Marta. "Nós, liberais, cabíamos em uma kombi", diz Paulo Guedes em Porto Alegre. **Gaúcha Zero Hora**, [s. l.], 26 ago. 2022. Disponível em: https://gauchazh.clicrbs.com.br/colunistas/marta-sfredo/noticia/2022/08/nos-liberais-cabiamos-em-uma-kombi-diz-paulo-guedes-em-porto-alegre-cl7aoedi0005d018fl81k3g6p.html. Acesso em: 11 jan. 2024.

SHIKIDA, Cláudio. Liberais numa Kombi. **Livres**, [s. l.], 30 nov. 2018. Disponível em: https://www.eusoulivres.org/artigos/liberais-numa-kombi-por-claudio--shikida/. Acesso em: 22 nov. 2022.

SINDIJORPR. SindijorPR não irá tolerar retaliação a jornalistas na Gazeta do Povo. **Sindicato dos Jornalistas Profissionais do Paraná**, Notícias, [s. l.], 6 nov. 2020. Disponível em: http://sindijorpr.org.br/noticias/2/noticias/7826/sindijorpr-nao-ira-tolerar-retaliacao-a-jornalistas-na-gazeta-do-povo. Acesso em: 26 jan. 2021.

SOTO, Jesús Huerta. "Vamos debater as causas da pobreza!". **Mises Brasil**, [s. l.], 24 abr. 2016. Disponível em: https://mises.org.br/article/1956/vamos-debater-as-causas-da-pobreza. Acesso em: 5 fev. 2022.

STACKE, Sarah. A vida nos "cubículos-caixões" de Hong Kong. **National Geographic**, [s. l.], 8 nov. 2017. Acesso em: https://www.nationalgeographicbrasil.com/fotografia/2017/08/cubiculos-caixao-casa-apertada-caixotes-hong-kong-china. Acesso em: 11 jan. 2022.

STUDENTS FOR LIBERTY BRASIL. Esquerda e direita não são as únicas posições do espectro político. **Students For Liberty Brasil**, [s. l.], 9 abr. 2021. Disponível em: https://www.instagram.com/p/CNdu8WPiTDF/?igsh=MXEwNnJ3a3YxbG-16NQ%3D%3D. Acesso em: 17 jan. 2024.

STUDENTES FOR LIBERTY. Gianluca Lorenzon: The Director of Debureaucratization. **Students For Liberty**, [s. l.], s. d. a. Disponível em: https://archive.studentsforliberty.org/2019/10/16/gianluca. Acesso em: 19 maio 2020.

STUDENTS FOR LIBERTY. **Students for Liberty Brasil** [SFLB], [s. l.], s. d. b Disponível em: https://studentsforliberty.org/brazil/. Acesso em: 5 maio 2020.

STUDENTS FOR LIBERTY. Sobre nós. **Students For Liberty**, [s. l.], s. d. c. Disponível em: https://studentsforliberty.org/brazil/sobre-nos/. Acesso em: 6 fev. 2021.

SUPREMO TRIBUNAL FEDERAL. Ministro Celso de Mello autoriza acesso a vídeo de reunião ministerial. **Supremo Tribunal Federal**, 22 maio 2020. Disponível em: http://stf.jus.br/portal/cms/verNoticiaDetalhe.asp?idConteudo=443959. Acesso em: 5 out. 2020.

THE HERITAGE FOUNDATION. About Heritage. **The Heritage Foundation**, [s. l.], 2024. Disponível em: https://www.heritage.org/. Acesso em: 11 maio 2020.

THE HERITAGE FOUNDATION. Index Economic Freedom - Interactive heat map. **The Heritage Foundation**, [s. l.], 2020. Disponível em: https://www.heritage.org/index/. Acesso em: 11 maio 2020.

THE HERITAGE FOUNDATION. Index Economic Freedom - Interactive heat map. **The Heritage Foundation**, [s. l.], 2024. Disponível em: https://www.heritage.org/index/heatmap. Acesso em: 11 jan. 2022.

THE HERITAGE FOUNDATION. [Site]. **The Heritage Foundation**, [s. l.], 2024. Disponível em: https://www.heritage.org/about-heritage/mission. Acesso em: 11 maio 2020.

TRINUS GLOBAL. Quem Somos. **Trinus Global**, [*s. l.*], 2024. Disponível em: https://www.trinusglobal.com/quem-somos/. Acesso em: 12 nov. 2022.

ULRICH, Fernando. A matéria reveladora sobre as pedaladas fiscais. **Mises Brasil**, [*s. l.*], 14 dez. 2015. Disponível em: https://mises.org.br/artigos/2053/a-materia--reveladora-sobre-as-pedaladas-fiscais. Acesso em: 17 jan. 2024.

ULRICH, Fernando. Fernando Ulrich. **LinkedIn** [perfil], 2024. Disponível em: https://www.linkedin.com/in/fernando-ulrich-aa805821/. Acesso em: 17 jan. 2024.

ULRICH, Fernando. O que deu errado no Brasil em 2012 e o que está por vir. **Mises Brasil**, [*s. l.*], 28 dez. 2012. Disponível em: https://mises.org.br/artigos/1318/o-que--deu-errado-no-brasil-em-2012-e-o-que-esta-por-vir. Acesso em: 17 jan. 2024.

ULRICH, Fernando. Os 10 pecados capitais da política econômica do governo Dilma. **Mises Brasil**, [*s. l.*], 25 out. 2014. Disponível em: https://mises.org.br/artigos/1760/os-10-pecados-capitais-da-politica-economica-do-governo-dilma. Acesso em: 17 jan. 2023.

ULTRA. Ultra. **Ultrapar Participações S/A**, [*s. l.*], s. d. Disponível em: https://www.ultra.com.br/Default.aspx. Acesso em: 6 jan. 2022.

UNIVERSIDADE PRESBITERIANA MACKENZIE. Centro Mackenzie de Liberdade Econômica. **Universidade Presbiteriana Mackenzie**, [*s. l.*], 2016. Disponível em: https://www.mackenzie.br/liberdade-economica/. Acesso em: 18 maio 2020.

UNIVERSIDADE PRESBITERIANA MACKENZIE. [Equipe]. **Universidade Presbiteriana Mackenzie**, Centro Mackenzie de Liberdade Econômica, [*s. l.*], 2024. Disponível em: https://www.mackenzie.br/liberdade-economica/quem-somos/equipe/. Acesso em: 18 maio 2020.

UNIVERSIDADE PRESBITERIANA MACKENZIE. Saiba como foi a inauguração do nosso Centro. **Universidade Presbiteriana Mackenzie**, Centro Mackenzie de Liberdade Econômica, 23 maio 2016. Disponível em: https://www.mackenzie.br/liberdade-economica/noticias/arquivo/n/a/i/saiba-como-foi-a-inauguracao--do-nosso-centro/. Acesso dia: 18 maio 2020.

ÍNTEGRA da reunião ministerial: assista ao vídeo completo. [Reunião ministerial de 22 de abril de 2020]. **Uol** [site], YouTube, 23 maio 2020. 115min, son. col. Disponível em: https://www.youtube.com/watch?v=6cg5AAcijv4. Acesso em: 2 jan. 2024.

WETERMAN, Daniel; GIRARDI, Giovana. Futuro ministro do Meio Ambiente tem forte atuação pelas bandeiras da direita. **Estadão**, [*s. l.*], 9 dez. 2018. Disponível em: https://www.estadao.com.br/politica/futuro-ministro-do-meio-ambiente--tem-forte-atuacao-pelas-bandeiras-da-direita/. Acesso em: 8 dez. 2023.

WIKIPÉDIA. Lew Rockwell. **Wikipédia,** [*s. l.*], s. d. a. Disponível em: https://pt.wikipedia.org/wiki/Lew_Rockwell. Acesso em: 5 ago. 2023.

WIKIPÉDIA. Rodrigo Constantino. **Wikipédia**, [*s. l.*], s. d. b.Disponível em: https://en.wikipedia.org/wiki/Rodrigo_Constantino. Acesso em: 8 jan. 2024.

WIZIACK, Julio. Fundada em 1694, Casa da Moeda terá conselheiro dos bitcoins. **Folha de São Paulo**, [*s. l.*], 28 set. 2019. Disponível em: https://www1.folha.uol.com.br/colunas/painelsa/2019/09/fundada-em-1694-casa-da-moeda-tera-conselheiro-dos-bitcoins.shtml. Acesso em: 17 jan. 2024.